本著作的出版得到了

教育部人文社会科学研究青年基金项目
"基于计算金融的金融创新与金融安全研究"（09YJCZH061）

资　助

基于计算金融的
金融安全评价与机理研究

肖斌卿 著

南京大学出版社

前　言

　　金融安全与金融稳定一直以来都受到学术界、实务界以及政府的关注，相关研究成果也是汗牛充栋。本书基于本人主持的教育部人文社会科学研究青年基金项目资助的课题"基于计算金融的金融创新与金融安全研究"成果，从计算实验金融视角切入，采用神经网络及其拓展的广义回归神经网络和遗传算法神经网络的机器学习工具，对金融安全预警评估体系、金融市场稳定内在运行机制，以及金融市场中各参与者行为及其市场影响进行了探索研究，在一定程度上补充了现有关于金融安全与金融稳定的研究成果。

　　本书基于全新的金融范式把金融市场视为复杂适应系统，将计算实验金融的方法与传统的计量检验、理论建模和实证研究相结合，对投资者决策行为、投资者群体行为、金融危机和市场震荡的成因等议题展开深入研究。在宏观层面评价金融体系的安全水平，认识金融风险积聚与传染的过程；在中观层面把握市场决策机制对市场稳定性的影响；并深入研究了微观层面上的市场单个主体和群体的投资策略和行为。

　　本书研究内容包括金融安全、市场决策机制和市场投资行为三个部分。

　　在金融安全研究方面，在对相关金融理论和学术前沿系统梳理及对国内外数次金融危机的特征对比分析基础上，通过构建合适的风险预警评价指标体系，基于神经网络及其拓展的广义回归神经网络和遗传算法神经网络构建了金融安全预警系统，对中国金融市场安全水平进行仿真和度量。

　　在市场决策机制研究方面，本书通过案例研究分析市场信息与股市大跌之间的关系；运用极值理论的方法对我国银行业与房地产行业的传染性风险进行了定量预测，发现房地产和银行业间存在着较大的传染性风险，并对风险产生机制和传染特点进行描述;进一步 CCC 概率检验分析债务网络、投资者行为与传染性风险的关联。从市场信息和风险传染两个方面剖析市场投资决策机制。

在市场投资行为研究方面,本书主要对个体投资者、分析师,以及羊群效应的市场影响展开研究。首先,对资本市场中的重要主体分析师的行为对市场的影响研究表明分析师跟进行为会对投资者认知产生影响,能扩大投资者基础,进而降低融资资本成本。其次,对金融市场参与主体的投资策略和行为展开研究,对投资者个体的决策依据、相互学习转化机制、在市场震荡环境中不同投资者的行为模式进行了深入刻画,发现不同投资者的角色存在差异,机构投资者和散户对市场的影响有显著区别,但各类投资者的行为会相互影响。对市场主体个体行为的一系列深入分析,一方面有助于了解其在不同环境中的决策模式,对个体行为进行预测分析,另一方面也有助于监管当局针对不同的市场主体设计优化相应的管控措施。接着,研究关注了市场群体投资者的行为特征,发现我国投资者具有较强的羊群行为,这一群体行为会导致价格泡沫,进而引起市场的不稳定甚至崩溃;这一研究结论表明我国市场具有较强的投机性,价格与收益波动较大,监管当局在市场监管过程中要着力引导投资者规避非信息性的群体行为,引导市场的理性投资。

从三个层面开展的基于计算实验的金融安全研究,不仅通过采用全新的研究范式从理论上对市场主体的行为进行了深入分析和刻画,丰富了相关学术成果,同时更从实践出发,基于理论研究设计了一系列有助于监管当局和市场主体规范市场行为、预测风险的有效机制和方法,对于提升我国金融市场监管有效性,增强风险防控能力,促进金融市场稳定性具有一定的意义。未来,我们将继续关注对金融创新和金融安全相关议题的研究,对复杂系统中个体的学习和演化机制,个体行为偏差,系统性风险的传染机制等在本次研究中尚未深入的议题展开研究。

在课题研究过程以及本书写作过程中,本人参阅了大量的文献资料。诸多学者的辛勤劳动和前期取得的成果是本人从事这一研究的重要前提条件和基础。囿于篇幅,在文后仅列出部分参考文献,在此向本书引用的所有学者表示诚挚的谢意。

　　本人要感谢在课题研究过程中,在研究成果发表过程中,南京大学工程管理学院李心丹教授以及学院同事给予的支持和帮助;感谢在研究成果结集出版成书过程中,南京大学工程管理学院对出版的资助,南京大学出版社唐甜甜女士为本书出版付出的艰辛努力;感谢部分成果所发表刊物对本人在本次结集出版时给予的大力支持;感谢教育部人文社科研究项目给予的资助。

　　由于本人水平有限,书中错误和不足之处在所难免,诚挚欢迎各位前辈和同行批评指正!

肖斌卿

2015 年 10 月

目　录

图目录

表目录

第1章　绪　论

1.1　研究主题

　　纵观国内外历次金融危机和股票市场的大震荡,我们不难发现,尽管各个国家在经济体制和金融市场建设中都有着许多差异,并处于不同的发展阶段,但危机的成因往往有着极大的共性,危机中市场主体的行为也常常表现出可循的规律。从实际出发,对市场运行状况和投资者行为进行科学的归纳和演绎,将有助于呈现市场中隐含的特征和规律,强化参与者对金融市场和自身行为的认知。传统的经济理论建立在很强的假设之上,例如理性经济主体、"看不见的手"和有效市场等。20世纪50年代以来,基于市场有效性与理性假设,新古典金融在均衡分析的范式框架下建立了从投资组合选择理论、资本资产定价模型、套利定价模型,到期权定价模型为核心脉络的、成熟的理论体系(Ross,2005)。然而现实却是市场是非有效的,人们趋于关注短期而忽视长期,错误会得到放大并最终导致集体非理性、恐慌与崩溃。依赖那些基于错误公理的模型将会产生巨大的影响。另一方面,在构建各种模型的时候,还有很多关键因素被忽视,如决策规则的异质性,预测策略的校正,社会背景的变化,很明显,模型无法准确定义现实世界的完整演化(Colander et al.,2009)。因此,新古典金融看似完美的数理推演并不能解释诸如股权溢价之谜等各种市场异象以及近期出现的金融危机现象,人们意识到新古典金融理论中的某些结论是不正确的,或者说在很大程度上起着误导的作用(Shiller,2006)。要解决这些根本问题,就需要金融学在研究范式上有重大的革新与突破。

　　"要理解当前的金融危机,我们需要一种新的范式"(Soros,2008)。目前对金融危机的研究,只是蜂拥解释危机产生的内因,却很少有对危机产生做出预报,并对弊端做出预防。在大多数的文献中,系统危机(systemic crisis)的概念游离在模型之外,模型未思考并解决这个周而复始的难题。经济学人都假设模型是内生稳定的,只会短暂性地脱离轨道,因此当危机无解时,他们只能放弃标准的模型,而采取一些无实质性的、常识般的补救措施。金融市场作为一个复杂的自适应系统,惊讶、创新、新奇和突然变化无处不在,市场上有成千上万的异质性自主投资者,他们学习如何生存和获利,他们之间相互作用并共同构成了演化的环境。正如 Arthur(1999)所说:"复杂性并不把经济描述为确定的、可预测的和机械的,而是刻画为过程相依的、有机的并且一直在演化。"基于这一对金融市场的认识,我们可以更加深入地理解金融危机,甚至在一定程度上做出预测(Sornette, 2003)。同时,新兴的中国金融市场因为国情特性而展现出更多的未知规律需要被探索,要求运用合理、有效和稳健的方法,对金融复杂系统的安全水平进行宏观评价,并通过挖掘市场参与主体行为得到资产价格生成机理、金融系统泡沫的微观基础解释。

为适应复杂系统的分析要求,在系统建模中广泛应用的计算实验方法,正更多地与传统金融理论建模和计量实证方法相结合,同时,新金融理论研究将更加重视微观的决策行为和微观的价格形成机制对于市场甚至整个金融系统的影响,其中比较典型的是一类通过计算机和人工智能技术实现的、以科学"实现"作为发现规律基本途径的金融经济学研究活动,被称为"计算实验金融学"(agent-based computational finance,ACF)。计算实验的思想是科学和工程中仿真实验思想在金融市场的延伸,如 Tesfatsion 所言,"经济学的计算研究就是构筑计算实验室",它是以现代计算机技术为工具,以既定的金融市场为背景,遵循相应的制度安排,赋予微观主体特定的行为模式及相应的学习机制,强调有限理性市场主体间的微观交互,据此揭示市场运行特征与规律的一类计算仿真研究。

从传统的角度看,计算实验金融方法是在系统仿真技术的基础上发展出来的,但它与很多常规的仿真技术有所不同:① 从对系统微观个体的行为特征及其基本相互作用的描述来最终反映系统的整体特征(金融经济学思想的一种体现);② 系统中的微观元素具有根据所收到的信息进行适应性的主动反映的特征(CAS思想的体现)。按照观察层级,现有的基于 ACF 的研究可以分为微观与宏观两类:① 微观研究的核心是 agent 的行为,包括策略的比较与学习,信念的形成与更新,信息的认知与处理等多方面;② 宏观研究注重利用定量工具(如计量经济学、数理统计方法)分析系统集结层面数据(收益率、交易量),揭示市场运动规律,寻找相应的金融理论解释。

同时,金融市场非常适合计算实验的研究:① 这些市场庞大,而且交易制度完善,交易的证券易于比较;② 金融市场数据丰富,可以用于对计算实验的模型的检验和校准,很多时候,很多不同类型的高频数据也可以得到(LeBaron,2005)。ACF 其实为金融危机等金融基础问题研究的深化以及前沿问题的探索提供了一个新的研究范式(Lovric,Kaymak and Spronk,2008)。在此范式下,通过辅以个体投资者行为(偏差),选择各种不同的市场机制,并且分析所获得的资产价格,使得 ABM 能够架起个体投资者行为的微观层面和总体市场现象的宏观层面之间的一个桥梁。因此,ACF 可以作为一种工具用来产生和/或检验各种行为假设和理论。

因此,本书基于全新的金融范式把金融市场视为复杂适应系统,将计算实验金融的方法与传统的计量检验、理论建模和实证研究相结合,对投资者决策行为、投资者群体行为、基于行为的资产价格生成机制、金融危机和市场震荡的成因等议题展开深入研究。在宏观层面评价金融体系的安全水平,认识金融风险积聚与传染的过程;在中观层面把握市场决策机制对市场稳定性的影响;并基于以上内容,在微观层面探究市场单个主体和群体的投资策略和行为。

1.2 理论综述

经过 2005 年以来的股权分置改革,中国股票市场走上了高速发展的历史阶段,上证综指从 2005 年的 1 000 多点一度上升到 2007 年 10 月上旬的 6 000 多点,中国股票市场的投资者在分享大牛市的盛宴中雀跃。然而 2007 年以来的两次股市大跌让投资者领略到了股市的"凶险"。首先是让投资者刻骨铭心的 2007 年 2 月 27 日的全球股市震荡,全球股市经历了一周左右的普遍下跌。中国股市也未能幸免,上证指数跌了近 300 点,创十多年来单日指数下跌点数逾越 8% 的新高,两市总市值减少了一万亿元,俗称"黑色星期二"。2014 年 7 月下旬 A 股市场开启了新一轮大牛市,到 2015 年 6 月中旬,上证指数已累计涨幅超过 150%,在"资金市"的行情特征以及

"央企改革"、"一带一路"、创业板等概念板块推动下,上证指数在 2007 年之后迎来了此轮大幅上涨。但结合 A 股上市公司基本面比较弱的情况,以及高杠杆融资泡沫的不断积累,自 2015 年 6 月 15 日到 7 月 8 日,短短一个月之内,上证指数由 5 178 点跌至 3 421 点,使得多头机构和股民均承受巨大损失,同时也对国家经济社会发展战略布局产生不利影响。

股市的大跌让似乎已经远离人们视野的"股灾"再次成为监管层、上市公司、学术界关注的焦点。一般而言,股灾是指这样一种现象:占社会财富很大比例的证券,其市值发生十分罕见的、难以解释的、可能导致巨大灾难的急剧下跌(Garber,1992)。美国股市 1929 年股市崩溃、1987 年 10 月 19日"黑色星期一"都是股市崩溃的经典案例。股市崩溃的本质上是剧烈震荡导致巨大损失进而对整个社会经济带来巨大负面影响的市场价格波动,是股票市场的大幅度震荡(如 1987 年 10 月 19 日连续四个交易日狂跌30%)。尽管 2007 年的"2·27"和"5·30"股市大跌并没有造成股灾,但是两次大跌一方面让投资者切身受到股市风险的教育,一方面也让监管部门认识到寻求造成股市大跌的内在成因,挖掘应对股市大跌的政策措施刻不容缓。

在国内外历次金融危机与股票市场的大震荡中,我们不难发现,尽管各个国家在经济体制和金融市场建设中都有着许多差异,并处于不同的发展阶段,但危机的成因往往有着极大的共性,危机中市场主体的行为也常常表现出可循的规律。从本质上而言,股市大跌是股市波动的一种反映,因此从寻找股市大跌成因的研究转为对股市波动的研究。股市波动一直以来都是金融经济学关注的焦点和热点。一般认为,造成股市波动主要有两个方面的因素:一是市场交易机制,即基于微观市场结构的不同交易机制对股市波动的影响,被称为"专家效应";二是市场中的信息对投资者交易行为的影响,进而影响股市波动,被称为"信息效应"(Barnea,1974)。股市波动对于金融市场整体安全水平产生影响,是市场决策机制的体现,又是市场投资者交易策略和行为的体现。本书首先对金融安全、市场决策机制以及市场参与主体投资策略与行为的相关研究文献进行了综述。

1.2.1 金融安全评估

Krugman 为解释 20 世纪 60 年代至 70 年代拉美国家货币危机而提出的第一代金融危机理论模型认为危机的出现与一国经济基本面的恶化是分不开的。亚洲金融危机爆发之后,中国学界开始真正重视金融安全问题的研究,普遍认为宏观金融安全与国家实力、经济发展模式、金融体系的完善程度、在国际金融体系中的地位、国际游资的冲击等 19 个方面密切相关。在金融系统内部,Choudhry 等对次贷危机期间英美两国银行经营效率进行对比研究。Baily 等研究指出,在信息不透明的条件下,影子银行的高杠杆操作增加了金融市场流动性的脆弱性,加之这些行为大多是规避金融监管性质的金融风险,容易放大系统性风险,从而威胁银行体系的稳定。

在内涵界定方面,目前国内外对金融安全的内涵界定不清晰,有的是针对金融危机,有的是针对金融风险;在预警范围方面,有的是强调特定金融机构,有的研究整个金融体系的稳定。庞浩从金融不安全的极端状态对金融安全进行界定,认为由个别金融指标异常导致的绝大多数金融指标急剧恶化,促使危机产生,这是金融不安全的一种极端情况。陈金贤和程梾站在金融的实质角度认为金融安全是"对核心价值的维护",包括维护价值的实际能力与对此能力的信心两个紧密联系的方面,并分析了中国金融安全因素。本书认为从宏观层面看,经济体良性运转,经济体内部能够良好执行金融政策,对经济体外部能够有稳定的影响力,且外部对该经济体金融实力预期良好并接受其信用,则该经济体的金融是安全的。

在建模方法方面,各种统计学和计量经济学方法被广泛应用于金融安全的评估模型当中。Krkoska 使用带有约束的 VaR 模型对金融安全进行评价。亦有学者运用因子分析法、基于宏观经济和金融数据的 Logit 模型等方法对中国国家金融安全进行总体评价。近年来人工神经网络(ANN)技术的发展为金融安全预警提供了新的工具,运用新的研究方法提高评估准确度逐渐成为该领域的重要发展方向。具有代表性的是 Nag and Mitra 使用人工神经网络模型进行货币危机预警的研究。冯科应用 BP 神经网络设计金融安全预警机制,并对我国 2010 年的金融风险进行预测。Lin 将模糊神经网络(fuzzy neural network)结合建立起预测银行破产的预警模型。

Mariano 运用 GA 优化的神经网络对西班牙股票市场进行建模分析,认为通过 GA 得到的神经网络初始权值矩阵可以解决一般 BP 神经网络过拟合和陷入极小值的问题。Kyong 运用 GA 优化的神经网络对金融市场波动率进行建模,结合韩国金融市场数据对金融危机进行预警研究,所得结果优于未被优化的模型。可见优化的神经网络建模是金融安全研究的一个重要发展趋势,以上学者的研究结论表明,优化的神经网络模型能够一定程度克服 BP 神经网络的缺陷,增强模型的预测精度。庞浩在其著作中运用 GA 优化 BP 神经网络对金融安全进行预警研究,取得了优于一般神经网络的模型运行稳定性和预测效果。

建模指标的选择方面,Kaminsky 等总结了 1998 年之前与货币危机研究文献中相关的 103 个预警指标,分为六大类:外部变量、金融变量、结构变量、公共财政、实际变量和政治变量,分析和归纳了这些变量在以往研究中出现的次数以及检验是否显著的情况,最终提取了 16 个预警指标建立信号分析法(KLR)模型。Hali J. Edison 在货币危机的研究中应用了四个层次的指标:经常性项目指标——实际汇率、进出口额;资本项目指标——外汇储备、外汇储备占 M2 比值等;实体经济指标——工业总产值增长率;金融指标——M2 货币乘数、国内信贷/GDP、贷款利率/存款利率等。何建雄(2001)从基础微观指标、中间市场指标和宏观审慎指标三个层次建立金融风险预警的指标体系,具体指标有存贷款比率、经常账户逆差、经济增长率等。次贷危机爆发后,人们围绕着金融衍生品的泛滥开展危机爆发原因的研究,张宝林(2013)分析了影子银行体系(the shadow banking system)运作的机制,指出我国影子银行体系存在的独特形态与其存在的潜在风险监管问题。Subramanian 分析影子银行在金融系统中的作用,并认为其是 2007 年次贷危机的重要原因。Anthony 具体分析 2008 年以前,金融资产证券化与结构性投资工具在创造影子银行体系和促使美国金融风险过度的演变过程。Daniel 在研究中提供影子银行对 2007 年次贷危机成因影响的相关数据。Peter 深入分析影子银行所涉及的标的对银行破产的影响,进而讨论对产生金融危机的影响。毛泽盛通过实证研究发现,影子银行规模与银行体系稳定性之间存在阈值效应,当影子银行规模低于阈值时,影子银行的发展有利于提高银行体系的稳定性,相反则降低银行体系的稳定性。以上文献表明影子银行发展对于传统银行业和整体金融行业的冲击明显。

李波研究表明影子银行体系的运行还对货币政策的制定提出挑战。可见影子银行发展对于中国货币安全具有影响。因此在构建指标体系时,应考虑杠杆率高、流动性风险高的指标在金融安全评估中的重要作用。

1.2.2　市场决策机制

证券市场从其本质来看是一个信息市场,这决定了从信息的构成、流动、分布、影响的角度来分析证券市场有着重要的意义。二级市场股票价格的核心问题仍然是如何提高信息的全面性、充分性、准确性、及时性及建立保证信息全面、充分、准确、及时的市场机制。股票价格作为一种重要信息,对证券市场的筹资、配置资源、正确估价等功能的正常发挥有着不可替代的作用。信息是影响证券市场的主要因素,因此关于信息的研究是金融领域的一个重要话题,而这其中有代表性的一类研究就是关于利好利空信息的研究。在利好利空信息不对称性的研究方面,Chulia 等选取了 1997～2006 年美国联邦公开市场委员会(FOMC)公布的联邦基金目标收益率为样本,如果公布的目标收益率低于人们预期时则将其设定为利好消息,而当目标收益率高于预期时则作为坏消息,进而实证研究了利好利空信息对美国证券市场的影响,研究证明了美国市场中确实存在利好利空信息的不对称性,而且还发现利空信息的影响要大于利好信息(Chulia H. , Martens M. and Dijk,D. V. ,2010)。Poon 等研究了英国证券市场对利好利空信息的反应(Poon,S. H. and Taylor S. J. ,1992),Yeh 等则研究了中国香港、台湾的证券市场对利好利空信息的反应,也发现了利空信息对市场的影响大于利好信息(Yeh,Y. H. and Tsai L. J. ,2000)。此外还有很多国家证券市场的实证结果都得到了相似的结论,于是人们开始认为利好利空信息的不对称性表现就是利空信息对市场的影响要大于利好信息。可是陆蓉在研究我国证券市场对利好利空信息的反应时,却发现在我国市场上好消息的影响要大于坏消息(陆蓉和徐龙炳,2004)。这一结论的发现使得利好利空信息不对称性的研究又受到了新的挑战,国内外学者开始寻找是否信息对市场的作用还受到其他因素的影响。

市场效应的研究主要是基于市场微观机构下对市场交易制度、交易程序以及不同市场机制相互影响对市场波动的影响。最典型的是美国在对 1987 年 10 月 19 日"黑色星期一"股市崩溃的原因进行调查后形成的《布雷迪报告》(Brady,1988)提出的,1987 年 10 月的股市崩溃主要是由指数套利(一般设计为程式交易)和组合保险这两类交易在股票指数期货和现货市场相继推动而造成的。Lauterbach 等(1993)也以 1987 年 10 月的股灾为对象,对这种剧烈振荡行情做出了研究。他的研究以交易机制为出发点,指出了证券交易中投资者的程序化交易策略和"熔断"制度(circuit breaker)对股灾的影响。然而,这些把 1987 年的原因归结于期货市场的看法并不符合事实,甚至被部分人指责为是对股票市场稳定的威胁(Culp,1988),B. Asse et al.(1989),Harris(1989)以及 Moriarty et al.(1990)的研究都表明期货市场没有将股票市场带低,这次股灾起因于股票交易中的限制和延迟。不管结论如何,这些研究都是从"市场效应"出发来研究股市大跌的。尽管在这个方面的研究还有很多,但是众多学者得到的研究似乎没有找到让人确实信服的原因。

1.2.3 市场参与主体投资策略与行为

与研究市场效应同时并进的是,在关于股灾的描述和研究中出现大量关于投资者心理和行为的描述。例如,在《崩盘的历史:1929 年 10 月美国股市大崩溃》一文所描述的"狂热引起灾祸":

> 这场股市暴跌起源于席卷美国股市行情不断上涨。从 1928 年开始,股市投机成为一种全国性的业余爱好,1929 年 1 月 2 日,纽约证券交易所新年后的第一个交易日一开市,买单就像潮水般地涌来,股价与交易量飞速上升……。……股票价格急剧升腾,参与股票投资的人越来越多,简直到了男女老少齐疯狂的状态。出租车司机一面驾驶汽车,一面情不自禁地建议你应当买哪只股票,即使路旁擦皮鞋的小童也能向你介绍当天的热门股。人们买股票只是一心想着在短时期内再卖出,并非为了长期投资。……作家 G. 托乌斯和摩根·威特斯在《1929 年大萧条的内幕》一书中这样写道:"……股市的狂热居然涌进了地铁的车厢里! 一个发疯的人愤怒地指责没有在每节车厢里装上电传打字电报机……他的这个要求不见得太荒唐。因为,在波士顿的一家工厂里,在所有的车间都安放了大黑板,一名职员每隔一小时就用粉笔写上交易所的最

新行情。在得克萨斯州的一个大牧场上,牧牛仔们通过接通电台的高音喇叭,一分钟一分钟地了解行情。高音喇叭装在牧场上和牲口棚里。"……当时美国的券商雇佣大批股票推销员在城市的街道上,在乡镇里,在几百家小银行内,在千家万户门前,向市民和农民们一遍又一遍讲述炒股的好处……为了吸引更多的妇女入市,许多证券经济商还专门设立了"女士专用房间",有时还配有简易的免费美容院。在这里,女投资人可以从大黑板上得知最近的行情,女股民已占总投资者队伍的 20%……各家上市公司的职工也成了华尔街最忠实的投资者。各公司的购股计划从 1915 年到 1929 年翻了 6 倍,1/3 的职工积极参与到股票买卖之中。

　　事实上,从 2006 年中国 A 股日开户数的数据也多少可以看出,牛市的盛宴让中国投资者近乎疯狂,2006 年 11 月底 A 股日开户数还不足 5 万,到 2007 年 5 月份上升到近 40 万。与美国 1929 年描述的情形并没有太大的区别,在中国大型城市里面,与股票有关的话题已经成为人们日常沟通的主要话题,各个公司、政府部门开始重新规定上班期间不得炒股,甚至有公司规定上午给出 20 分钟专门供员工炒股,股票甚至已经波及二级、三级城市。南京证券在对"2·27"股市大跌进行分析总结时提到:"在基本面没有本质变化,也无新的重大利空消息出台的情况下,周二的暴跌只是市场恐慌心理的过度反应。老股民在 2006 年都已获利颇丰,加上指数突破 3 000 点,只要稍有下跌,投资者唯恐成为接力棒最后一棒的心理实属正常,因此纷纷抛空股票或是赎回基金,基金被迫卖出股票,造成指数进一步下跌。"(《南京证券资讯早报》,2007 - 02 - 28)。兴业证券更是把"2·27"股市大跌与美国 1987 年 10 月股市大跌直接比较,认为"2·27"股市大跌是"历史的重演:中国 A 股再现美国 1987 年 10 月 19 日'恶搞式'股灾",美国 1987 年 10 月 19 日"黑色星期一"是因为美国股市"由于连续数年的大牛市没有像样的调整,投资者获利丰厚,普遍存在着担心调整的'焦躁'心情,这种心情在当天集中释放,市场上弥漫着'末日'性的恐慌。"("兴业证券晨会纪要",2007 - 02 - 28)由此可见在对股市大跌的分析中,关于投资者的心理、情绪及其行为已经成为研究讨论的有意义的方向。

在这个方面,美国行为金融学家 Shiller 做出了许多开创性的工作。Shiller(1987)在 1987 年 10 月 19 日股市震荡的当天就对个人和机构投资者发放了问卷,询问他们在当时的心理认知与投资行为。问卷调查得出了很多一般经典分析没有得到的结果。这些结论包括:股市振荡当天,没有什么新的消息和谣言对投资者的行为产生影响,投资者对各种消息的重要程度的认知也仅仅与他们的买卖行为有微弱的关系。投资者有很大部分的焦急和情绪,并没有通过当天的成交量表现出来。同时,在股灾爆发的那天,很多的投资者都认为他们能够预测市场的走势,而且买卖力量双方都认为市场估值已经偏高。绝大多数投资者将股市的震荡归因于其他投资者的心理因素,并且很多人都受到了技术分析的影响。组合保险只占到了止损行为的一小部分。

从投资者行为角度对股市大跌进行解释本质上是股市波动的第二个解释机制——"信息效应",从行为金融学的理论出发,即投资者行为受到市场信息的影响后产生的反馈。投资者是股票市场重要参与者,买卖证券的直接操作者都是投资者,不论基本面的外在信息还是不同时期各种因素的汇总,这些作用的终端都是投资者,这些信息会以信号或预期的形式反映到投资者的行为上,产生买、卖或观望等行为;而投资者的偏好及信念更是他们所独有的,于是股灾的发生与投资者行为直接相关。众多学者(Santoni,1988;Flood and Hodrick,1990;Peck and Shell,1991;Russell,1988;Shiller,1988,1981)就是从个体投资者层面将股市崩溃解释为个体投资者的偏好和信念反复多变的结果。

那么,投资者如何受到信息的影响? 这个问题可以细分为:① 投资者行为为什么会受到信息的影响? 二者的内在关系如何? ② 投资者会受到哪些类型的信息的影响? ③ 投资者如何受到信息的影响,即影响机制如何? 对这些问题的回答成为解释股市大幅波动的关键。尽管研究者可以从"市场效应"对股市大跌进行研究,但在缺乏现有关于两种机制如何作用于股市波动以及二者如何相互作用方面的文献指导下,我们认为可以从"信息效应"角度进行较为深入的探索,以期得到有意义的启发。

克莱登(2007)对股市崩溃的可能解释进行了总结,这些解释都是来自模拟市场,主要有三种解释。一是价格可能在任何时刻都与充分揭示的理性预期均衡的预测值一致,股市崩溃则源于关于基本面的外部信息发生时好时坏的巨大变化,也就是说,股价是预期未来现金流的现值,股市崩溃则是与有关未来现金流(盈利或股利)或贴现率等的新信息相对应的(Kleidon and Mehra,1995;French,1988;Schwartz,1992;Gennotte and Lel,1990)。二是股价具有收敛到理性预期模型预测值的趋势,但是交易环境的不断变化将使得不同时期汇总各种信息的条件和获得充分揭示的理性预期均衡的条件不断发生变化(Grossman,1988;Gennotte and Leland,1990;Jacklin et al.,1992;Rommer,1993)。这就是克莱登所说的,在某种程度上,由股市崩溃引出的最深层次的问题就是个体信念和行为如何汇总到像价格和交易量等市场数据中。市场中的个体在判断上都存在预测偏差(至少平均而言),这种不完美的个体行为以某种方式汇总在一起而产生整体市场现象。Jacklin et al.(1992)的观点非常具有启发意义,他们关注的不是股市崩溃期间的流动性的影响,而是在渐渐临近股市崩溃的那段时间内的不完美信息的汇总,以及导致股市崩溃的那个触发事件,从"5·20"股市大跌看,"5·20"前一段时间的确实存在很多信息,而"5·19"当天晚上的印花税事件很可能就是那个触发事件。三是如前所述,从个体层面看,股市崩溃只能解释为个体偏好和信念反复多变的结果(Santoni,1988)。这是典型的行为金融学视角的解释。

1.3 研究的主要内容和安排

1.3.1 研究的主要内容

本书主要涵盖三个部分:金融安全评估、市场决策机制和市场投资行为。首先,对金融安全的研究,涵盖金融市场风险评估等内容。其次,对市场决策机制的研究,主要涵盖市场内信息传递及其影响以及各个市场之间风险传染。再次,对市场投资行为的研究,即市场参与主体的投资策略和行为及其对市场影响。通过分析金融安全水平能够对金融市场整体安全现状进行认知;进而从对市场投资标的及其间信息流传递出发,研究市场决策机制,分析风险传染与金融危机之间的关联;更进一步,通过研究市场参与主体的投资行为,能够对金融市场风险状况以及市场决策机制进行微观解释。

本书研究将有效考察金融市场动态演化过程,描述不同阶段市场可能发生的现象或出现的问题,对金融创新和金融危机展开深度仿真模拟,形成上述现象的微观解释,进一步推动金融学前沿领域研究。在实际运用中,人工金融市场微观模拟技术的发展,对于改善监管、政策制定的科学化、金融创新产品的市场效益评估以及提高证券市场的公平性和效率性,规范和完善金融市场的发展,最终落脚在金融安全等各个方面,都能起到有力的支持作用。研究在理论上运用计算实验金融方法考察金融市场动态演化过程,描述不同阶段市场可能发生的现象或者出现的问题,对金融创新和金融危机展开深度仿真模拟,形成上述现象的微观解释,进一步推动金融学前沿领域研究。

1.3.2 研究安排

本书着力于运用计算实验方法,在宏观层面评价金融体系的安全水平,认识金融风险积聚与传染的过程;在中观层面把握市场决策机制对市场稳定性的影响;并基于以上,在微观层面探究市场单个主体和群体的投资策略与行为,以期开拓金融安全与金融创新相关研究的理论内涵与方法模型。

以计算实验和计量统计作为主要研究方法,辅以档案资料和高频数据开展研究,本书在对金融安全和金融创新理论进行理论综述的基础上,分别从宏观层面市场总体特征、中观层面市场机制和微观层面参与主体三个层面开展研究。首先,在宏观层面对整体金融安全水平进行评价;其次,在中观层面探寻证券市场信息传播机制,探析金融风险传染以及金融危机产生的原因;再次,在微观层面对证券市场参与者的投资行为进行研究,包括个体和群体投资者策略与行为。本书的技术路线如图 1-1 所示。

```
┌─────────────────────────────────────────────┐
│                   绪论                         │
└─────────────────────────────────────────────┘
                      │
                      ▼
┌─────────────────────────────────────────────┐
│          金融安全与金融创新理论综述              │
└─────────────────────────────────────────────┘
                      │
                      ▼
```

宏观层面：
总体特征

┌─────────────────────────────────────┐
│   基于神经网络方法的金融安全   │
│   评价与预警   │
└─────────────────────────────────────┘

中观层面：
市场机制

| 股市崩盘中的信息传播 | 信息传播机制与市场稳定 | 市场联动及风险传染 |

微观层面：
参与主体

| 个体（投资者/分析师）行为 | 群体投资者策略与行为 |

基于计算实验、计量统计等方法；辅以档案资料、高频交易数据

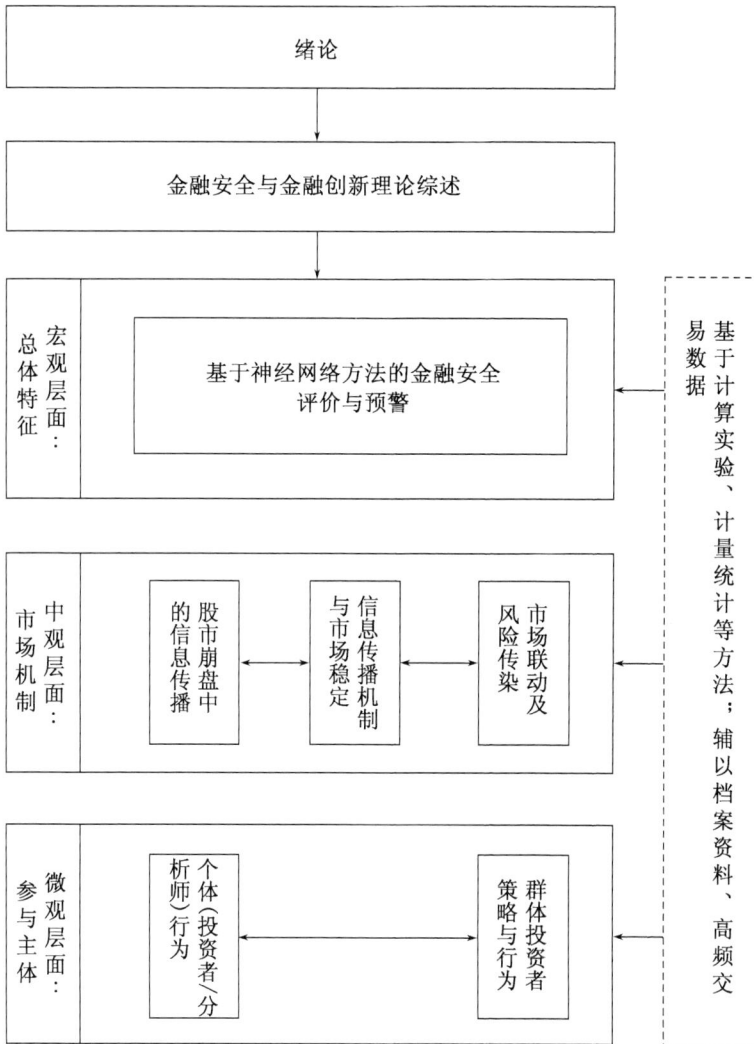

图 1-1 研究的技术路线

第 1 篇
金融安全水平评价与预警

本篇在综述金融安全及预警系统设计的基础上,构建了金融安全预警指标体系,运用广义回归神经网络方法对金融安全预警进行评价;在此基础上,进一步运用遗传神经网络研究设计金融安全预警系统,并创新性地在研究指标体系中增加影子银行相关指标,从而更加科学地评价金融安全水平。

第 2 章　金融安全与预警系统

近几十年来，许多国家和经济体曾多次发生金融危机。20 世纪 80 年代前后，出现了如阿根廷债务危机（1978～1981 年）、欧洲汇率危机（1992年）、亚洲金融危机（1997～1998 年）、美国次贷危机（2007 年）等一系列严重的金融危机事件。这类金融危机往往具有突发性，特别是 1997 年亚洲金融危机与 2007 年美国次贷危机席卷了大半个地球，使众多国家的经济体系和金融体系受到了重创。而导致这些金融危机产生的最初始原因，往往都只是一些金融运行中被人们忽视的不安全因素。对引起金融不安全的症候和影响因素进行监测和预警，并能够采取适当的措施予以防范，突如其来的金融危机也许就可以避免。为此，学术界开展了众多对金融危机事件影响、成因、规律、防范预警等问题的深思。

国家的经济安全通常是指国家的经济主权独立、经济基础巩固、经济系统运行稳定、国家最根本的经济利益不受侵犯。在现代经济运行系统中，各类资源的配置、收入的分配、商品的流通等均需要货币资金的参与，因此金融已成为现代国民经济体系的重要支柱。一国的金融系统一旦出现风险或发生危机，不仅会危害金融体系自身的安全，也可能"牵一发而动全身"，波及经济整体。亚洲金融危机以及近年来由美国次贷危机引发的全球经济萧条，均体现出金融体系中单个或少数几个不安全因素的异常波动往往是金融危机的起因，这要求金融监管部门对金融不安全的先期症候进行监测和预警，并能够在一定程度上对潜在危机予以防范并采取适当措施。1978 年我国实行改革开放，到 2010 年国内生产总值（GDP）达 39.80 万亿元，首次超过日本成为世界第二大经济体。在此期间内，我国金融业亦取得长足发展。但由于制度缺陷等原因，金融业发展的基础不稳，金融风险日益突出，出现如 1984 年信用膨胀和货币发行失控、1993 年银行业高不良资产率、1995 年国债期货"3·27"事件和"3·19"事件等危机。瞬息万变的市场要求金融业必须对自身所面临的风险、危机进行检测、测评、分析并及时做出应对措施,急需建立和完善我国金融安全预警体系,以便及时评价和判断我国金融安全的态势,并为推动金融改革提供科学依据。

特别是随着我国金融业对外开放,金融改革程度日益提高,然而国内金融基础脆弱,缺少化解短期金融风险的有效机制,金融监管体系的不健全,金融高级人才仍然短缺,在面对国际金融冲击、金融衍生工具的迅猛发展时,我国金融体系的安全受到来自多方的挑战。因此有效的金融安全理论的指导、金融安全监测预警系统的构建、对中国金融安全与监管问题的系统研究,对于监测防范中国金融风险和维护金融安全稳定具有重要意义。

研究设计中国金融安全预警系统的价值在于:第一,可以基于中国金融系统实际样本数据,构造符合中国实际情况的金融安全评估系统,建立合理有效的预警机制;第二,构造新的标准使得金融系统的正常状态、潜在不安全和金融危机事实得到准确的区分;第三,将国外危机理论与计量和系统工程实现连接,形成讨论金融安全预警的开放式平台。

2.1 金融安全与金融预警概念

金融安全预警系统(financial security early warning system)在国外研究中又被称为金融危机预警系统或早期预警系统,相关研究主要集中于对金融危机事件的起因、影响过程及应对策略的分析和探讨。庞浩等(2009)认为金融危机理论构成了金融安全研究的理论基础,金融安全水平的提升降低了危机发生的可能性,同样安全水平的严重降低是导致危机爆发的根源,金融危机的破坏程度与金融不安全的严重程度成正比。在关于危机问题的论述中,凯恩斯在其《通论》中以"不确定性"来理解金融危机的产生,他在宏观经济模型基础上认为,危机的形成机制在于民众一旦意识到存在"过度乐观引致抢购风潮的市场",觉醒的力量将势不可挡,资本的边际效率如果受到冲击,则会引起经济出现大规模倒退。

Krugman(1979)为解释20世纪60年代至70年代拉美国家货币危机而提出的第一代金融危机理论模型认为危机的出现与一国经济基本面的恶化是分不开的。亚洲金融危机爆发之后,中国学界开始真正重视金融安全问题的研究,普遍认为宏观金融安全与国家实力、经济发展模式、金融体系的完善程度、在国际金融体系中的地位、国际游资的冲击等19个方面密切相关。在金融系统内部,Choudhry 等(2012)对次贷危机期间英美两国银行经营效率进行对比研究。Baily 等(2008)研究指出,在信息不透明的条件下,影子银行的高杠杆操作增加了金融市场流动的脆弱性,加之这些行为大多是规避金融监管性质的金融风险,容易放大系统性风险,从而威胁银行体系的稳定。几十年来理论界围绕如何更加准确地建立金融安全预警系统展开了多种多样的研究,研究的重点集中在如下三个方面。

目前国内外金融预警研究所预警的内涵界定不清晰,在预警对象方面,有的是针对金融危机,有的是针对金融风险;在预警范围方面,有的是强调特定金融机构,有的研究整个金融体系的稳定。庞浩(2009)从金融不安全的极端状态对金融安全进行界定,认为由个别金融指标异常导致的绝大多数金融指标急剧恶化,促使危机产生,这是金融不安全的一种极端情况。陈金贤(2012)和程棵(2012)站在金融的实质角度,认为金融安全是"对核心价值的维护",包括维护价值的实际能力与对此能力的信心两个紧密联系的方面,并分析了中国金融安全因素。笔者认为从宏观层面看,经济体良性运转,经济体内部能够良好执行金融政策,对经济体外部能够有稳定的影响力,且外部对该经济体金融实力预期良好并接受其信用,则该经济体的金融是安全的。

金融安全与金融风险、金融危机密切相关,不可分割。金融风险是金融活动的一种常态,金融风险产生于金融活动中。当金融风险积累到一定程度,并在特定条件下形成损失而使金融体系受到根本性破坏和威胁时就被称为金融危机。金融安全程度越高,金融风险就越小。因此,将金融安全、金融风险、金融危机三者有机结合起来进行研究,有利于丰富金融安全的研究内容,同时,也可以突破原来单一研究金融风险或金融危机的瓶颈。

2.2　金融安全预警方法的研究

在预警方法方面,各种统计学和计量经济学方法被广泛应用于金融安全的预警模型当中。Krkoska(2001)使用带有约束的 VaR 模型对金融安全进行评价。亦有学者运用因子分析法、基于宏观经济和金融数据的 Logit 模型等方法对中国国家金融安全进行总体评价。近年来人工神经网络(ANN)技术的发展为金融安全预警提供了新的工具,运用新的研究方法提高预警准确度逐渐成为该研究领域的重要发展方向。

具有代表性的是 Nag and Mitra(1999)使用人工神经网络模型进行货币危机预警的研究。冯科(1999)应用 BP 神经网络设计金融安全预警机制,并对我国 2010 年的金融风险进行预测。Lin(2014)将模糊神经网络(fuzzy neural network)结合建立起预测银行破产的预警模型。Mariano(2005)运用 GA 优化的神经网络对西班牙股票市场进行建模分析,认为通过 GA 得到的神经网络初始权值矩阵可以解决一般 BP 神经网络过拟合和陷入极小值的问题。Kyong(2006)运用 GA 优化的神经网络对金融市场波动率进行建模,结合韩国金融市场数据对金融危机进行预警研究,所得结果优于未被优化的模型。可见优化的神经网络建模是金融安全研究的一个重要发展趋势,以上学者的研究结论表明,优化的神经网络模型能够一定程度克服 BP 神经网络的缺陷,增强模型的预测精度。庞浩(2009)在其著作中运用 GA 优化 BP 神经网络对金融安全进行预警研究,取得了优于一般神经网络的模型运行稳定性和预测效果,本书以此作为研究基础,运用优化模型的研究方法对国家金融安全进行精确的预警,将模型训练误差与前馈型神经网络中 RBF、BP、GRNN 网络进行比较,并对以往研究中预警模型存在的设计缺陷进行补充,并进一步优化。

2.3 金融安全建模指标

Kaminsky 等(1998)总结了 1998 年之前与货币危机研究文献中相关的 103 个预警指标,分为六大类:外部变量、金融变量、结构变量、公共财政、实际变量和政治变量,分析和归纳了这些变量在以往研究中出现的次数以及检验是否显著的情况,最终提取了 16 个预警指标建立信号分析法(KLR)模型。Hali J. Edison(2000)在货币危机的研究中应用了四个层次的指标:经常性项目指标——实际汇率、进出口额;资本项目指标——外汇储备、外汇储备占 M2 比值等;实体经济指标——工业总产值增长率;金融指标——M2 货币乘数、国内信贷/GDP、贷款利率/存款利率等。何建雄(2001)从基础微观指标、中间市场指标和宏观审慎指标三个层次建立金融风险预警的指标体系,具体指标有存贷款比率、经常账户逆差、经济增长率等。次贷危机爆发后,人们围绕着金融衍生品的泛滥开展危机爆发原因的研究,张宝林

(2013)分析了影子银行体系(the shadow banking system)运作的机制,指出我国影子银行体系存在的独特形态及其存在的潜在风险监管问题。

BIS(2009b)(2008)在 2008 年的年度报告中指出,投资银行业的风险价值(VaR)指数从 2000 年的 100 上升至 2007 年年底的近 240,它给银行体系的稳定性造成了极大风险。Subramanian(2013)分析影子银行在金融系统中的作用,并认为其是 2007 年次贷危机的重要原因。Anthony(2014)具体分析 2008 年以前,金融资产证券化与结构性投资工具创造影子银行体系和促使美国金融风险过度的演变过程。Daniel(2014)在研究中提供了影子银行对 2007 年次贷危机成因影响的相关数据。Peter(2010)深入分析影子银行所涉及的标的对银行破产的影响,进而讨论对产生金融危机的影响。毛泽盛(2012)通过实证研究发现,影子银行规模与银行体系稳定性之间存在阈值效应,当影子银行规模低于阈值时,影子银行的发展有利于提高银行体系的稳定性,相反则降低银行体系的稳定性。以上文献表明影子银行发展对于传统银行业和整体金融行业的冲击明显。李波(2011)研究表明影子银行体系的运行还对货币政策的制定提出挑战。可见影子银行发展对于中国货币安全具有影响。因此在构建指标体系时,应考虑杠杆率高、流动性风险高的指标在金融安全预警中的重要作用。

2.4　本章小结

从现有研究看,主要存在以下不足:首先,目前的研究大都侧重于对金融危机的预警,金融危机是一国金融系统极度不安全的状态,但是金融安全预警是一个包含金融危机预警的概念,所预警的内容也比金融危机所涉及的范围更广。其次,原有的预警模型都属于线性范式的,然而金融系统不是简单的线性系统,其是由互相非线性作用的多种因素构成的开放的、复杂的系统,其行为具有动态性、不稳定性、不连续性和不可逆性。因此需要选择合理的金融安全预警指标,采用非参数统计方法,对我国金融安全进行预警研究。

第3章 基于广义回归神经网络的中国金融安全预警系统设计*

3.1 金融安全预警指标体系

金融监测预警系统框架最基本的要素是确定预警指标。按照业务的性质,可将金融市场分为银行市场、货币市场、债务市场、股票市场与保险市场,在金融整体运行中,中国金融安全也将体现在这五个金融市场业务子系统本身的安全以及它们之间相互作用的联动关系之中。因此,可将金融安全监测预警系统划分为宏观经济安全运行子系统、银行安全子系统、货币安全子系统、债务安全子系统、股市安全子系统与保险安全子系统。根据指标体系的构建原则,进一步设计了我国金融安全的各个层次的内容。对各子系统中具体操作指标的选取,共包括 21 个监测指标,每一类指标组成一个监测子系统,这六个子系统能比较全面反映国家金融体系运行状况。

为了有效和科学地联合运用指标,在此对指标体系进行赋权。本章利用专家打分法,设计调查问卷对各个指标进行打分,最终确定各指标的权重。具体指标名称、各指标在系统中的权重及各指标安全状态临界值介绍如表 3-1 所示。

表 3-1 中国金融安全预警指标体系、权重及其安全临界值

子系统名称	预警指标名称	各指标在系统中权重	安全状态临界值			
			安全	潜在不安全	显现不安全	危机
宏观经济安全运行子系统(S1)	GDP 增长率(G1)	0.049 8	[6.5,9.5]	[9.5,11]	[11,12.5]	>12.5
	通货膨胀率(G2)	0.090 3	<3	[3,5]	[5,9]	>9

* 本章部分内容发表于《国际商务》2015 年第 6 期,作者为肖斌卿、颜建晔、杨旸和张璞。著者感谢《国际商务》允许本人在本书结集出版中使用此论文。

（续表）

子系统名称	预警指标名称	各指标在系统中权重	安全状态临界值			
			安全	潜在不安全	显现不安全	危机
宏观经济安全运行子系统(S1)	$M2/GDP$(G3)	0.068 5	[85,120]	[120,180]	[180,250]	>250
	固定资产投资增长率(G4)	0.046 7	[13,19]	[19,22]	[22,25]	>25
	财政赤字$/GDP$(G5)	0.043 6	[0,2]	[2,3]	[3,4]	>4
银行安全子系统(S2)	不良贷款率(G6)	0.074 8	<12	[12,17]	[17,22]	>22
	资产利润比(G7)	0.037 4	>0.4	[0.25,0.4]	[0.1,0.25]	<0.1
	贷存比(G8)	0.043 6	80	[70,90]	[50,70]U[90,110]	<50 >110
	资本与总资产比例(G9)	0.037 4	>5	[4,5]	[3,4]	<3
货币安全子系统(S3)	汇率波动率(G10)	0.072 3	[0,1.5]	[1.5,3]	[3,10]	[10,50]
	外汇储备增长率(G11)	0.036 7	>30	[15,30]	[5,15]	<5
债务安全子系统(S4)	外债负债率(G12)	0.046 7	<20	[20,25]	[25,30]	>30
	外债债务率(G13)	0.049 8	<80	[80,100]	[100,120]	>120
	短期外债/外汇储备(G14)	0.031 2	[0,40]	[40,80]	[80,130]	[130,200]
股市安全子系统(S5)	股票市盈率(G15)	0.040 5	<40	[40,60]	[60,80]	>80
	股价指数涨跌幅(G16)	0.049 8	<30	[30,70]	[70,110]	>110
	证券化率(G17)	0.031 2	<30	[30,60]	[60,90]	>90
	房地产开发投资额/固定资产总投资(G18)	0.036 7	[5,15]	[15,25]	[25,35]	>45
保险安全子系统(S6)	综合赔付率(G19)	0.050 5	<25	[25,40]	[40,55]	>55
	保险深度(G20)	0.034 3	>10	[4,10]	[1,4]	<1
	保险密度(G21)	0.028 0	>300	[100,300]	[50,100]	<50

注：上表中指标的选择是通过分析、整合相关国内外文献所得，如《建立金融安全预警系统——指标框架与运作机制》(何建雄，《金融研究》，2001 年)、《金融安全预警指标的权重确定及其实证》(杨丽荣，《统计与决策》，2008 年)、《对金融风险统计监测预警指标体系的思考》(王国实，《管理世界》，2000 年)等。表中的临界值是根据我国历史经验、国际货币组织经验数据、相关文献资料以及国际惯例整理计算而得。其中股票市盈率的临界值单位为"倍"，保险密度的临界值单位为"元/人"，其余临界值的单位均为"%"。

3.2 基于 GRNN 的金融安全预警模型的实证

3.2.1 GRNN 原理

现有的基于神经网络的金融安全预警研究的文献可能存在以下问题：第一，在指标选取方面，没有选取高杠杆、高流动性风险的指标，这些指标波动幅度较大；第二，因 BP 神经网络具有容易陷入局部极值、"过拟合"等问题，其预测精度有待优化，预测结论可能不具有稳健型；第三，一般以确定的数值作为训练样本的金融安全状态划分的临界点，带有很大的主观性，并且容易受到不同指标选取的影响。

因此，本章引入广义回归神经网络方法。广义回归神经网络（generalized regression neural network，GRNN）是径向基神经网络的一种，具有很强的非线性映射能力和柔性网络结构以及高度的容错性和鲁棒性，适用于解决非线性问题。GRNN 在逼近能力和学习速度上较 RBF 网络具有更强的优势，网络最后收敛于样本量积聚较多的优化回归面，并且在样本数据较少时，预测效果也较好。此外，网络还可以处理不稳定的数据。

1. 输入层

输入层神经元的数目等于学习样本中输入向量的维数，各神经元是简单的分布单元，直接将输入变量传递给模式层。

2. 模式层

模式层神经元数目等于学习样本的数目 n，各神经元对应不同的样本，模式层神经元传递函数为：

$$p_i = \exp\left[-\frac{(X-X_i)^{\mathrm{T}}(X-X_i)}{2\sigma^2}\right] \tag{3.1}$$

神经元 i 的输出为输入变量与其对应的样本 X 之间 Euclid 距离平方的指数平方 $D^2 = (X-X_i)^{\mathrm{T}}(X-X_i)$ 的指数形式。式中 X 为输入变量；X_i 为第 i 个神经元对应的学习样本。

3. 求和层

求和层中对神经元进行求和，一类的计算公式如下，它对所有模式层神经元的输出进行算数求和，其模式层与各神经网络的连接权值为1。

$$S_D = \sum_{i=0}^{n} \exp\left[-\frac{(X-X_i)^{\mathrm{T}}(X-X_i)}{2\sigma^2}\right] \tag{3.2}$$

另一类计算公式为：

$$S_{Nj} = \sum_{i=0}^{n} Y_i \exp\left[-\frac{(X-X_i)^{\mathrm{T}}(X-X_i)}{2\sigma^2}\right] \quad j=1,2,\cdots,k \tag{3.3}$$

它对所有模式层的神经元进行加权求和，模式层中第 i 个神经元与求和层中第 j 个分子求和神经元之间的连接权值为第 i 个输出样本 Y_i 中的第 j 个元素。

4. 输出层

输出层中的神经元数目等于学习样本中输出向量的维数 k，各神经元将求和层的输出相除，神经元 j 的输出对应估计结果 $Y(X)$ 的第 j 个元素，即：

$$y_t = \frac{S_{Nj}}{S_D} \quad j=1,2,\cdots,k \tag{3.4}$$

3.2.2　实证分析

1. 样本数据的选取与处理

样本数据的选取和质量将直接影响模型的最终输出，根据上文构建的预警指标体系，进行相关数据的采集，数据均取自 Wind 资讯宏观经济数据库。由于不同的指标值具有不同的量纲，给预警带来诸多困难，因此在利用神经网络模型对数据进行训练之前，首先对数据进行归一化处理，并以归一化后数据进行建模。

2. 实验过程

利用 1996～2012 年归一化后的数据作为网络输入，1997～2013 年归一化后的数据作为期望输出，设定函数参数，分别建立 GRNN、BP 和 RBF 神经网络进行学习训练，其中，BP 神经网络经过 19 次迭代后达到误差要求停止训练，误差性能曲线如图 3-1 所示；RBF 神经网络经过 16 次迭代后达到误差要求停止训练，误差性能曲线如图 3-2 所示。用 2013 年的数据作为测试样本，2014 年的数据作为模型的期望输出，进行三种神经网络模型的有效性检验，期望输出与实际输出如表 3-2 所示。

表 3 - 2   期望输出及实际输出

指标	G1	G2	G3	G4	G5	G6	G7
期望输出	0. 117 8	0. 600 4	1. 000	0. 204 8	0. 738 2	0. 081 3	0. 149 4
BP 输出	0. 996 1	0. 888 5	0. 334 6	0. 867 8	0. 117 2	0. 121 8	0. 719 6
RBF 输出	2. 106 9	1. 603 5	0. 119 0	1. 937 1	0. 136 6	1. 786 8	0. 231 0
GRNN 输出	0. 592 4	0. 788 3	0. 688 2	0. 505 9	0. 625 8	0. 152 1	0. 222 2

指标	G8	G9	G10	G11	G12	G13	G14
期望输出	0. 000 5	0. 992 3	0. 900 7	0. 135 0	0. 134 3	0. 256 5	0. 366 0
BP 输出	0. 110 3	0. 921 2	0. 984 2	0. 545 4	0. 163 9	0. 701 3	0. 005 9
RBF 输出	−0. 777 4	0. 216 3	−0. 792 9	3. 350 5	0. 172 1	−0. 030 2	−1. 495 1
GRNN 输出	0. 141 6	0. 829 8	0. 764 6	0. 432 1	0. 250 0	0. 194 5	0. 240 9

指标	G15	G16	G17	G18	G19	G20	G21
期望输出	0. 065 9	0. 162 3	0. 514 3	0. 001 8	0. 850 4	0. 763 9	1. 000 0
BP 输出	0. 920 5	0. 997 5	0. 997 1	0. 896 9	0. 182 9	0. 943 7	0. 226 6
RBF 输出	1. 074 7	1. 216 3	1. 157 3	−3. 646 1	2. 539 1	0. 559 1	0. 257 1
GRNN 输出	0. 245 0	0. 227 2	0. 641 2	0. 793 0	0. 291 3	0. 797 7	0. 638 1

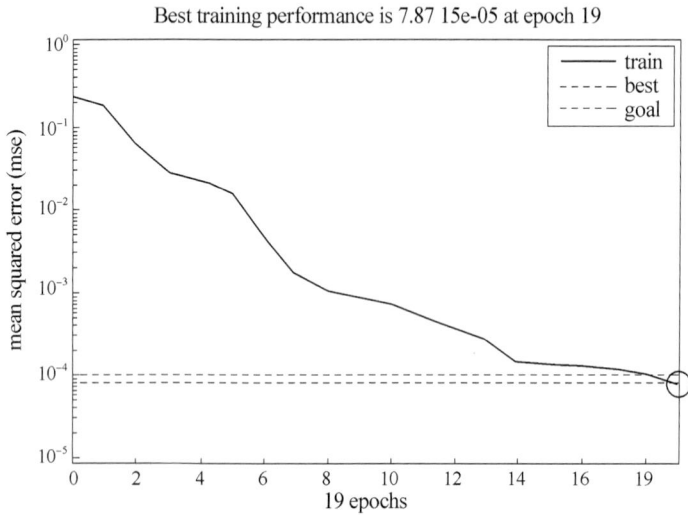

图 3 - 1   BP 误差性能曲线

Performance is 2.0192e-22. Goal is 0.0001

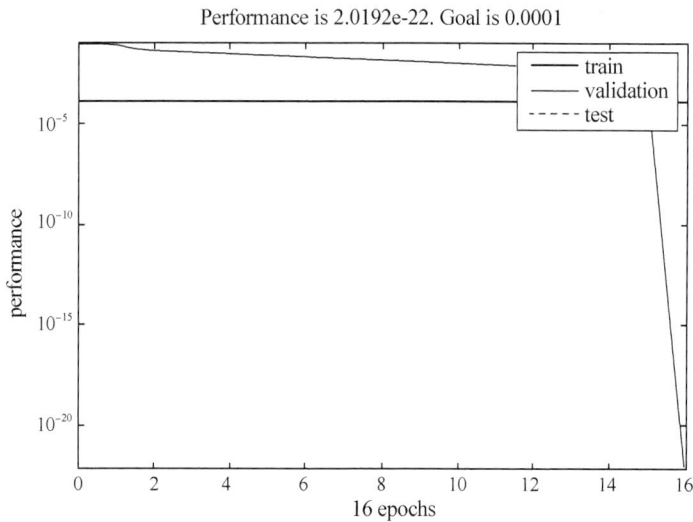

图 3 - 2　RBF 误差性能曲线

根据表 3 - 2,计算得到 BP、RBF 和 GRNN 神经网络的相对误差分别为:2.635 5、7.050 9 和 1.388 7;均方误差分别为:0.341 2、2.367 4 和 0.091 8。图 3 - 2 为 GRNN 检验样本拟合图。因此判断运用 GRNN 建模得到的模型能够有效检验 2014 年指标,体现出其全局收敛性的优越性,故采用该网络,并以 2014 年数据作为预测样本,对 2015 年各金融安全指标进行数值预测,输出结果如表 3 - 3 所示。

表 3 - 3　模型预警的输入和输出

指标	$G1$	$G2$	$G3$	$G4$	$G5$	$G6$	$G7$
预测输入	0.117 8	0.600 4	1.000 0	0.204 8	0.738 2	0.081 3	0.149 4
$GRNN$ 输出	0.489 2	0.718 1	0.752 2	0.473 4	0.656 1	0.129 2	0.194 3
指标	$G8$	$G9$	$G10$	$G11$	$G12$	$G13$	$G14$
预测输入	0.000 5	0.992 3	0.900 7	0.135 0	0.134 3	0.256 5	0.366 0
$GRNN$ 输出	0.115 1	0.863 7	0.749 5	0.348 0	0.199 2	0.193 5	0.267 4
指标	$G15$	$G16$	$G17$	$G18$	$G19$	$G20$	$G21$
预测输入	0.065 9	0.162 3	0.514 3	0.001 8	0.850 4	0.763 9	1.000 0
$GRNN$ 输出	0.180 3	0.192 3	0.593 5	0.651 2	0.433 7	0.787 1	0.729 0

根据表 3-3 预测输出可以看出:2015 年我国货币供应量减少;固定投资增长率增加;财政赤字占 GDP 的比重有所下降;商业银行不良贷款有所增加;汇率方面,人民币兑美元汇率有小幅下降;外汇储备增长率增加;股价指数涨跌幅及证券化率有增加趋势;保险业综合赔付率下降,其他情况基本保持上年水平。以上结果与我国目前处于"新常态"下深化经济改革阶段的政策要求有较强关联性:一方面 2015 年我国继续实行稳健的货币政策,坚持稳增长、调结构、控物价、防风险;另一方面,发挥宏观审慎政策工具的逆周期调节作用,保障固定投资、汇率价格和房地产开发投资的稳健性。同时需要着重注意,GRNN 神经网络预测结果预示 2005 年我国经济增速有一定提升,短期经济失速的可能性较小。在前几年 GDP 下降过程中,中国经济在深层次出现了结构性的转型和优化,这将为我国未来经济发展注入更多内生增长动力。另外,结合预测结果,我们需要重点防范由信贷投资资本削减和地方债务问题所带来的潜在金融风险。

3.2.3 安全区间的确定与预警结果评价

在获得各个指标的标准化数据以及其相应的权重之后,对标准化数据与权重的乘积求和,获得每一年的总评分,通过分析,本章认为各年指标加权评分高低与当年金融运行背景有密切联系:① 财政政策与货币政策宽松环境下,指标加权综合指数较高,反之则较低;② 金融危机背景下,指标加权综合指数较低。各年评分结果及当年金融运行背景如表 3-4 所示。

表 3-4 1996～2015 年金融安全综合评分及金融运行背景

年份	指标加权综合指数	金融运行背景
1996	0.417 9	坚持适度从紧的货币政策,逐步改革利率管理体制,扩大金融对外开放
1997	0.437 8	采取扩张性财政政策应对亚洲金融危机,金融部门加强内部管理
1998	0.455 7	危机后经济形势较为好转,国有企业改革继续深化
1999	0.473 0	推进消费信贷业务,央行降息刺激消费拉动内需
2000	0.491 7	继续实行积极的财政政策,世界经济回升,出口形势良好

（续表）

年份	指标加权综合指数	金融运行背景
2001	0.513 8	实行扩张性财政政策,经济较快发展,出口增速明显
2002	0.487 9	入世背景,打破国有经济垄断体制改革,市场化投资快速增长
2003	0.521 0	保持人民币利率和汇率政策稳定,走新型工业化道路,固定资产投资快速增长
2004	0.611 8	以经济增长、结构调整和调节收入分配作为财政政策,货币政策稳健
2005	0.500 3	继续施行稳健的货币政策,加大信贷结构调整力度,改进央行"窗口指导"
2006	0.505 2	货币政策宽松,投资支持力度加大,保持较低利率水平
2007	0.573 1	经济增速偏快,信贷扩张压力较大,央行六次上调人民币存贷款基准利率
2008	0.382 7	货币政策由从紧转为适度宽松,下半年逐步下调存贷款基准利率
2009	0.410 9	继续实施适度宽松的货币政策,支持消费投资增长,维护物价水平稳定
2010	0.496 0	央行加大对通胀预期的管理力度,适度回收流动性,强化金融风险管理
2011	0.458 8	实行积极的财政政策和稳健的货币政策,存在较高的通胀压力
2012	0.410 2	央行适当放松货币政策,刺激经济扩大内需,释放流动性
2013	0.439 9	宏观经济增速下行,经济进入结构性调整阶段
2014	0.443 7	"三期叠加"去杠杆去泡沫化,促进提升金融安全
2015	0.468 5	"新常态"下的全面深化改革带来对金融安全回升的预期

运用 SPSS 软件对表 3 - 4 数据进行正态性检验,K - S 检验结果显示渐进显著性(双尾)值为 0.982,表明样本符合正态分布特征。因此在预警方法的选择上,运用三西格玛标准对指标加权综合指数进行等级划分,记样本均值为 μ,样本标准差为 σ,各等级分界值依次为 $\mu+2\sigma$、$\mu+\sigma$、μ、$\mu-\sigma$ 和 $\mu-2\sigma$。本章划分六个等级,其中等级Ⅰ、等级Ⅱ和等级Ⅲ代表金融是安全的,等级Ⅳ和等级Ⅴ代表金融基本安全,等级Ⅵ代表指标加权综合指数触发安全预警,具体划分结果如表 3 - 5 所示。

表 3－5　指标加权综合指数等级划分

等级 Ⅰ	等级 Ⅱ	等级 Ⅲ	等级 Ⅳ	等级 Ⅴ	等级 Ⅵ
≥0.59	≥0.53～<0.59	≥0.47～<0.53	≥0.41～<0.47	≥0.36～<0.41	<0.36

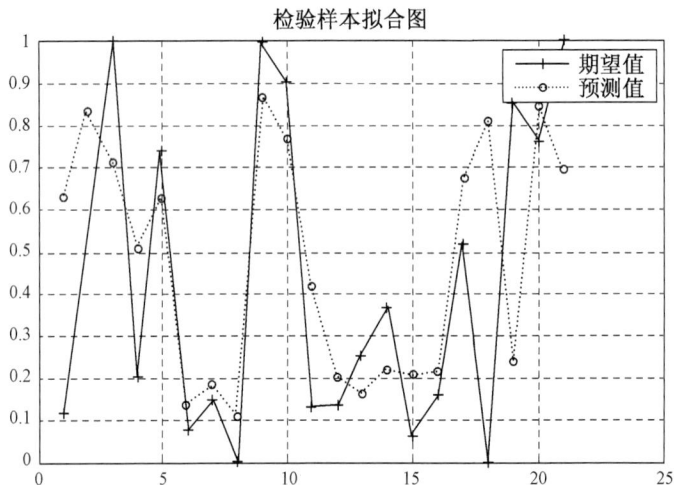

图 3－3　GRNN 检验样本拟合

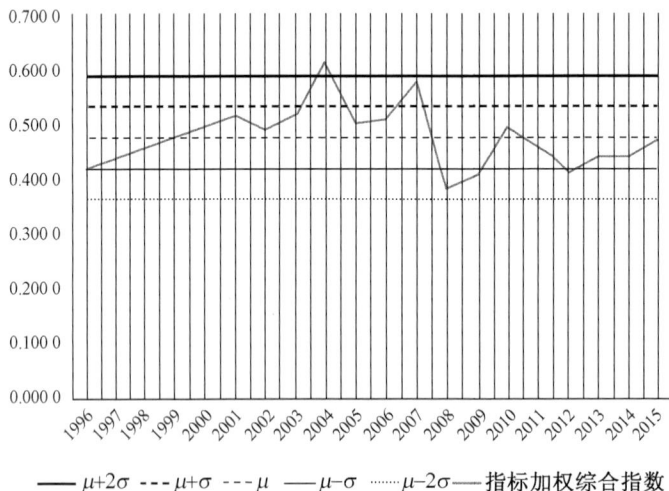

图 3－4　指标加权综合指数走势图

由表 3－4 和表 3－5 可知,2015 年综合加权指数为 0.468 5,该评分被归为等级Ⅳ,表现为金融基本安全。由于外部环境变化及国家政策导向,我国宏观经济发展有所回暖,但整体经济进入结构性调整阶段,由信贷投资资本削减和地方债务问题所带来的潜在金融风险增加,应当引起监管当局的重视。由于目前我国正处于结构调整的开始阶段,多年积累的一系列矛盾和问题并没有彻底解决,特别是目前 2015 年一季度工业增加值、社会消费品零售总额、固定资产投资、进出口贸易、物价水平等反映经济形势的数据均出现一定程度的回落,流动性边际改善的可持续性与经济增长的预期仍是制约经济金融发展的主要因素。图 3-4 中显示预测 2015 年金融安全指数有所回升,表示金融正朝着安全性不断强化的路径运行。目前经济深化改革的具体措施正逐步出台,当前财政政策加力增效,防止资金沉淀;货币政策加强与财政政策配合,防止地方债发行产生挤出效应,继续降准降息。金融业需要正视经济减速的客观规律,将多项政策结合起来,配合经济减速过程中的结构调整。国家中长期政策仍需坚持深化改革,以促进经济结构调整和创新驱动的内生经济增长。

3.3　本章小结

金融风险的产生、累积直至金融危机的爆发是一个复杂的过程。金融风险的传导机制具有多样性和隐秘特点。这客观上要求金融风险预警机制是一套复杂而精密的体系。本章结合现有文献,运用金融、计算实验相关知识对我国金融风险预警机制进行了研究,采用广义回归神经网络(GRNN)对我国金融安全进行了实证分析,给我们带来的启示如下。

第一,模型对比检验结果显示 GRNN 在逼近能力和学习速度上较另两种网络具有更强的优势,建模和检验效果较好,适合解决非线性问题。

第二,预测得出 2015 年我国金融基本安全,短期经济失速的可能性较小。我国正处于结构调整的开始阶段,多年积累的一系列矛盾和问题并没有彻底解决,仍需重点防范由信贷资本投资削减和地方债务问题所带来的潜在金融风险。中国经济在深层次出现的结构性转型和优化,将为我国未来经济发展注入更多内生增长动力。

第三,金融风险预警是一个迫切的问题,引入系统论、网络拓扑、计算机辅助等新的研究方法和手段进行金融安全预警能够充实现有研究,同时为金融监管者和市场参与者把握当前国家金融体系运行状况提供参考。

第4章 基于遗传神经网络的中国金融安全预警系统设计

本章在第3章广义神经网络基础上,进一步基于遗传神经网络构建金融安全预警系统。与以往研究相比,本章研究有以下特点:① 从建模指标来看,在结合传统指标的基础上,本章加入影子银行体系的相关指标;② 从建模方法来看,本章建立的模型既具有 BP 神经网络的自学习能力和鲁棒性,又具有遗传算法(GA)的全局搜索能力,从而改进了模型的应用范围和预警准确度;③ 从预警系统是否触发预警的界定方法来看,本章通过考察金融安全得分是否出现剧烈波动或异常值,金融安全得分是否触及预警线来判断。④ 为提高测试网络拟合的精确度,将网络检验的相对误差平均值数据与前馈型神经网络门类所属的径向基神经网络(RBF)、BP 神经网络(BP)和广义回归神经网络(GRNN)在运行后所得的检验误差进行对比。

4.1 研究方法

首先对金融安全预警系统中的指标数据进行标准化处理;对原有变量进行因子分析,运用主成分分析法从原有变量中综合出少数具有代表性的因子代替原有变量参与数据建模,并依据因子得分计算各变量得分;运用遗传算法(GA)和 BP 算法相结合的学习算法训练 BP 神经网络,并基于训练好的网络进行金融安全状况预测。限于篇幅,因子分析、BP 神经网络及遗传算法具体内容介绍从略。基于 GA 算法,首先对神经网络初始权值进行优化,在解空间中定位出一个较好的搜索空间,然后再采用 BP 算法在这个小空间中搜索出最优解,步骤如下。

步骤 1 随机生成一组具有 m 个个体的种群 $X = (X_1, X_2, \cdots, X_m)^T$,种群中每个个体 $X_i = (X_1, X_2, \cdots, X_m)$ 表示一个初始权值分布,每个基因值表示一个连接权值,则个体的长度为神经网络权值的个数,权值编码方式选择二进制编码。

步骤 2　根据适应度函数值评价个体,对每个个体进行解码得到一个 BP 神经网络输入样本,计算出神经网络的输出误差值 E,选择适应度函数。

$$f=1/(1+E) \tag{4.1}$$

根据适应度函数计算出每个个体的适应值,将种群中的个体按照其适应度的大小进行降序排序,如果本代群体的个体平均适应度高于以前进化中最好的适应度平均值,则说明群体的平均适应度提高,可相应缩小种群的规模,减少种群个数至 M'。

$$M'=M_{\min}+(M_{\max}-M_{\min})\exp(-\Delta) \tag{4.2}$$

其中,$M_{\max}$,$M_{\min}$ 表示种群规模变化范围的最大值和最小值;Δ 表示种群适应度平均值的增量。在每一代的遗传中,保留目前的最优解直接到下一代中,直到达到精度要求或最大代数。

步骤 3　遗传操作。

(1)选择算子。选择比例选择算子,如果 M 个个体中的第 i 个个体的适应值为 f_i,其被选中的概率为:

$$p_i = f_i \Big/ \sum_{i=1}^{M} f_i \tag{4.3}$$

(2)交叉算子。选择简单算术交叉,以交叉概率 P_c 进行个体交叉操作。

(3)变异算子。选择均匀变异算子,对个体中每个基因座上的基因值,依变异概率 P_m 从对应基因的取值范围内取一个随机数进行替换。

$$X_k=U_{\min}^k+r(U_{\max}^k-U_{\min}^k) \tag{4.4}$$

其中 $U_{\max}^k$,$U_{\min}^k$ 表示第 k 个基因座上的基因值的取值范围的最大值和最小值。

返回步骤 2。

步骤 4　BP 网络的初始化,确定隐含层节点的个数。取在整个遗传操作中最优个体作为神经网络的初始权值。

步骤 5　对输入样本和相应的输出进行网络训练,即对每一个样本数据进行步骤 6 到步骤 8 的过程。

步骤 6　依据输入样本计算实际输出及其隐含层神经元的输出。

步骤 7　计算期望输出与实际输出之间的差值,求输出层和隐含层的误差。

步骤 8 根据步骤 7 得出的误差更新输入层到隐含层节点之间、隐含层到输出层节点和自建的连接权值。

步骤 9 求出误差函数 E，判断 E 是否收敛到给定的学习精度以内（$E \leqslant$ 拟定误差 ε），如果满足则训练结束，否侧转向步骤 5。

4.2　指标选择

在第 3 章中，本书提出了金融安全预警基础指标体系。金融安全预警系统框架中最基本的要素是预警指标，文献回顾部分介绍的以往学者选取的指标涵盖面较广，但对于杠杆率高、流动性风险高的指标欠缺考虑，当前影子银行与信用衍生品对一国金融安全产生的潜在隐患往往被众多监管当局所忽视。2009 年 6 月，经济学家保罗·克鲁格曼（Paul Krugman）在伦敦经济学院讲演时指出：在不经意之间，金融体系出现了一个大盲区——影子银行，用短期借款去投资长期资产的任何形式的实体都是现代银行的范畴，影子银行体系对于整个经济来说与商业银行同等重要。

影子银行系统指行使着银行功能却不受监管或少受监管的非银行金融机构，包括期工具和产品。其具体构成主要有投资银行、对冲基金、私募股权基金、结构投资载体（SIV）、再回购协议（Repo）等机构、工具和产品。

我国影子银行的部分金融工具已经具备了货币属性，在资金融通中扮演着越来越重要的角色，但这部分工具的"货币创造"效应尚未得到金融监管部门及时、有效的监控，因此干扰了传统的数量型货币政策工具运用效果，并对利率政策的实施产生影响。借鉴张宝林（2013）的指标说明，本章将影子银行规模增长率、委托贷款和信托贷款增长率、未贴现的银行承兑汇票额和非金融企业境内股票融资额这四个指标纳入本章指标框架，反映影子银行系统发展现状。本章借鉴李建军（2010）的研究成果，从借款人角度对影子银行规模进行测算。该测算方法是基于经济与金融的基本关系原理：相应的 GDP 需要有一定的信贷规模支持，即一定时期内社会经济主体实现的 GDP 对应这一时期金融机构的全部信贷支持。该方法能够反映影子银行规模在经济体内部的数量变动趋势。影子银行规模计算公式为：

$$Shadbank = (R_{YL} - R_{EL}) \times GDP_F + (R_{YL} - R_{FL}) \times GDP_E \quad (4.5)$$

其中,$Shadbank$ 表示影子银行的规模;R_{YL} 表示全社会未偿还贷款/GDP,称为"单位 GDP 的贷款系数";R_{FL} 表示农户从金融机构获得的借款/GDP;R_{EL} 表示私营企业及个体工商户从金融机构获得的借款/GDP;GDP_F 表示农户在一定时期内实现的 GDP;GDP_E 表示私营企业和个体工商户等在一定时期内实现的 GDP。以上单位均为亿元。

综合陈守东(2006)、冯科(2010)、何建雄(2001)、李红继(2011)、张宝林(2013)、李小平(2012)、李毅学(2011)、刘晓星(2014)、Kaminsky et al.(1998)、Lin(2014)等学者的研究成果,本章从 7 个层面选择我国金融预警系统的指标,具体如表 4-1 所示。

表 4-1　中国金融安全预警系统指标

子系统	预警指标	经济意义
宏观经济安全(S1)	GDP 增长率(G1)	指标过低意味着经济有可能陷入衰退,过高说明经济过热,容易出现通货膨胀
	通货膨胀率(G2)	影响实际利率和汇率;反映国家货币政策有效程度
	M2/GDP(G3)	过高的 M2 供给会导致社会流动性过剩,从而产生货币的投机性冲击
	全社会固定资产投资增长率(G4)	投资额的衰退往往是金融危机的先兆
	财政赤字/GDP(G5)	反映财政收支入不敷出的程度和财政稳固状态区间
	房地产开发投资额/全社会固定资产总投资额(G6)	反映内需状况、商品房需求态势
银行安全(S2)	金融机构存款/金融机构贷款(G7)	反映银行运营资金的总量控制能力,超过规定说明超负荷经营,按存款准备金率调整我国规定的极限
	不良贷款率(G8)	指金融机构不良贷款占总贷款余额的比重,不良贷款率高,说明金融机构收回贷款的风险大
	存贷比(G9)	指商业银行贷款总额除以存款总额的比值,存贷比过高会导致银行支付危机
	国内信贷/GDP(G10)	反映信贷规模
影子银行安全(S3)	影子银行规模增长率(G11)	反映影子银行规模变动程度
	委托贷款和信托贷款增长率(G12)	委托贷款和信托贷款占影子银行贷款规模的 50% 左右,该指标的变化趋势能够代表影子银行发展趋势

（续表）

子系统	预警指标	经济意义
影子银行安全(S3)	未贴现的银行承兑汇票总额增长率(G13)	未贴现的银行承兑汇票总额上升表明社会融资需求上升,银行承兑汇票可以帮助企业提高资金的杠杆率
	非金融企业境内股票融资总额增长率(G14)	反映非金融企业融资需求、影子银行融资数量变动
	企业债券总额增长率(G15)	反映直接融资渠道解决企业融资需求的程度
货币安全(S4)	汇率波动率(G16)	主要会产生收入分配效应、资源配置效应、资本流动效应、货币效应、价格波动导致贸易不稳定等
	外汇储备增长率(G17)	反映一国外汇储备情况
债务安全(S5)	外债负债率(G18)	反映一国经济增长对外债的依赖程度,或一国外债的整体风险
	外债债务率(G19)	衡量外债负担和外债风险
	短期外债/外汇储备(G20)	反映一国现实的对外支付能力
股市安全(S6)	股票市盈率(G21)	反映股票市场泡沫情况,资本市场泡沫是危机先兆
	股价指数涨跌幅(G22)	反映股市整体运行状况
	证券化率(G23)	证券化率低会引起证券的供小于求,使股价较高
保险安全(S7)	综合赔付率(G24)	反映保险业整体经营情况
	保险深度(G25)	反映保险业在整个国民经济中的地位
	保险密度(G26)	反映国民参加保险的程度

注:指标数据来源于 CCER 经济金融研究数据库、CNKI 中国经济社会发展统计数据库、Wind 资讯金融终端及《中国统计年鉴 2012》。部分数据根据原始数据计算所得,其中,通货膨胀率＝(计算期 CPI 数值－基期 CPI 数值)×100%/基期 CPI 数值;汇率波动率＝(计算期汇率－基期汇率)×100%/基期汇率;外债负债率＝外债余额/GDP;外债债务率＝外债余额/负债总额。股票市盈率单位为"倍";保险密度单位为"元/人",其余制表单位均为"%"。

4.3 模型建立、检验及预测结果

4.3.1 样本处理

综合数据可获取性、数据可靠性因素的影响,样本选取 2000 年～2012 年季度数据,所有变量数据均进行季节性调整。鉴于因子分析前消除指标量纲及数量级影响的需要,以及神经网络建模时为加快训练网络的收敛性的需要,对样本数据中各个指标下的数据分别进行归一化处理。

4.3.2 模型建立

1. 因子分析阶段

采用主成分法对样本组季度截面数据(共 52 个)运用 SPSS 统计软件进行因子分析。原有变量相关性检验中,巴特利特球度检验统计量的观测值为 1 949.899,相应的概率 P 值接近 0,如果显著性水平 α 为 0.05. 由于概率 P 值小于显著性水平 α,则应拒绝原假设,认为相关系数矩阵与单位阵有显著差异,可知原有变量适合进行因子分析。从主成分分析结果中提取特征值大于 1 的 7 个主成分,其累计方差贡献率达到 86.145%,即原有变量的绝大部分信息可被主成分因子解释。各主成分特征值和贡献率具体如表 4-2 所示。

表 4-2 主成分特征值与贡献率

主成分	特征值	贡献率(%)	累计贡献率(%)
1	7.242	27.856	27.856
2	4.391	16.887	44.743
3	3.804	14.630	59.373
4	2.503	9.629	69.002
5	2.122	8.161	77.163
6	1.331	5.119	82.282
7	1.004	3.863	86.145

根据因子载荷矩阵可以得到各主成分与原始变量的线性表达式,其中线性表达式的系数＝载荷数/其主成分对应特征值的开方。方差贡献率越大,则该主成分的重要性越强,因此方差贡献率可以看作不同主成分的权重。参考杨淑娥(2005)做法,对指标在 7 个主成分线性组合中的系数做加权平均可以得到单个指标系数,具体如表 4-3 所示。在此基础上,得到各金融安全子系统安全得分以及整体金融安全系统得分,限于篇幅,本章展示 2012 年四个季度各项目得分,具体如表 4-3 所示。

表 4-3　2012 年各季度金融安全系统得分情况

季度	宏观经济安全子系统(S1)	银行安全子系统(S2)	影子银行安全子系统(S3)	货币安全子系统(S4)	债务安全子系统(S5)	股市安全子系统(S6)	保险安全子系统(S7)	宏观金融整体(S)
一季度	0.045 30	−0.048 57	−0.095 92	0.048 10	0.079 90	−0.059 47	−0.170 86	−0.201 53
二季度	0.034 80	−0.041 59	−0.103 23	0.035 96	0.079 11	−0.056 28	−0.175 11	−0.226 35
三季度	0.057 08	−0.038 28	−0.106 31	0.049 58	0.077 58	−0.049 70	−0.186 05	−0.196 10
四季度	0.081 13	0.005 44	−0.114 77	0.053 74	0.076 68	−0.048 36	−0.197 85	−0.143 40

根据各金融安全子系统及整体金融安全系统的得分,我们绘制其得分走势图,并绘制相应 μ、$\mu\pm\sigma$、$\mu\pm2\sigma$ 及 $\mu\pm3\sigma$ 线(μ 代表均值,σ 代表标准差)参与解释说明,具体如图 4-1 至图 4-8 所示:

图 4-1　宏观经济安全子系统得分

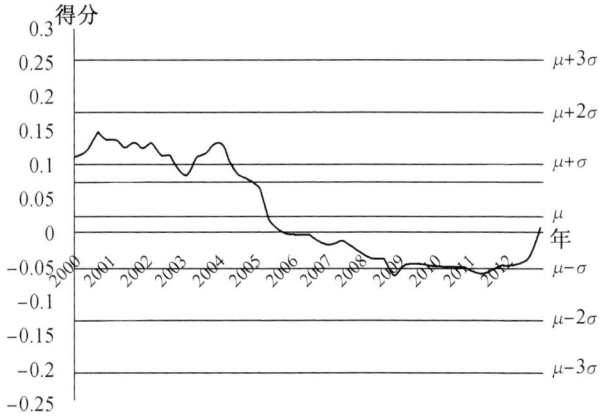

图 4-2　银行安全子系统得分

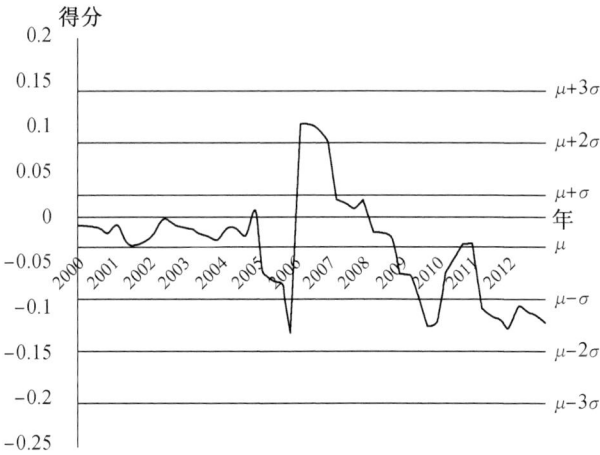

图 4-3　影子银行安全子系统得分

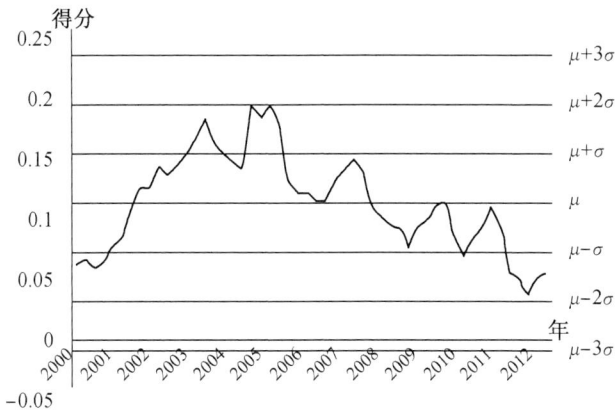

图 4-4　货币安全子系统得分

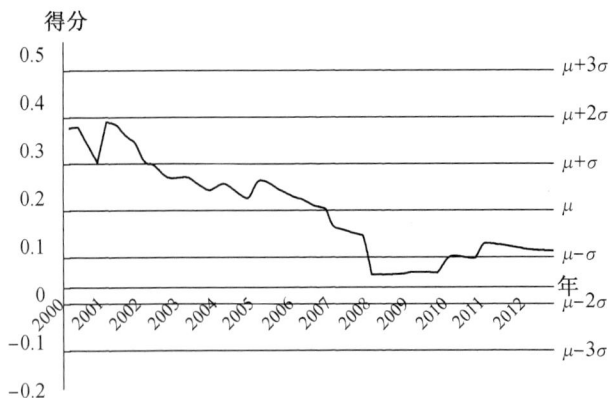

图 4 - 5   债务安全子系统得分

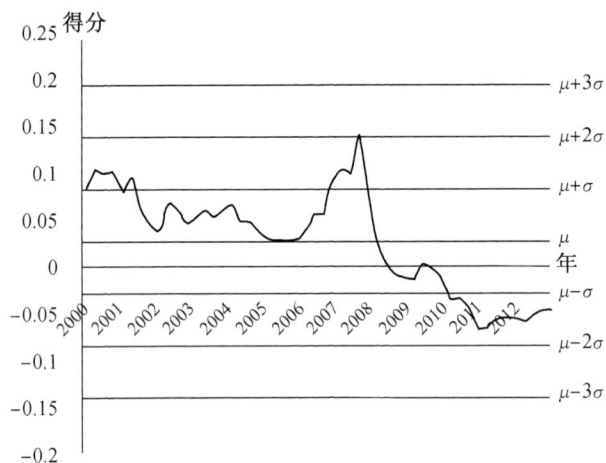

图 4 - 6   股市安全子系统得分

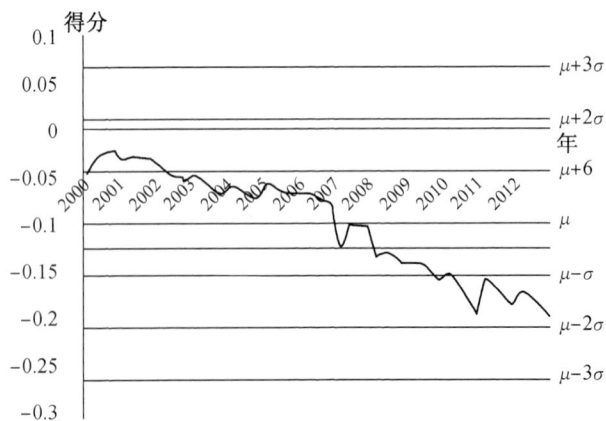

图 4 - 7   保险安全子系统得分

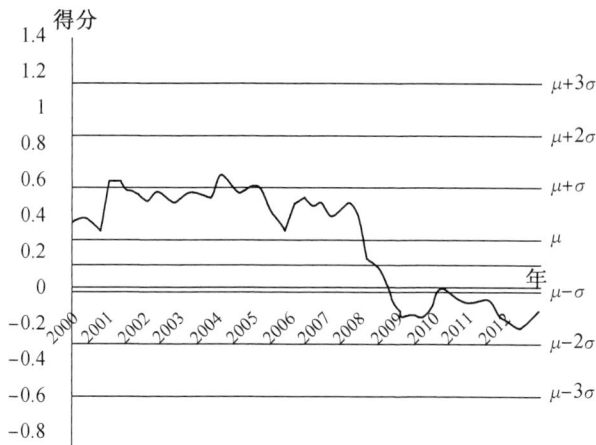

图 4-8　宏观金融整体得分

　　参与建模的指标主要表现为同比增长率、比率形式,在此数值基础上得出金融安全子系统及整体得分,指标数值增长率高不一定表示金融运行状况安全,数值增长率低同样不一定说明金融运行状况不安全;同理,子系统及整体得分高低不应作为判断金融运行状况安全与否的标准。本章区别于以往同类型文献,通过观察金融系统运行是否平稳、金融安全得分是否出现剧烈波动或异常值,以此判断金融状况是否安全。

　　从图 4-1 至图 4-8 可以看出我国 2000～2012 年金融系统运行历史上出现几次较为剧烈的波动:第一,2008 年全球金融危机爆发后,我国宏观经济受外部金融冲击增速明显放缓,2009 年第一季度增速降至最低;第二,2007 年全球影子银行业规模达到“全盛时期”,我国银行业不受监管的证券化活动以及民间金融市场的活跃,使得银行贷款在金融市场中证券化,又通过证券市场进行信贷扩张,影子银行规模增速明显;第三,2007 年,我国股市 IPO 发行数、增发融资额增长迅速,股价攀升,股市规模扩张,资本市场投资过热。其余各系统得分均在“均值±两倍标准差”线区间内,因此我们设定“均值+两倍标准差”线和“均值-两倍标准差”线为金融安全预警线,分别记为 E1 线和 E2 线,各金融子系统及整体得分触及或超出系统内部 E1 或 E2 线被视作触发金融安全预警。但预警线数值会随时间变化,预警状态随之发生变化,例如当期触发预警的得分在未来期不触发预警,因此预警状态具有时效性。本章讨论当前金融安全状况,各系统预警线数值如表4-4 所示。

表 4-4　各系统金融安全预警线数值

预警线	S1	S2	S3	S4	S5	S6	S7	S
E1	0.212 0	0.078 1	0.081 3	0.192 4	0.321 7	0.135 8	0.011 5	0.857 6
E2	0.029 1	−0.090 0	−0.145 9	0.031 8	−0.031 2	−0.083 9	−0.208 8	−0.323 6

2. 训练、检验阶段及预测结果

本章选取七个安全子系统得分为一组作为神经网络的输入数据,输出数据为下一年同季度七个安全子系统得分。选取 2000～2011 年 48 组季度数据作为训练输入,2001～2012 年 48 组季度数据作为训练输出;2011 年 4 组季度数据作为检验输入,2012 年 4 组季度数据作为检验输出;2012 年 4 组季度数据作为预测输入。

遗传算法参数设定:种群规模=10,最大遗传代数=20;交叉概率 P_c=0.7,变异概率 P_m=0.01。神经网络参数设定:隐含层节点范围[7,13];最大迭代次数=1 000;训练误差=0.001。

GA-ANN 算法采用 Matlab 语言实现,遗传算法进化过程如图 4-9 所示,其中误差变化范围为[0.07,0.115];将遗传算法优化后的权值带入 BP 神经网络经过 163 次迭代达到训练误差设定要求,具体如图 4-10 所示。

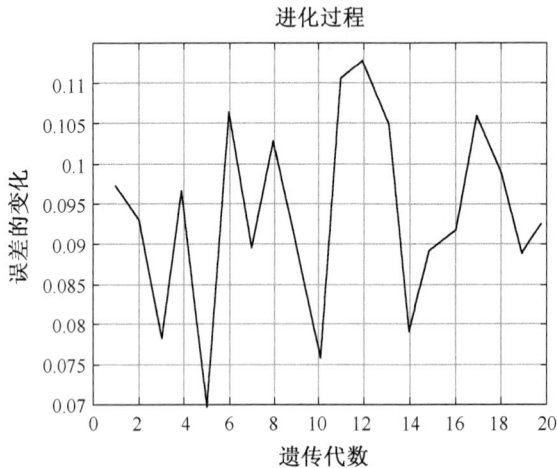

图 4-9　遗传算法进化过程

经过163次迭代, 最优训练性能是0.001 296 3

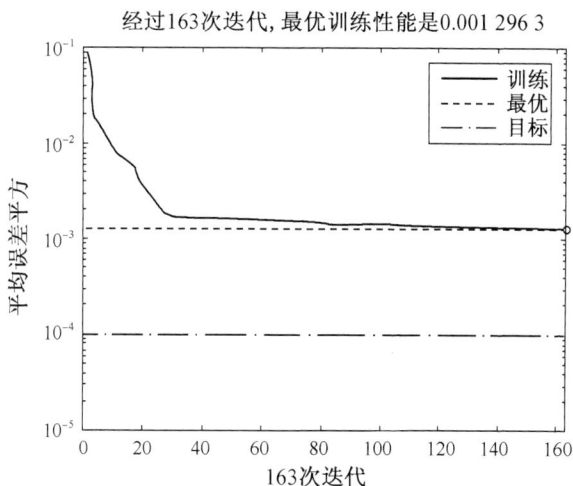

图 4 - 10　训练收敛过程图

以 2011 年 4 组季度数据进行检验得到实际输出,并以 2012 年 4 组季度数据作为期望输出进行检验,仿真函数 sim 计算的网络输出结果如表 4 - 5 所示。从检验结果可以看出,训练后的网络检验结果与实际数值的各季度相对误差平均值为 6.13%、6.09%、8.95% 和 5.61%,为测试网络拟合的精确度,将金融安全得分检验的相对误差数据与 RBF、BP 和 GRNN 网络训练误差进行比较,发现 GA-ANN 网络输出的检验结果与实际数据相对误差平均值最小,对比结果如表 4 - 6 所示。因此,本章认为遗传算法优化的神经网络预警方法可以作为金融安全预警的参考方法。

因此我们可以运用训练好的 GA-ANN 神经网络,以 2012 年各组季度样本预测 2013 年金融安全得分,并根据因子分析确定的各指标权重计算宏观金融整体的安全得分,结果如表 4 - 7 所示。

表 4 - 5　检验输出结果

季度	结果分析	S1	S2	S3	S4	S5	S6	S7
一季度	期望输出	0.045 3	−0.048 6	−0.095 9	0.048 1	0.079 9	−0.059 5	−0.170 9
	实际输出	0.049 5	−0.052 6	−0.096 3	0.047 5	0.095 3	−0.058 2	−0.175 0
	相对误差	9.27%	8.23%	0.42%	1.25%	19.2%	2.18%	2.40%

（续表）

季度	结果分析	S1	S2	S3	S4	S5	S6	S7
二季度	期望输出	0.034 8	−0.041 6	−0.103 2	0.036 0	0.079 1	−0.056 3	−0.175 1
	实际输出	0.034 9	−0.049 9	−0.102 1	0.039 2	0.077 3	−0.062 0	−0.174 9
	相对误差	0.29%	19.9%	1.06%	8.89%	2.28%	10.12%	0.11%
三季度	期望输出	0.057 1	−0.038 3	−0.106 3	0.049 6	0.077 6	−0.049 7	−0.186 1
	实际输出	0.056 0	−0.034 7	−0.106 6	0.040 7	0.064 3	−0.057 3	−0.184 9
	相对误差	1.93%	9.40%	0.28%	17.94%	17.14%	15.29%	0.64%
四季度	期望输出	0.081 1	0.005 4	−0.114 8	0.053 7	0.076 7	−0.048 4	−0.197 8
	实际输出	0.082 1	0.004 5	−0.114 1	0.053 5	0.084 3	−0.045 9	−0.187 3
	相对误差	1.23%	16.67%	0.61%	0.37%	9.91%	5.17%	5.31%

表 4-6 相对误差平均值对比结果

预警模型	一季度	二季度	三季度	四季度
GA-ANN	6.13%	6.09%	8.95%	5.61%
RBF	3.96%	13.47%	10.34%	12.56%
BP	17.94%	10.34%	14.31%	14.37%
GRNN	35.19%	32.49%	16.40%	72.48%

表 4-7 2013 年各系统金融安全得分预测结果

季度	S1	S2	S3	S4	S5	S6	S7	S
一季度	0.154 5	−0.030 3	−0.124 2	0.095 3	0.103 2	−0.047 2	−0.182 7	−0.031 4
二季度	0.159 6	−0.024 1	−0.120 8	0.100 8	0.108 8	−0.044 0	−0.181 4	−0.000 1 1
三季度	0.067 7	−0.049 8	−0.118 0	0.116 3	0.082 0	−0.050 2	−0.186 9	−0.138 9
四季度	0.070 1	−0.007 4	−0.086 4	0.054 7	0.075 7	−0.046 9	−0.187 6	−0.127 8

对照预警线数值表，各系统得分未触及金融安全预警线，总体金融运行状况基本延续 2012 年发展态势。部分子系统得分接近预警线，其中影子银行子系统前三季度得分较 2012 年均有下降；货币安全子系统前三季度较 2012 年上升较为明显，第四季度又回落至安全预警线附近；股市安全子系统得分较 2012 年有所回升，但仍接近预警线；保险安全子系统得分继续下降，有触及预警线趋势。2013 年宏观金融整体得分趋向均值，第三季度和

第四季度得分较前两季度变化明显,呈现 2012 年得分态势。从预测结果和今年前两季度中金融实际运行状况来看,2013 年中国金融总体运行平稳,但存在隐忧风险,其中实体经济通过金融机构表外融资明显增多,信托贷款增长尤为突出;上市公司盈利水平下降;潜在经济增长水平下移,延续去年国家经济周期性回落与结构性调整。

4.4　本章小结

　　基于 GA-ANN 的中国金融安全预警系统实证分析结果表明:基于遗传算法优化的人工神经网络方法是研究金融安全预警的有效方法;GA-ANN 网络较前馈型神经网下的 RBF、BP 和 GRNN 网络具有更好的拟合精度;预测 2013 年下半年我国金融安全水平较 2012 年同期变动幅度小,并且未触发预警,但影子银行、股市和保险子系统存在一定的不安全因素。在采集中国金融系统公开数据的基础上,应用 Matlab 编程语言可以完成 GA-ANN 网络模型的算法设计和数据运算,建立中国金融安全预警模型,为政策制定者和广大投资者对国家宏观金融安全预判提供了参考依据。

　　本书将影子银行体系相关指标加入国家金融安全预警系统,以保证高杠杆、高流动性风险的经济参数参与建模,使得金融安全预警指标体系更加完整;运用遗传算法优化 BP 神经网络,提高金融安全得分预测精度,提高研究结论的可信度;设置金融安全预警线,观察金融系统运行是否平稳、金融安全得分是否出现剧烈波动或异常值,以此判断国家金融状况是否安全;计算各子系统金融安全得分,为宏观金融安全得分出现剧烈波动的解释提供依据。

第 2 篇
▜▛▜▛ 金融市场投资决策机制与金融安全 ▜▛▜▛

本篇主要通过市场信息、金融市场参与者以及风险传染剖析市场投资决策机制。首先,通过案例研究分析市场信息与股市大跌之间的关系,探索金融市场参与者、信息传递与证券市场稳定性之间的联系;运用极值理论的方法对我国银行业与房地产行业的传染性风险进行了定量预测,发现房地产和银行业间存在着较大的传染性风险,并对风险产生机制和传染特点进行描述;进一步基于CCC概率检验分析债务网络、投资者行为与传染性风险的关联。

第5章　市场信息与股市大跌:案例研究

5.1　2007年两次股市大跌的基本状况与其他典型性股市大跌的比较

5.1.1　我国股市大幅下跌的统计与简述

以"保持市场稳定,保护投资者利益"为目标,我国股市自1996年12月26日起对所有上市股票及基金交易实行10%的涨跌幅限制。我们对1996年以来中国股市单日涨跌进行了统计,结果表明单日跌幅超过5%的总共有28次(表5-1),包括涨跌幅限制前几天的1996年12月16日以来的股市大跌。

表5-1　1996年以来单日下跌超过5%的日期与主要原因分析

日期	开盘价(元)	收盘价(元)	跌幅	主要原因
1996-12-16	1 005.01	1 000.02	−9.91%	《人民日报》社论
1996-12-17	907.65	905.58	−9.44%	
1997-02-18	980.48	894.85	−8.91%	?
2007-02-27	3 048.83	2771.79	−8.84%	?
1997-05-22	1 248.97	1 235.22	−8.83%	?
1998-08-17	1 152.67	1 070.41	−8.36%	洪水灾害
2007-06-04	3 981.82	3 670.4	−8.26%	提高印花税,530以来大跌
1996-04-30	728.39	681.16	−7.78%	规范内部持股
1999-07-01	1 678.84	1560.79	−7.61%	《证券法》实施
1996-11-21	1 018.05	940.77	−7.31%	?
1996-12-19	971.15	902.42	−7.23%	《人民日报》社论
1997-05-16	1 309.6	1 315.92	−7.18%	?

（续表）

日期	开盘价（元）	收盘价（元）	跌幅	主要原因
1997 - 09 - 22	1 184.49	1 103.97	−6.80%	市场低迷，熊市
2007 - 05 - 30	4 087.4	4 053.09	−6.50%	提高印花税等因素
2002 - 01 - 28	1 444.5	1 359.55	−6.33%	?
1997 - 06 - 06	1 271.31	1 275.3	−6.24%	禁止银行违规资金
1997 - 05 - 08	1 496.98	1 405.18	−6.04%	?
1996 - 05 - 21	701.96	661.85	−5.86%	严禁国企炒股
1997 - 05 - 14	1 447.61	1 379.22	−5.81%	?
1996 - 10 - 30	1 017.06	958.94	−5.76%	加强监管
1996 - 12 - 13	1 164.34	1 110.04	−5.70%	?
1997 - 09 - 23	1 096.19	1 041.96	−5.62%	市场低迷，熊市
1996 - 12 - 12	1 248.14	1 177.14	−5.44%	?
1997 - 07 - 07	1 161.71	1 096.82	−5.39%	?
1996 - 07 - 01	800.91	761.12	−5.36%	?
2006 - 06 - 07	1 678.24	1 589.54	−5.34%	获利盘抛售等众多因素
2001 - 07 - 30	2 056.76	1 956.8	−5.27%	国有股减持影响
2007 - 07 - 05	3 769.64	3 615.87	−5.25%	?

注：① 表中所列是 1996 年沪深股市实施 10%涨跌幅限制以来到 2007 年 12 月 28 日的统计数据。② 跌幅均是由（收盘价－前一日收盘价）/前一日收盘价计算得到。③ 关于部分下跌主要原因的分析，参考自施东辉（2001，P228~229），其余是根据下跌当日及前日各种信息进行初步分析的结果。

其中让人们记忆犹新的大跌主要包括 1996 年 12 月中旬的大跌、2001年国有股减持所引发的大跌以及 2007 年以来的"2·27"和"5·30"大跌。

中国股市第一次大跌发生在 1996 年 12 月 16 日。当天《人民日报》刊登了特约评论员文章："正确认识当前股票市场"。时值星期一，沪市跳空低开 105 点，开盘在 1 005 点，收于 1 000 点，上证综指重挫 9.91%、深证成指下挫 10.08%，当天两市绝大部分股票都收在跌停板。次日，上证综指再度暴跌，跌幅为 9.44%，深证成指跌幅则为 9.99%。可能的原因是，投资者受到这些媒体信息的影响，投资信心受到一定程度的打击。之后，由于宏观政策的调控和相关法规的实施，如《关于规范上市公司行为若干问题的通知》、《证券交易所管理办法》、《关于坚决制止股票发行中透支行为的通知》等，投资者渐渐恢复了对股市的信心。

2001 年 7 月 30 日中国股市上演了新一次的大跌，真实原因尚未得到研究。有部分学者认为是媒体关于市盈率的讨论和国有股减持方案等宏观政策的合力影响。

始于 2005 年 5 月份的股权分置改革目前已经进入收官阶段①。伴随着股权分置改革，中国股市进入了高速发展阶段。2005 年 5 月初上证指数为 1 130.83 点，到 2007 年 9 月 28 日为 5 552.30 点，上证指数上涨 391%。2005 年 5 月初流通市值为 9 989.17 亿元，占总市值 31 330.34 亿元的 31.88%。2007 年 9 月底我国股票市场流通市值为 82 916 亿元，占总市值 313 911 亿元的 26.41%，流通市值增加 72 926.83 亿元，扣除这期间的融资额 7 538.93 亿元，流通股票持有者财富净增加 65 387.9 亿元②。与此同时，2005 年我国居民证券开户数为 7 000 万户左右，据统计其中 3 000 万户为机构用于申购新股所用，真实证券户为 4 000 万户左右，至 2007 年 9 月我国证券开户人数达 1.3 亿户（日开户数更是于 2007 年 5 月份达到 40 万），扣除 3 000 万休眠账户，实际证券户为 1 亿户。

5.1.2　我国股市"2·27"大跌基本状况与当日交易表现

也正是在中国股市一路高歌猛进中爆发了"2·27"和"5·30"两次股市大跌（图 5 - 1），让人们见识了投资股市并非一本万利，其中"2·27"更是以上证综指单日下跌 8.84% 打破近十年来的下跌记录。2006 年以来，中国股市持续走强，股市得到众多因素支持：首先，全球及中国宏观经济的持续强劲，内需及出口双轮驱动上市公司盈利较快增长；其次，大量优质蓝筹股国内上市或回归 A 股市场，市场结构性变化明显，优质个股投资机会增多，市场基本面提升；再次，股权分置改革等制度效应不断深化，上市公司激励体系不断完善，利润提升空间较为明显，优质公司盈利存在大幅超出预期的可能；最后，人民币持续升值将提高资产水平及 A 股市场的活跃程度，有利于吸引国际投资者的多元化配置，市场增量资金大幅增加，流动性过剩加剧。在这些因素支持下，上证综指从 2005 年 1 000 多点攀升到 2007 年 2 月 26 日的 3 040 点。

---

① 根据 Wind 资讯统计，截至 2008 年 1 月 3 日，深沪两市仅有 28 家上市公司未提出股改方案，除去 27 家"披星戴帽"公司外，尚有 4 家非 ST 类公司。

② 张育军："机构投资者持有流通市值比例近五成"，载《经济参考报》，2007 - 11 - 06。

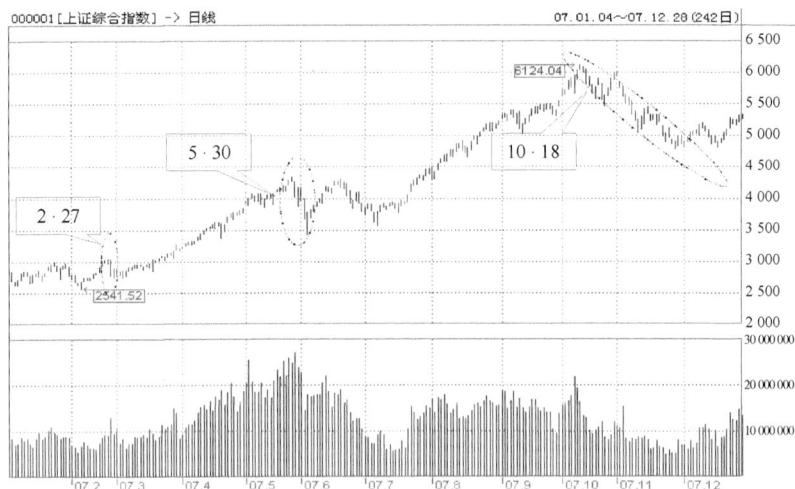

图 5－1　2007 年以来上证综指走势与"2·27"和"5·30"股市大跌

资料来源：Wind 资讯。

2 月 27 日中国股市发生暴跌，上证指数开盘 3 048.83 点，最高 3 049.77 点，最低 2 763.40 点，收盘 2 771.79 点，下跌 268.81 点，跌幅 8.84％，成交 1 315.7 亿元；深圳成份指数开盘 8 620.86 点，最高 8 631.97 点，最低 7 790.53 点，收盘 7 790.82 点，下跌 797.88 点，跌幅 9.29％，成交 690.8 亿元。两市共成交 2 006.5 亿元，创历史天量。盘面上，早盘上证指数在 3 000 点上方突然放量下跌，多家基金重仓股短线跌停引发市场多杀多，上证指数盘中先后跌破 3 000 点、2 900 点和 2 800 点，而成交量更是创下历史天量，跌停个股超过 800 家，创历史记录，其中包括中国石化、中集集团、万科 A、宝钢股份、长江电力、中国国航等绩优蓝筹股。沪深两市指数在收盘前一度逼近跌停，盘面一片绿色。两市总市值减少了一万亿元人民币。当天 K 线图见图 5－2。据《21 世纪经济报道》汪恭彬记者 27 日全天采访实录①，上午整个市场中"基金重仓股出货意愿非常坚决"，封闭式基金大幅下跌，导致沪综指下跌 157 点，但有不少私募基金经理还处于观望中。下午开盘后，传言开始加速。"管理层收紧流动性、股指期货提前推出、券商掌门人被叫去北京问话等传言开始'挑逗'市场。"但 13 点到 14 点

---

① 汪恭彬："基金赎回是最大风险——黑色 240 分钟后 A 股分歧加大"，载《21 世纪经济报道》，2007－03－01。

间上证综指尚在震荡中。14 点后,"市场终于不再抵抗",最后一小时上证综指下跌 100 个点,原因就在于"两点后,开放式基金堆积起来的赎回请求像雪片一样抛向了交易所,这造成了两市在最后一个交易小时内瞬间跌停"。

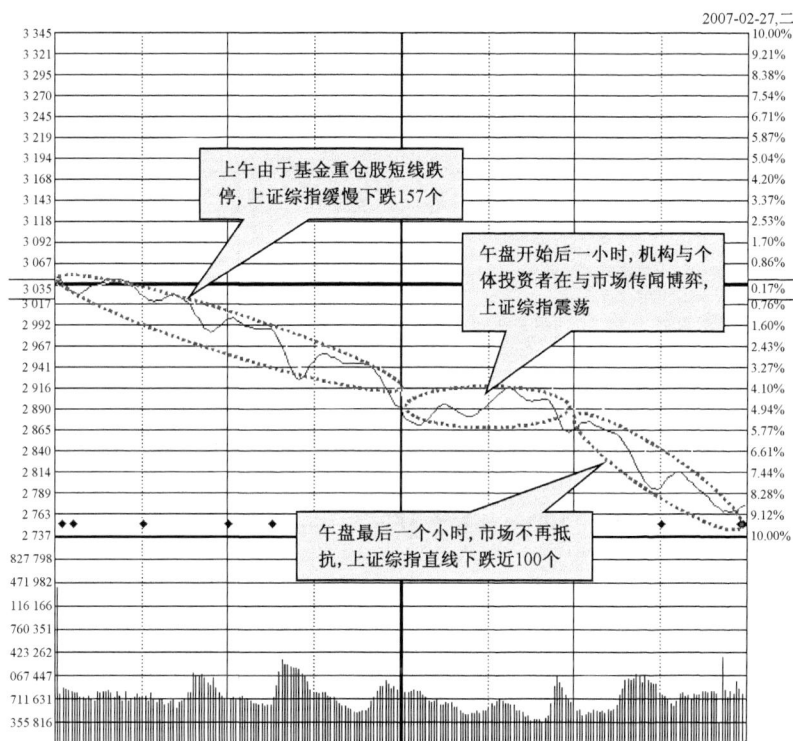

图 5 - 2　中国"2·27"股市大跌当日上证综指基本表现

在对 2 月 27 日当天各类投资者①净买入的统计时也发现(图 5 - 3),个体投资者中的 large 类投资者②是市场上主要卖出者,机构投资者也是全天的主要卖出者,而 A 类账户的 middle 类投资者是主要的买入者。如果说 A 类账户的投资者是私募基金的话,这与上述记者的采访实录是比较匹配的,

---

①　上海证券交易所的账户分类标准将中国 A 股市场投资者分为三类:A—个体投资者(individual investor)、B—机构投资者Ⅰ(institution investor)、D—机构投资者Ⅱ(proprietary investor)和 F—政府机构投资者(government institute investor),其中机构投资者Ⅰ主要包括一般公司、上市公司与保险公司。机构投资者Ⅱ主要指共同基金、经纪公司与境外机构投资者(QFⅡ)。

②　根据上海证券交易所订单库中的投资者下单量,A 类投资者(散户)只要其有一笔下单量≥10 000 股(下单量的 95%分位数),则将这个账户定义为 large;只要有一笔下单量≥1 000 股(下单量的 50%分位数)且其所有下单量不能大于 9 999 股,则这类账户为 middle;剩下的划入 small。

即在早盘这些投资者可能还处于观望状态,这种状态一直持续到午盘后一小时。最后一小时开始大量卖出。

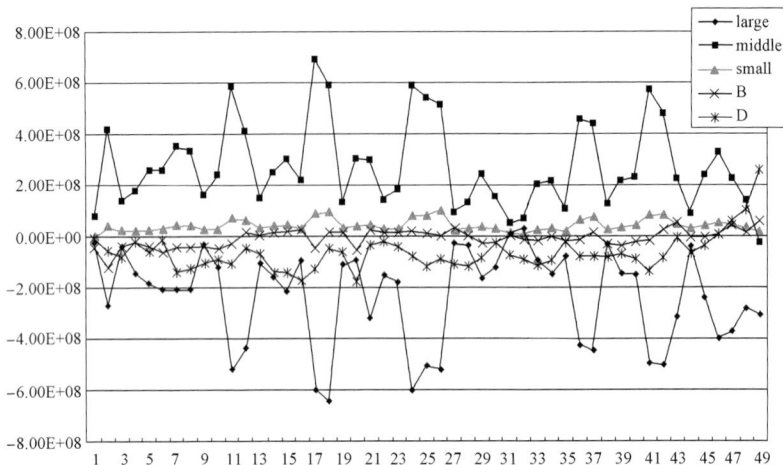

图 5 - 3   中国"2·27"当天各类投资者净买入统计

5.1.3   我国股市"5·30"大跌基本状况与当日交易表现

经过"2·27"大跌之后股市经过短暂调整,继续向上攀升一直到 5 月 29 日的 4 334 点。5 月 30 日当天,股市再次发生暴跌:盘中跌停个股超过 800 家,上涨个股仅 98 家,上证指数全天下跌 281 点,创下历史之最,两市共成交 4 152 亿元,创出历史天量。此后,大多数的股票的跌停板的个数都在四个以上,短短几天的市值减少近三万亿元人民币。

通过 2007 年 5 月 30 日当天沪市 K 线图(图 5 - 4)可以看到,当天从集合竞价开始由于受到印花税调整的影响,大量的卖单纷纷涌入,上证指数低开于 4 087.41 点,较上一交易日的 4 334.93 点下跌 5.7%。连续竞价开始后,由于一小段时间内投资者委托买入量大于委托卖出量,上证指数反弹至 4 275.24 点,但随着 large 类投资者在 10:55 至 11:00 抛出大量的特大卖单,上证指数直线下跌,午市收于 4 081.50 点。下午开盘后,随着各类投资者再一次杀跌,指数加速跳水,最低达到 4 015.51 点,此时个股纷纷跌停,此后一部分投资者买入跌停股票,指数有所反弹。最终当天收于 4 053.09 点,下跌 281.84 点,全天跌幅达到 6.5%。

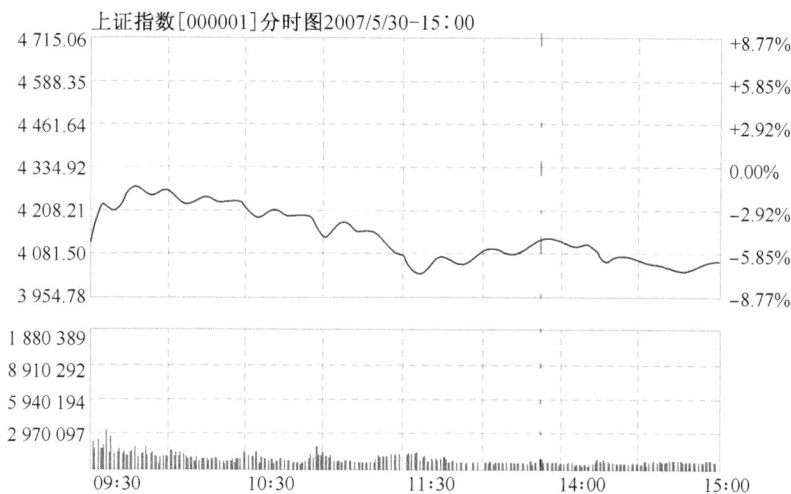

上证指数［000001］分时图2007/5/30-15：00

图 5‐4　中国"5・30"股市大跌当日上证综指基本表现

5.1.4　美国股市 1987 年股灾基本状况与当日交易表现

1987 年 10 月 19 日(星期一)纽约股票交易所开市伊始,道・琼斯工业平均指数开盘就跌去 67 个点。转眼间,卖盘涌起。在蜂拥而至的滚滚抛盘的打压下,荧屏上尽数翻起绿盘(下跌),看不见半点红浪(上升)。交易所内一片恐慌,期货市场也处于一片混乱之中。从上午 9：30 直到 11 点钟,道・琼斯工业平均指数直线下泻。当芝加哥商业交易所的人士大量卖出指数期货时,纽约股市也大量抛盘,而买家却极为匮乏。由于股市与期市相互驱动,股价和期指跌落速度越来越快,交易量猛增。从 11：00 到 11：50 股市成交 9 300 万股,中午期指交易量相当于 700 万股,而股市是 900 万股。大机构在两个市场上大量进行交易,将这场灾难推向了顶点。下午 13：09,美国证券交易委员会主席大卫・路德在华盛顿发表讲话说："不排除短暂停市,以处理订单不平衡的可能性。"这则消息更加引起一阵恐慌。因为交易所一旦关闭,交易商们将来不及抛掉手中的股票,他们的股票将一文不值,成千上万的美元将化为灰烬。于是,他们不得不迅速"倾销股票"。道・琼斯工业平均指数像着了魔似地狂泻,到下午两点,已经下挫 250 点,股票换手 4 亿多股,计算机比实际交易速度落后了 100 分钟。在此期间,证券交易委员会的官员出面澄清:他们没有讨论有关关闭交易所的事情。然

而为时已晚,灾难已无法遏止。下午 14:05,道指上升 350 点,成功冲过
2 000 点。但此次反弹仅延续了一瞬间功夫,期指市场的反映基本相同。
14:30 左右,股价走势似乎有走好迹象,然后反弹受阻,新一轮下降趋势在
此形成。此时,距收盘仅剩一个多钟头,但就在这短暂而又漫长的一个多钟
头里,道·琼斯工业平均指数在这种仿佛已经凝固了的空气中再度下挫
250 点,换手 2 亿股。直至下午 4 时整收市,这次跳水才被迫停止。当天收
盘时,道·琼斯工业平均指数下降了 508.32 点,由 2 246.72 点狂跌到
1 738.470点,跌幅达 22.6% 创下了一天下跌的最高纪录。而股市的其他
指数如 NYSE 综合价格指数下跌 19.2%,AMEX 综合指数下跌 12.7%,
NASDAQ 综合指数下跌 11.35%,相当于法国全年国民生产总值 5 030 亿
美元的股票面值在一天之内化为乌有。道·琼斯工业平均指数具体走势见
图 5-5 所示。

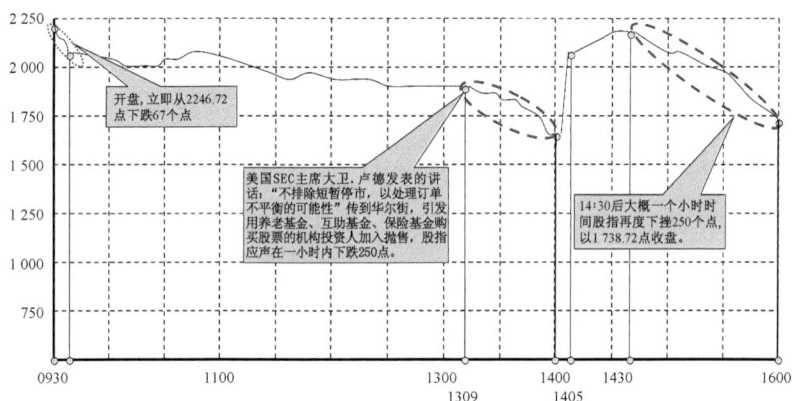

图 5-5　美国 1987 年股灾当日道·琼斯工业平均指数基本表现

资料来源:根据美国 1987 年 10 月 19 日股灾相关历史资料绘制,参考资料主要有《崩盘的历
史:1929 年 10 月美国股市大崩溃》《美国 1929 年股灾和 1987 年股灾》等。

5.1.5　股市大跌的比较分析

如果说"5·30"股市大跌是提高印花税这一"触发"事件引起的话,那么
美国 1987 年股灾和国内"2·27"股市大跌具有某种类似之处。美国 1987
年股灾当天美国股票下跌了 23%,成交量也达到当时美国前所未有的天
量,由于连续数年的大牛市没有像样的调整,投资者获利丰厚,普遍存在着
担心调整的"焦躁"心情,这种心情在当天集中释放,市场上弥漫着"末日"性

的恐慌。1987 年 10 月 20 日,就在市场一开盘就大幅波动,但是,就在证券
交易所的主席考虑全面认输、停止所有交易时,股市开始报复性反弹,到了
星期三上午,这场暴风雨全部结束,一切恢复到原来的轨道上(图5-6)。
1987 年崩盘式股灾时出现的是一种自发的、集体性的恐慌,是一种有序的
牛市趋势中的突发性事件,至今没有任何重要的属实的新闻来解释,而当天

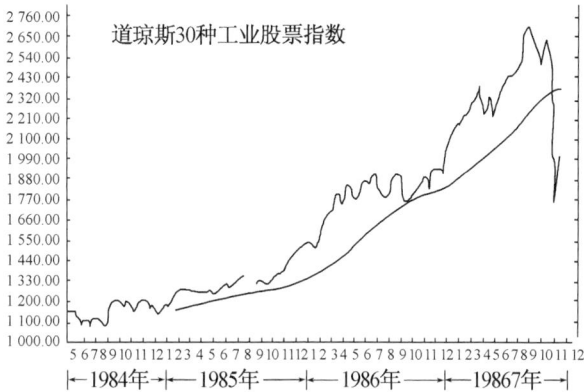

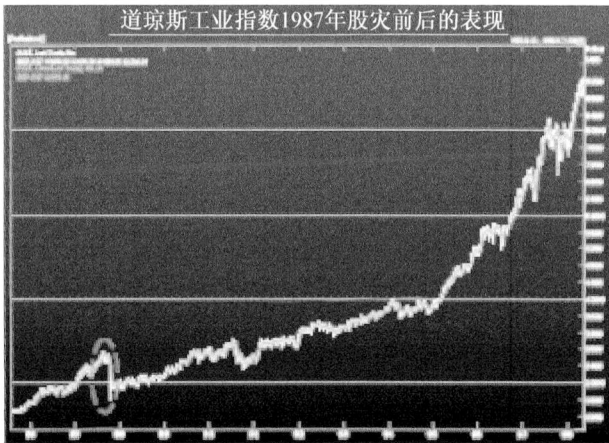

图 5-6　美国 1987 年股灾前后道·琼斯工业平均指数基本表现

资料来源:"兴业证券晨会纪要"(2007-02-28),载《历史的重演:中国 A
股再现美国 1987 年 10 月 19 日"恶搞式"股灾》。

加速市场下跌的各类谣言,后来也证明是自己吓自己的"鬼故事"①。

中国 A 股"2·27"的下跌和美国 1987 年的那次股灾很相似,周二 A 股市场上演"股灾",早晨快速的放量下跌引发了各样的利空谣言,进而又引发更猛烈的抛售。理性思考之下即可发现所谓的利空传闻多数是未经确认的信息,或者是无法影响基本面的杂音,投资者恐慌性抛售的行为可能就是 2006 年 A 股大幅上涨、获利盘巨大、资本市场规范化背景下的非理性行为。

基于对美国 1929 年 10 月股灾、1987 年 10 月 19 日股灾、国内"2·27"和"5·30"股市大跌总体情况的描述和分析,国内 2007 年以来的两次股市大跌尽管没有酿成股灾,对实体经济产生巨大负面影响,但在成因、表现等方面存在诸多类似之处,我们将四者之间的异同总结如下表 5-2。

表 5-2 美国 1929 年、1987 年与中国"2·27"和"5·30"股市大跌比较分析

		美国 1929 年股灾	美国 1987 年股灾	中国"2·27"股市大跌	中国"5·30"股市大跌
相同点		股指大幅下挫,股市经济遭受重大损失 大跌或股灾前股市都是一涨再涨,处于亢奋状态,投资者获利颇丰,近乎疯狂 没有实质性利空消息,大跌或股灾发生没有前兆信息 大跌或股灾发生后,缺乏应急预案,投资者、监管层茫然不知所措 投资者信心在一定程度上受到打击 大跌或股灾发生当天投资者恐慌情绪导致股市进一步下跌			
不同点	宏观经济表现	股灾前通货膨胀,经济高速发展	"虚拟化"经济;经济发展"四高"	经济发展持续强劲	经济发展持续强劲,有通胀征兆
	政府监管政策	自由经济,没有干预股市发展	SEC 主席讲话的推波助澜	通过货币政策、财政政策调控经济,意图让股市发展脚步减缓	
	上市公司基本面	内部交易盛行、上市公司问题较多	没有异常情况	公司发展盈利预期较好,公司基本面趋好,上市公司质量不断提升	

---

① 中投证券研究所 2 月 28 日晨会报告中,晏加源分析师以"'鬼来了'——昨日市场大跌后的感想"对"2·27"股市大跌进行了分析:记得小时候和小朋友们一起走夜路,如果突然有谁大叫一声"鬼来了",同伴们立刻被吓个半死,天越黑,越害怕。这就好比最近的市场,位点越高,谣言越多,震荡也就越大。昨天市场大跌,是市场在一些虚假消息刺激下的正常技术性调整,在目前的点位,市场短线技术性波动是十分正常的,主要原因是前期累计涨幅较大……正好比小时候走在黑夜里,当回头跑了一阵,一看鬼没有来,又会继续向前走去。当然,在黑夜里有点怕也很正常,现在的市场毕竟不同于一年以前如白天一样明朗,投资者多一份谨慎也是好事。

（续表）

		美国 1929 年股灾	美国 1987 年股灾	中国"2·27"股市大跌	中国"5·30"股市大跌
不同点	可能触发事件	尚未发现	尚未发现	尚未发现	可能是提高印花税
	技术性原因	传递行情技术导致信息阻隔①	电脑程控、投资组合保险和股票套汇②	图形的自我实现性③	尚未发现

①　由于及时传递行情在技术上办不到而使风潮进一步加剧。通过电报和电话来传递信息过度频繁,人群挤得水泄不通,以至互通消息被推迟一个多小时,因此,巴尔的摩 10 时 30 分发出的指令,要到 11 时 30 分才在华尔街电传打字机上显示出来。

②　电脑程控,是指股票的购进、持有和抛售等决策均由预先编制好的电脑程序控制。信息时代,电脑已经深入到美国经济生活中的每个角落,股票市场当然也不例外,自 20 世纪 60 年代后期起,美国各主要股票交易所为了加速和方便股票买卖,逐步实行了股票交易的电脑程序控制化。股票的购进、持有和抛售等决策均由预先编制好的电脑程序控制。电脑追踪并分析股票指数的升降幅度据以做出相应的买进或卖出决策。当股票指数上升至一定水平时,电脑就自动发出购进股票的指令;当股票指数下跌至一定水平时,电脑就会发出抛售指令。因此,一旦市场价格出现偶然性的较强波动,程序交易便起了推波助澜的作用。10 月 19 日,纽约股票交易所从上午 9:30 开盘时至 11:00,道·琼斯工业股票平均指数从 2 250 点跌至 2 025 点,跌幅为 10%,突破了正常界限,于是,电脑便纷纷发出抛售指令。股票的大量抛售使得股票指数进一步下跌,电脑随之发出新的抛售指令。如此恶性循环,以至于下午 4:00 收盘时,道·琼斯工业股票平均指数跌至 1 738 点。正因为电脑程控助长了股票暴跌风,所以纽约股票交易所便在 10 月 20 日通知各证券投资公司暂停使用电脑系统,以避免股市发生进一步暴跌。

投资组合保险(portfolio insurance),即证券投资公司通过买卖股票期货合同(stock future contract)来担保其投资在股票价格下跌时不致亏本。股票期货合同指的是股票买卖双方所达成的在将来某个时日以一个固定价格交割某种股票的协议。当股票价格上涨时,出售期货合同就会发生损失;当股票价格下跌时,出售期货合同就会获取盈利。由于股票期货的价格变动方向恰好与股票价格变动方向相反,因此证券投资公司通过买卖期货合同,就能使期货合同损益与股票价格升降相互抵消,从而达到保险目的。10 月 19 日上午当股票价格猛烈下跌时,证券投资公司为了避免在将来持有股票而遭受损失,便纷纷在股票期货市场上大量抛售股票期货合同,致使股票期货合同价格跌泄。股票期货上所刮起的暴跌风反过来又加剧了股票现货市场的暴跌风。这种连锁反应在股市上引起了极度的恐慌和混乱,最终导致了美国股市前所未有的大暴跌。

股票套利(stock arbitrage),是指利用股票现货与期货之间的价差(price gap)在现货市场和期货市场上同时买卖现货、期货以牟取暴利的行为。按照惯例,购买股票期货只需付 10% 的定金。这样,期货投资者在期货合同到期前便可将多余的资金(90%)投资于短期国库券赚取额外利息收益。10 月 19 日股票期货市场上的抛售风使得股票期货的价格大大低于股票现货的价格。许多套汇者见到有利可图,便在期货市场上大量廉价购进期货合同,同时在现货市场上抛售股票现货。如前所述,证券投资公司为了避免在将来由于持有股票而遭到损失,抛售了大量的期货合同,因此,尽管套汇者购进许多期货,仍无法使股票期货市场反弹。另一方面,套汇者在现货市场上大量抛售股票现货,却进一步加剧了股票现货的暴跌风。

资料来源:《崩盘的历史:1929 年 10 月美国股市大崩溃》。

③　图形的自我实现性是指在通信设备上,特别是互联网普及的今天,所有的人都使用类似的图形分析软件,它的效果很容易反映出群体性行为的"白痴性",导致自我毁灭("兴业证券晨会纪要",2007-02-28)。对中国股市而言,由于大量技术分析方法被广泛使用,当某技术信号显示"上升"或"下跌"运行趋势时,将引发大量的买卖行为,从而强化现有的股价趋势,导致基于技术信号的趋势预期对股价运行产生强烈影响,即市场出现内生的波动反应(施东辉,2001,P249)。

（续表）

		美国 1929 年股灾	美国 1987 年股灾	中国"2·27"股市大跌	中国"5·30"股市大跌
不同点	实际负面影响	股市崩溃,导致了 25 年的漫漫熊市	短暂时间内恢复到原来轨道上,股市继续走强		
	监管应对措施	《证券法》、《证券交易法》严厉监管	限制使用电脑程控等相关行动救市	行动救市,澄清股市传闻	尚无应对措施

资料来源:课题组整理分析。

5.2　信息传播机制与"2·27"和"5·30"股市大跌

5.2.1　资本市场信息传播机制与分析师功能

Healy and Palepu(2001)构建了资本市场中资金流和信息流流向路径模型(图 5-7),很好地说明了信息在资本市场中的作用。他们认为,任何经济的首要挑战就是居民储蓄到投资机会的最优配置问题,在居民向公司提供资金的同时(或者直接融资,或者通过金融中介间接融资),公司必须向

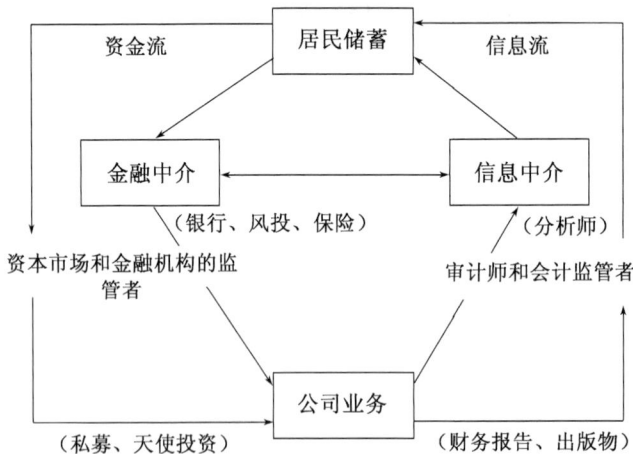

图 5-7　资本市场中资金流和信息流流向路径模型

资料来源:Healy and Palepu. Information Asymmetry, Corporate Disclosure, and the Capital Markets: A Review of the Empirical Disclosure Literature. *Journal of Accounting and Economics*, 2001(21): 405-440.

居民(投资者)提供信息降低信息不对称以制定最优合约以及信号传递(或者直接披露,或者通过信息中介)。证券分析师的工作①(主要包括盈余预测和出具买卖投资建议)通过传递信息、降低处理和分析信息的成本来增进整个市场的有效性。分析师的这种作用被称为信息中介功能(Healy and Palepu,2001)。

Brennan and Tamarowski(2000)对分析师的作用进行了深入的解析。传统有效市场假说下公司的股价是市场所有的信息的揭示,公司及其专业的建议者除了进行投资和制定金融政策,对股价是无能为力的。而有效市场假说的充分条件是公司的信息是无成本的,所有人都能够获得,更重要的这些信息能够为潜在的投资者所理解,而很显然的是这些条件在现实中是无法满足的,因此股价事实上能够按上述机制被设定是需要实证验证的。然而,由于公司是一个非常复杂的组织(包括战略、计划、承诺、人事、竞争威胁以及管理层继任、专利、研究计划、产品等),有关公司的任何方面都会对其价值产生影响,但这些产生影响的信息是无法通过阅读报表或者附注得到的,而且在很多情况下理解决定公司价值的因素需要很多专业型技术支持,如金融财务技术。而通过金融分析师来解读和沟通这些信息是非常有效的。Francis et al.(1996)在研究管理层与分析师沟通的问题时也提到,与年度报告以及新闻稿等沟通媒介相比,管理层沟通会议(对分析师的演讲,或者 CEO 的演说)由于沟通的内容更广泛、沟通内容的时间跨度更长,且能包括整体和分部信息而更加具有优势。

分析师的这种作用可以用投资者不同的信息获取能力和解释能力来加以阐释。一般说来,证券市场中的投资者具有信息获取能力和信息解释能力。在现行的披露制度下,各类投资者在获取公开信息的能力上并不会表现出太大差异,但在解释公开信息的能力上可能存在较大差异。这是因为解释信息要求具备专业知识和能力,且需要花费高昂的成本,而不同类型投资者拥有的专业知识和能力、支付成本的意愿和能力都有明显的差别。即使信息相同,不同投资者对其内涵的理解也可能不一样,因此可以认为是不

---

① 分析师通过从公开和私下搜集信息来评估他们跟随的公司的当前绩效并对未来进行预测,建议投资者买入、卖出或者持有等投资建议。所以学术界一般研究分析师提供两种信息:盈余预测(earning forecasting)和股票评级(recommendation)。

同的信息。投资者运用这些不同的信息进行交易时,这些信息就会被市场价格发现机制所吸收。进而言之,不同投资者在分析同一信息能力上的差异导致了对信息的不同理解,而众多投资者的市场交易会使得市场价格充分反映这些不同的理解,并超越不同投资者对信息的理解,促使市场价格成为信息内涵丰富的信息系统。(Beaver,1999)

5.2.2 分析师与股市大跌的作用机制

对分析师行为的研究,特别是其盈余预测的准确性、买卖建议(荐股)价值、市场对分析师盈余预测的反应以及分析师的预测行为对资本市场的作用,一直以来都是金融经济学研究的热点问题。在这些文献中,有一类文献是研究分析师预测对股价的作用,例如 Givoly and Lakonishok(1979);Lys and Sohn(1990);Brennan, Jegadeesh and Swaminathan(1993);Francis and Soffer(1997);Barth and Hutton(2000)以及 Palepu et al. (2000)的研究。Holden and Subrahmanyam (1992),Foster and Viswanathan(1993)通过扩展 Kyle(1985)的经典模型后,研究发现随着知情交易者的增加,新信息会更快在价格中得到反映。这意味着,如果把分析师跟进数量作为知情交易者数量的替代的话,那么分析师跟进的数量与股价就信息进行调整的速度存在某种联系。

分析师对股市大跌的可能性影响突出表现在分析师对股票波动的影响,目前主要发现是二者存在显著正相关关系。例如,Waymire(1986)在对管理层自愿性盈余预测前后分析师预测准确性的研究中发现,分析师跟进与盈利波动性有关。Bhushan(1989)通过分析截面数据,发现分析师跟进与盈利波动性正相关。O'Brien and Bhushan(1990)采用时间序列数据进行研究,表明分析师跟进数量与回报差波动性负相关。Brennan and Hughes(1991)在对股价与信息供给的相关性研究中发现,分析师跟进与盈利波动性正相关。此后 Lang and Lundholm 两人对分析师跟进与盈利波动性问题进行了深入探讨,通过采用单截面数据对分析师评估公司披露水平的影响因素进行研究中,他们发现分析师跟进与盈利波动性关系不显著(Lang and Lundholm,1993);在研究公司披露政策与分析师跟进的相关关系中,他们研究发现分析师跟进数量与回报差波动性负相关(Lang and Lundholm,1996)。此外,Bricker(1995)等人也得到了类似结论。Bhushan and Cho(1996)采用股票 β 对风险进行刻画,发现 β 与分析师跟进没有显著关系,但分析师跟进与盈利波动性显著负相关。

然而,分析师是否真的能够生产新的信息? 对于这个问题仍然有不同的看法。按照一般的观点,分析师承担至关重要的信息披露功能,并向市场散发信息。他们的这种活动反映在他们客户的交易上,这使得市场更加有效。事实上,众所周知的是分析师建议往往都是偏向好消息的。这意味着分析师顶多是信息的噪音信号,在最坏的情况下是销售股票的另外一种市场机制。Easley et al. (1998)发现分析师并不会生产新的私人信息,分析师买卖评级通常是基于公开信息而不是私人信息。因此,分析师在应对股市突然波动时,一方面可能并没有想象中的"超能",具有预先性;另一方面,可能由于分析师的非理性行为导致股市的波动,这些非理性行为突出表现在过度乐观、框架效应以及羊群效应①。

5.2.3　分析师与"2·27"和"5·30"股市大跌

首先,分析师是否能够预测股市大跌? 答案是否定的。我们对"2·27"之前一个月(2007 年 1 月 27 日至 2007 年 2 月 26 日)各券商推出的 566 份研究报告分析发现,建议卖出的只有 3 份②。我们同样对 5·30 之前一个月(2007 年 4 月 30 日至 2007 年 5 月 29 日)各券商推出的 513 份研究报告中,建议卖出的只有 2 份③。美国证监会事后对 2000 年纳斯达克股灾做过特别调查,结果发现在崩盘前一个月内各大投资银行推出的 400 多份研究

---

① 对分析师非理性行为为分析师对资本市场无所作为提供了比较好的可能的解释,但是分析师的非理性是否真的是导致其无所作为需要进一步实证研究,由于时间限制,本章未对这些假设进一步检验,因此在此不再对相关文献进行评述。例如,在分析师普遍比较乐观方面,集中体现在分析师预测偏差,这已经被很多学者关注到了。例如,一个经典的研究发现就是,分析师预测往往非常乐观,建议"买入"的概率要远远高于"卖出"的比例(Brown, Foster and Noreen, 1985; Francis and Soffer, 1997; Beneish, 1999);在分析师羊群效应方面,如 Graham(1999)使用价值线投资调查(value line investment survey),对 1980~1992 年 237 位证券分析师所做的 5 293 条推荐进行分析,发现分析师有明显的羊群行为,而且名声越高就越容易附和他人的推荐,能力越低也越容易附和他人的看法。

② 晋西车轴(600495),"2006 年度报告点评下调评级(回避)";沈阳机床(000410),"2006 年年报分析:大幅低于市场预期,不确定性增大(卖出)";中国人寿(601628),"卖出预增的中国人寿"。见 Wind 资讯。

③ 广钢股份(600894),"经营仍无起色,前景依然未明(暂时回避)";S深发展 A(000001),"股改方案缺乏吸引力,价格仍高估(卖出)"。见 Wind 资讯。

报告中,建议卖出的只有 5 份。

其次,分析师的信息传播机制与股市大跌是否存在相关性? 基于对"2·27"和"5·30"当天各类投资者的交易情况发现,作为分析师报告使用者的机构投资者并没有对市场的波动产生负面影响。从"2·27"当天看,机构投资者全天都是在卖出,然而这与分析师的买卖建议并不一致,这表明分析师的研究报告和买卖评级可能并不是机构的重要参考依据。而从"5·30"当天交易情况看,机构基本上是买入行为,这与分析师的买卖建议比较一致。从这两个近乎矛盾的现实看,分析师的作用有待进一步挖掘。

再者,从对市场波动产生较大影响的个体投资者账户的 large 账户交易行为看,可能仍然有其他信息对这类投资者产生影响,而信息的传播机制可能不是分析师,可能性比较大的是私有信息的传播渠道。

5.3 信息类型与"2·27"和"5·30"股市大跌

按照文献评述部分提出的股市信息类型对"2·27"和"5·30"股市大跌前后的信息进行整理,以探索各信息类型对股市大跌影响的相对重要性。

5.3.1 信息类型与"2·27"股市大跌

通过对"2·27"前后基本面信息的搜集、整理和分析,自 2006 年以来中国股市的高速发展引起了政府等监管部门的关注,该阶段的主要信息包括:来自中国金融期货交易所的有关信息,股指期货上市各项准备工作正在紧张有序地推进;央行将出台严厉政策,清查违规信贷资金流入股市;买卖基金将增收 20%资本利得税;香港港交所拟重启商品期货 4 月或推 H 股金融指数期货等。26 日中央台节目中对新股民提出两点建议:一是建议大家落袋为安;二是不要抱有赌博的心态去买股,似乎对市场的调整有所暗示。按照信息的类型将这些信息归纳如表 5-3。

表 5 - 3　中国"2·27"股市大跌前后基本面信息整理

基本面 信息类型		信息点	可能的影响 (利好+,利空-)
宏观经济	1	全球及中国宏观经济的持续强劲	+
	2	人民币升值预期,流动性加剧	+
政策信息	1	央行清查违规信贷资金流入股市(传闻)	-
	2	买卖基金将增收 20% 资本利得税(传闻)	-
	3	香港港交所拟重启商品期货 4 月或推 H 股金融指数期货(传闻)	-
	4	股指期货上市各项准备工作正在紧张有序地推进	-
公司信息	1	宏观经济促使上市公司盈利增长较快	+
	2	优质蓝筹回归,优化市场结构,公司基本面提升	+
	3	股改等制度效应深化,公司质量提升	+
分析师/ 媒体信息	1	新华社、人民日报和中央电视台等权威新闻媒体频频释放调控信息,加强投资者教育,提示市场风险,给火爆的股市降温(如央视对新股民的两条建议)	-
	2	分析师研究报告在 2 月 27 日之前相当乐观①,2 月 27 日当天晨会,基本没有券商在晨会报告中提出关注股市震荡②)	+

注:① 数据根据 Wind 资讯提供的当日券商晨会报告整理,包括《东方证券每日投资早参》《方正证券今日投资》《国都证券研发中心晨报》《国海证券导航晨报》《国金证券研究晨讯》《国联证券研究早报》《国盛研发晨会报告》《南京证券资讯早报》《中投证券研究所晨会报告》《中原证券研究所晨会纪要》等。② 我们对 2 月 27 日之前一个月(2007 年 1 月 27 日至 2007 年 2 月 26 日)各券商推出的 566 份研究报告分析发现,建议卖出的只有 3 份。

5.3.2　信息类型与"5·30"股市大跌

从"5·30"股市大跌前后信息看,对于一直上升的股市,监管层一直表示担忧,并出台了一系列政策(如央行加息)给股市降温,加上 QFII 等外资机构集体唱空 A 股,A 股泡沫传闻不绝于耳。5 月 30 日当天凌晨,新华社突然发布了上调股票交易印花税的消息:从 2007 年 5 月 30 日起,财政部决定将股票交易印花税税率由现行 1‰ 调整为 3‰。这一所谓"压倒驼子的最后一根稻草"终于让中国股市发生暴跌。与"2·27"股市大跌相比,"5·30"股市大跌的基本面信息没有发生太大变化,如果说有,那就是提高印花税作为政府宏观调控措施延续产生的冲击性影响。按照基本面信息的类型,将这些信息归纳如表5-4。

表5-4　中国"5·30"股市大跌前后基本面信息整理

基本面信息类型		信息点	可能的影响（利好＋,利空－）
宏观经济	1	信贷增速,4月份已完成全年信贷规模72%①）	?
	2	CPI高涨,4月份比去年同期上涨了3.0%,连续两个月涨幅超过3%	?
政策信息	1	提高印花税(1‰调整为3‰)	－
	2	央行年内第五次加息,扩大汇率浮动区间②）	－
	3	伴随货币政策抑制股市泡沫,可能会有更严厉的紧缩政策③）	－
公司信息	1	上市公司业绩大幅提升,2007年一季报投资收益对业绩提高仅有20%贡献,表明业绩增长的内生性	＋
分析师/媒体信息	1	国元证券5月29日发布报告认为,仍会有后续调控政策出台,同时不排除出台行政性调控手段的可能	－
	2	《第一财经日报》两篇报道,分别报道市场传言上调印花税和印花税如上调有助于股市降温	－
	3	5月30日当天晨会基本所有券商④）都强调印花税"短期内有较大震荡",但基本表现还是很乐观⑤）,认为"不会改变目前股市上涨趋势"	?

注:① 5月13日,央行公布了4月份信贷数据。4月份单月信贷增长4 220亿元,同比多增1 058亿元,前4个月人民币贷款增加总额达到1.8万亿元,同比多增2 737亿元,已完成全年信贷规模的72%。② 5月18日晚间,央行宣布了加息(不对称加息)。27个基点的加息幅度和市场上认同的基本一致,出乎意料的是央行同时宣布再次上调存款资金准备率,这是年内第5次上调。并且扩大汇率浮动区间。③《21世纪经济报道》专访中国社会科学院世界经济与政治研究所所长余永定,"我不认为光靠货币政策能真正有效地抑制股市泡沫"。④ 这些券商主要包括海通、中投、中信建投、中银国际、平安证券、安信证券等机构。⑤ 我们同样对"5·30"之前一个月(2007年4月30日至2007年5月29日)各券商推出的513份研究报告分析发现,建议卖出的只有2份。

5.3.3　信息类型对股市大跌的影响

从上述信息类型的划分看,政策的影响是深远的。我国证券市场素有"政策市"之称,政策对证券市场及投资者的行为均有较大的影响。金晓斌、唐利民(2001)的统计数据表明:1992年至2000年初,政策性因素是造成股市异常波动的首要因素,占总影响的46%,政策对股市的波动起着最主要的影响作用。施东晖(2001)的实证研究列举了1992～2000年初上海股市的52次异常波动,由政策因素引起的波动共有30次,约占60%。李向军(2001)、郑士贵(1998)、张成威等(1998)等的研究也发现政策与股价变动有较强的相关性。因此,政府宏观政策的制定以及股市监管政策的制定者对于股市的波动具有重要影响,应当引起监管层的重视。

从宏观经济看,两次股市大跌的基本面都没有发生明显改变,而且宏观经济持续走强,甚至在"5·30"股市大跌还伴有通胀趋势,然而宏观经济面的持续强劲在股市短期内大幅震荡上没有表现出影响力。从两次股市大跌后的股指持续走强在某种意义上表明宏观经济对股市发展趋势的支撑。

从公司信息看,表现与宏观经济的影响有类似之处。经过股权分置改革等系列制度变革,这些制度变革效应开始逐渐体现,上市公司质量也在不断提升中,而且上市公司盈利预期也比较好,处于不断发展阶段,但是同样无法解释股市短期震荡。

从分析师和媒体信息看,应该把二者分开。一方面,媒体作为政府政策的载体,在传播政府宏观经济政策和证券市场监管政策以及监管当局的政策意图上起到推波助澜的作用。凭借其巨大的影响力而对投资者心理和情绪产生影响。另一方面,就分析师群体在两次股市大跌中的反应看,基本没有发挥前瞻性和预测作用,两次股市大跌中分析师表现都相当乐观,这表明分析师是否能够真的引导市场值得考虑,当然从大跌后的行情走势看,分析师的乐观观点也是正确的。

上述分析表明:其一,政府监管政策将对股市产生巨大影响;其二,现有公开信息披露和沟通机制,如分析师信息传播尚不能证明对股市短期大幅震荡有解释能力,可能的原因是在股市大跌当天大量卖出的投资者根据私有信息进行交易;其三,宏观经济发展和上市公司发展趋势对短期股市震荡也没有解释力,但是股市长期发展的基石。

5.4 结 论

人们都希望能够在泡沫破裂之前的一瞬间跑掉,因而总是希望能够找到神奇的预言家,或者发现暴跌之前的信号,比如大地震前的老鼠搬家,海啸来临时的飞鱼上岸等。以研究者亲身经历 2007 年以来的两次股灾的经验和相关研究来看,这样的希望几乎必然落空。尽管如此,仍不能阻止人们去探索和挖掘造成泡沫破裂和股市震荡的内在根源,尽管希望不是很大,但通过扎实分析和论证后的观点以及形成的政策意见对未来发展势必具有其内在的价值。

本章基于信息和股市震荡的内在关系进行了研究,从现有文献研究出发,以我国股市 2007 年以来"2·27"和"5·30"两次股市大跌为案例,分析两次股市大跌的基本面信息以及当天股市大跌中投资者交易行为与股指走势和信息的相关关系,并比较了两次股市大跌和美国 1929 年和 1987 年股灾的异同点,进而就以分析师为代表的信息传播机制和信息类型对股市大跌的影响进行分析,得到了一些有意义的结论。

结论 1 2007 年以来两次大跌与美国 1929 年和 1987 年具有内在的类似性,尽管两次大跌没有酿成股灾,但是大跌足以引发人们对股灾的重视和进一步思考。

本章研究认为,四次股市大跌或股灾尽管在大跌或股灾发生前后宏观经济表现、政府监管政策、上市公司基本面、是否有可能的触发事件、技术性原因、实际负面影响以及监管应对措施方面存在不同之处,但是不可否认具有很多类似之处。比如股指大幅下挫,股市经济遭受重大损失;大跌或股灾前股市都是一涨再涨,处于亢奋状态,投资者获利颇丰,近乎疯狂;没有实质性利空消息,大跌或股灾发生没有前兆信息;大跌或股灾发生后,缺乏应急预案,投资者、监管层茫然不知所措;投资者信心在一定程度上受到打击;大跌或股灾发生当天投资者恐慌情绪导致股市进一步下跌。

结论 2 分析师不能预测股市大跌,在解释短期内股市大幅震荡方面分析师群体是无效的,且以分析师为代表的正规市场信息传播机制与股市大跌也没有必然联系。

通过研究者对股市大跌前一个月分析师研究报告的总结归纳,建议卖出的报告寥寥无几,分析师往往都是非常乐观的。至于这种乐观是否也在一定程度上导致股市大幅震荡需要进一步研究。另一方面,基于对"2·27"和"5·30"当天各类投资者的交易情况看,作为分析师报告使用者的机构投资者并没有对市场的波动产生负面影响。分析师的作用上有待进一步挖掘。

结论 3　引发股市大幅震荡的可能是私有信息(或内幕信息①)以及私有信息通过非正规渠道传播。

从两次大跌当日投资者买卖情况看,机构投资者并没有对股市产生重要性影响,甚至在"5·30"当天机构买入大于卖出,因此从这个角度看分析师的作用有待进一步分析。对市场波动产生重大影响的其实是个体投资者账户的 large 账户交易行为(注意不是机构投资者),可能的原因在于有其他信息对这类投资者产生影响,而信息的传播机制基本可以排除是分析师,可能性比较大的是私有信息的传播渠道,当然也有可能是这类投资者的投资策略导致。这需要进一步跟踪研究。

结论 4　政府监管政策依然对股市产生巨大影响,政策市的现实并没有改变,这更进一步要求政府监管部门要树立正确的监管理念和保持政策连续性,并进一步提高政策的透明度。

从两次股市大跌的信息类型分析可见,政府监管政策及其传播方式对股市产生的影响是深远的,在某种程度上能够解释为什么会发生股市大跌。华尔街认为,决定股市投资者心态中两个最让人捉摸不定的是贪婪和恐惧。决定投资者心态的因素很多,其中没有预期或者错误预期的经常性政策变化更是有着致命的影响,而后者因为更难研究使得投资者短期化行为更加明显。

政府直接干预市场在一定程度上引发了市场的迷失。王成(2007)的分析非常深刻:"(政府的直接干预)带来巨大的不确定性,关于未来几周的走

---

①　这种内幕信息,既包括上市公司的内幕信息,也包括政策的内幕信息。按照国泰君安王成分析师的观点,"5·30"股市大跌一周后,"投资者的心态已经从'恐惧'中稳定下来,但是受伤的心态并没有抚平。本周最令我郁闷的是太多的投资者向我证实关于政策的各种传言,并且每个传言都有模有样。看来大家是深刻学习政治了。不过这也带来一个问题,就是,前一段时间,很多投资者向我证实很多关于上市公司的消息。经过这次的调整,市场也没有回归理性,原来投资者是投机上市公司'内幕'消息,现在投资者是投机政策'内幕'消息。"(王成:"谨慎增持、疯狂的石头与学习心得总结",载《国泰君安:投资策略周报》,2007-06-09)

势,我一点也看不清楚。这种短期的不确定性具有持续性,因为如果是因为外部非内生力量导致的不确定性,比如疾病、天气等其他原因,下一个结论是非常容易的,但是现在的不确定性是因为内生力量造成的,它伤害了市场的游戏规则,尽管我仍然认为从长期来看,市场化的游戏规则是一个趋势,但是至少在短期,市场的预期变得复杂。在这种整体市场不确定性的条件下,理性投资者的选择,要么是离开市场观望,等待市场秩序的重新建立,要么等待市场重新回归到存在安全边际的投资区间,安全边际可以抵御不确定性。"

在本章研究的过程中,中国股市在 2007 年 11 月以来再一次发生大幅震荡:上证综指从 8 月份首次站上 5 000 点大关,并于 10 月 16 日创下历史最高点6 124.04 点,但进入 11 月以来上证综指连续下跌,到 2007 年 11 月 28 日,仅 32 个交易日,沪市盘中跌破 4 800 点,距历史最高点下跌 1 253.55 点,跌幅 20.70%。震荡还在继续,对这次股市大跌的讨论也在进行。尽管没有直接证据证明政府的直接干预,但是关于股市大跌的任何讨论都不会离开政府监管部门。汪华峰以《政策缺乏"主见",市场必然迷失》为题进行精辟的评论[①]:"今年以来,A 股市场绝大部分时间处于亢奋状态……对本应引起警惕的各种政策信号视而不见,例如因 CPI 失控导致的一系列宏观调控和银根紧缩。监管者因而悍然出手,采用的手段甚至包括实时监控机构投资者的参与程度。如果被认为在不合适的时刻买入或卖出股票,基金经理桌上的电话可能在一分钟内振铃,这在业内已不是什么秘密。监管者采取行动本身无可指责,但监管方式和手段以及可能造成的后果,是否可以忽略不计? 监管者的水平,当真已经高到了可以随意操控市场涨跌的程度吗?"

从监管的理念看,政府监管是建立在对宏观经济发展的信心和对经济发展趋势的考察基础上,这二者将决定监管者对经济发展状况的判断,从而判断中国股市的发展节奏,并以此决定自身在不同发展阶段中应当扮演的角色,即自我定位。清晰的自我定位,有助于监管者在需要时迅速判断应该采取的干预市场的方式和程度,引导市场良性发展,逐渐减弱监管者对市场的影响。在没有自我清晰的定位前提下,对市场波动采取简单的干预方式,

---

[①]　汪华峰:"政策缺乏'主见'市场必然迷失",载《中国经营报》,2007 - 11 - 26,A9 版。

决定了市场在极大程度上仍然必须依赖监管者决策的变化，而不是遵循市场发展的自身规律。监管层的首要任务就是为中国股市建立完善的运行规则和良好的市场秩序，并且维护规则和秩序的严肃性，适时推进股市向规范化发展（施东辉，2001，P231）。

第6章 中国银行业和房地产业风险传染性[*]

6.1 引　言

　　风险的传染是学术界和实务界共同关心的一个重要话题。根据ALLEN 等（2000）的定义，风险的传染是指当一个较小的冲击起初只影响几个机构或一个经济市场，随后扩散到其他机构或市场，从而造成风险危害加深的现象。风险传染性在股市上的表现反映为一家上市公司由基本面变化或外部冲击导致股价大幅波动时，其他公司的股价也受到其影响发生相应波动。

　　2007 年爆发的全球金融危机让人们认识到：银行业等金融企业在危机的传播、扩散中所扮演的关键角色；房地产和银行业间由基础信贷关系建立的紧密联系；房地产价格飞涨过程往往隐藏了许多风险和问题；一旦问题暴露，危害传染的速度和严重程度都远超出监管指标的预期。近年来我国房地产市场呈现出过热趋势，而银行信贷又是支撑房地产企业正常运转的主要力量。尽管基于诸如不良贷款率、拨备覆盖率、房地产价格等指标①表明银行和房地产业目前仍处于风险可控的状态，但面对日本房产泡沫、美国金融危机的警示，不禁令人担忧，我国的这两个产业是否存在着发生类似风险的潜在可能？一旦两个行业中的某一个或几个机构发生问题，两行业系统能否抵挡住冲击，是否会发生风险的传染？更进一步，由于外部冲击的影响，投资者对相关行业的敏感性会上升，从而更多地去关注相关信息，并倾

　　* 本章主体内容已经正式发表于《管理学报》2012 年第9 卷第7 期，作者为王粟旸、肖斌卿、周小超。著者感谢《管理学报》允许在本书中使用此论文。

　　① 银监会年报：截至2010 年底，商业银行整体加权平均资本充足率12.2%，税后利润是2003 年的28 倍，主要商业银行不良贷款率下降到1.15%，拨备覆盖率提高到了218.25%。

向于将原本孤立看待的信息联系起来考虑,导致一方面接收到的负面信息增多,另一方面使负面信息的影响被放大,从而增加危机和风险传染发生的可能性。因此,在全球金融危机的冲击下,即使两行业中个体机构本身的风险状况没有恶化,但由于投资者行为的影响,是否仍然会增大我国银行和房产市场发生危机和传染的可能性?

对于风险传染,尤其是金融系统内部及金融系统和其他系统间的风险传染,国外学者从不同视角进行了有益探索。一部分学者从系统内在结构出发,研究银行风险传染的形成机理,通过构建银行间的网络模型,发现银行系统具有小世界和无标度等特征;Eisenberg(2001),Jeremy Staum(2012)等通过构建银行间债务网络模型,分别研究了风险传染下的出清机制和银行存款保险费用的设置情况;另一部分学者则从投资者行为出发,分别利用羊群行为、信息不对称、信息瀑布、投资组合再平衡、财富约束和借贷约束(Guillermo A. Calvo and Enrique G. Mendoza,2000;Yuan K.,2005;Laura E. K. and Matthew P.,2002;Albert S. K. and Wei X.,2001;Brian H. B.,Tomomi K. and Kathy Y.,2006)理论对风险传染性进行解释。

国内学者也展开了初步研究和探讨。王徽(1997)从银行的支付系统出发分析银行业的系统风险问题;李心丹等(2002,2007,2010)研究了投资者行为对证券市场波动和公司价值的影响;马君潞等(2007)从银行间市场交易结构入手,对 2003 年我国银行的系统性风险进行估测;王书斌等(2010)采用随机效应模型进行动态面板数据回归分析,证实了银行不良资产是影响银行系统性风险的重要因素,以及银行不良资产的增加反向影响银行贷款规模;罗威(2011)采用向量误差修正模型和蒙特卡洛模拟方法对我国商业银行房地产贷款信用风险进行了压力测试;监管当局在系统性风险监管的制度安排和技术手段方面也进行了一些有益尝试。

本书采用基于极值理论的 VaR 模型和 CD 模型,对我国银行和房地产企业的个体风险进行了估计,考察了两个行业内部及相互间的风险传染性,并检验了银行和房地产行业间的风险传染特征是否与银行和其他行业间的风险传染特征有显著的差异。同时,通过对外部冲击(金融危机)前后的数据分段估计,分析了两个行业间的风险传染特征的变化情况。

6.2　研究假设

一方面,2007 年以来我国的房地产市场步入快速上升通道,尽管受政策调控的影响,房价上涨势头在 2008 年和 2011 年有所放缓,但仍不改变整体上涨的态势。同时由于国际金融、经济市场的低迷,国内外大量资金进入我国房地产市场逐利①,房地产企业快速扩张,负债率不断攀升,与银行的债务关系越来越紧密。根据对风险传播渠道的研究,机构间债权关系的紧密程度是引发风险传染的重要渠道,一旦一家机构发生问题会影响到其他机构的流动性,从而导致传染在系统内及多个系统间发生。Allen(2000)、Eisenberg(2001)分别通过理论建模研究了由机构间相互的债权网络关系而产生的风险传染问题;许多学者也从实证的角度研究了这一问题。

另一方面,由于我国上市公司在信息披露真实性、及时性、充分性上存在不足(孙少岩、于洋,2011),加之银行和房地产行业内各个企业的产品、客户群体同质性强,因此企业和投资者间信息不对称现象严重。Calvo 等(2000)的研究发现,由于信息不对称和信息成本过高的影响,许多投资者并不会主动去搜集信息,会对噪声信息做出反应,特别是敏感性高的投资者容易产生过度反应,从而导致风险传染至整个市场或与之相关的其他市场。Mardi Dungey(2010)的研究发现危机的爆发会使市场及投资者对相关信息的敏感度提升,从而增大风险发生及风险传染的概率。因此,尽管金融危机没有对我国的银行业和房产业产生直接影响,但仍有理由认为此次危机的爆发增强了我国投资者对于这两个市场的敏感度,从而间接增加了两个行业间风险发生传染的概率。据此提出假设,具体如下。

假设1　我国银行业和房地产业个体机构发生风险的概率较高。

假设2　金融危机后银行与房地产行业内部及行业间的风险传染性增加。

大量的学术研究和危机事件都表明,房地产与银行业之间的关系往往比其他行业和银行之间的关系更为紧密,通过假设 3 对此进行检验。

---

① 资料来源:根据外汇局发布的《2010 年中国跨境资金流动检测报告》数据,自 2001 年起,房地产业的来华直接投资占外资流入总量的比例基本保持在 10%以上,2006 年以后占比逐步提高,2010 年达到 23%。

假设 3　银行与房地产行业间的风险传染性和银行与其他行业的风险传染性相比有显著的差异。

6.3　模型与方法

早期文章通常利用相关系数和协方差来衡量风险的传染,但这种方法存在许多问题。首先,相关性的计算对于不同收益给予了相同的权重,因而并不能很好反映收益的变动,此外传染性与宏观经济或金融市场危机事件之间的关系很可能是非线性的;Boyer 等(1997)的研究也发现在二元正态模型下,对于相关系数的衡量会随控制条件的不断变化而改变,这些问题使得相关性计算的准确度不高。为了克服相关系数的缺陷,一些学者利用允许非对称性、泊松跳跃的多元 GARCH-M 模型来衡量风险的传染。也有学者通过条件概率的方法,计算在给定某个机构或市场发生异常收益的情况下其他机构或市场产生异常收益的概率。

由于风险传染通常和极端事件有关,因此,近几年来学者们开始将极值理论运用到对风险传染的衡量上(P. H., Straetmans S. and C. G. D., 2004)。作为一种非参数的方法,极值理论非常适合衡量由极端事件,如银行破产、房地产泡沫破灭等情况引发的风险传染,因为这种方法可以在宽松的条件下用一个方程式来衡量系统内或系统间的联合金融崩溃概率。

借鉴 Straetmans 等(2008)的方法,首先利用基于矩估计法的单变量极值模型分析单个机构发生危机的概率,计算每个公司 99.9% 的 VaR 值以衡量单个公司发生危机的概率。与传统正态分布假设下的 VaR 方法相比,根据极值方法,在一些较弱的假设下,概率分布的尾部只会表现出某些特定的特征和形状,这一性质为在极值事件观测值较少的情况下估计出尾部形态分布创造了条件:

$$VaR = X_{k+1}\left(\frac{k}{Mp}\right)^{\hat{\gamma}} \tag{6.1}$$

其中:
$$\hat{Y} = \frac{1}{k}\sum_{j=1}^{k} ln\left(\frac{X_j}{X_{k+1}}\right)$$

式(6.1)中计算的 *VaR* 是在显著性 p 下的分位估计量,p 取 0.1%,如以每年 250 个交易日计算,则为大约每 4 年才出现一次的危机事件,$\hat{\gamma}$ 为尾部形状的倒数。

根据 Haan et al. (1994)的文章,分位统计量 $\dfrac{\sqrt{k}}{\ln\dfrac{k}{pM}}\left(\dfrac{Va\widehat{R}_p}{VaR_p}-1\right)$ 是渐

进于正态分布 $N(0,\widehat{\gamma}_2^2)$ 的,因此通过构建 Q 统计量以检验 VaR 是否因冲击的发生而产生变化,并采用 Bootstrap 的方法进行了 1 000 次的模拟,以保证统计量趋近于正态分布。

$$Q=\frac{VaR_1(k_1)-VaR_2(k_2)}{\sqrt{\dfrac{VaR_1{}^2\ln^2\left(\dfrac{k_1}{pM_1}\right)\widehat{\gamma}_1^2}{k_1}}+\sqrt{\dfrac{VaR_2{}^2\ln^2\left(\dfrac{k_2}{pM_2}\right)\widehat{\gamma}_2^2}{k_2}}} \tag{6.2}$$

对于传染性风险的衡量,通过运用 CD(Conditional Distress)模型估计了当一家银行或房地产公司发生崩溃时,另一家银行或房地产公司同时产生联动反应的概率:

$$P\{V_{1t}>Q_1\}=\cdots=P\{V_{it}>Q_i\}=\cdots=P\{V_{st}>Q_s\}=p \tag{6.3}$$

根据式(6.3),对所有公司的股票$(i=1,\cdots S)$都将极值设为 Q,V_{it} 表示股票 i 在时间 t 的收益率,$i=1,2,\cdots,S;t=1,\cdots,M$。为了便于比较,对所有房地产企业和银行设定了统一的概率水平 p。同时,定义危机事件发生的条件为$Q_i^*<Q_i$,尽管并不一定崩溃,变量V_{it}超过设定值Q_i^* 的概率就为 $P\{V_{1t}>Q_i^*\}=\lambda P\{V_{it}>Q_i\}=\lambda p$,因此对于每只股票,平均每$1/p$ 天就会出现超过崩溃阈值Q_i 的情况,每 $1/\lambda p$ 天就会出现超过危机阈值Q_i^* 的情况。通过计算 CD 概率衡量在已知股票 m 发生崩溃的情况下股票 i 发生危机的概率:

$$CD\equiv P\{V_{it}>Q_i^*\mid V_{mt}>Q_m\}=\frac{P\{(V_{it}>Q_i^*)\bigcap(V_{mt}>Q_m)\}}{P\{V_{mt}>Q_m\}}$$

$$=\frac{P\{V_{it}>Q_i^*\}+P\{V_{mt}>Q_m\}-P\{(V_{it}>Q_i^*)\bigcup(V_{mt}>Q_m)\}}{P\{V_{mt}>Q_m\}}$$

$$=\frac{(\lambda+1)p-P\{(V_{it}>Q_i^*)\bigcup(V_{mt}>Q_m)\}}{p} \tag{6.4}$$

在分布的尾部,可以用极值法估测等式(6.4)中 CD 的概率值。依据 HUANG(1992)提出的 STDF(stable tail dependence function)方法,通过用实际数值替换 p、Q_i 以及Q_i^* 值来估计CD:

$$CD=(\lambda+1)-\frac{1}{k}\sum_{t=1}^{M}I\{V_{it}>X_{i,M-\lambda k}\,or\,V_{mt}>X_{m,M-k}\} \tag{6.5}$$

在式(6.5)中,I为示性函数,$X_{i,M-\lambda k}$和$X_{m,M-k}$分别代表按升序排列的股票i和m的第λk个和第k个收益观测值的负数,通过这种方法计算了两只股票至少有一只出现极端收益的概率,但式(6.5)只能发现2只股票联动的概率,并不能解释其价格变动之间的因果关系。更进一步,计算了CCC(conditional-co-crash)概率,CCC是CD概率式中$\lambda=1$时的特例。衡量了一只股票价格崩溃时另一只股票也崩溃的概率,作者将主要用CCC概率衡量行业内和行业间的传染性风险,并构建了T统计量验证不同行业间的传染性风险是否有显著差异,式(6.6)中分母的计算方法采用了与式(6.2)类似的Bootstrap方法。

$$T=\frac{CCC(k_1)-CCC(k_2)}{\sigma(CCC(k_2)-CCC(k_2))}\sim N(0,1) \tag{6.6}$$

6.4　实证方法与结果

6.4.1　数据样本描述

初始样本包含了沪深两市所有根据证监会行业分类属于银行和房地产开发与经营业的公司A股股票,共138家房地产公司和16家银行,并选择了申万行业分类指数中包括银行和房地产行业在内的15个一级行业分类指数的日价格数据。由于2005年股权分置改革后,我国证券市场逐步走入全流通时代,股价能更有效地反映市场和投资者的预期,因此数据的样本区间从2005年1月1日开始到2011年12月31日结束。文章首先剔除了所有在2005年之后上市的公司,同时从房地产企业中剔除了ST和＊ST股票以及停牌时间在10％以上的股票,再去除左右两尾5％的极值数据,得到118家房地产行业股票作为备选数据集。接着,分别采用流通股所占比率、成交量和日换手率3个指标,并分别赋予1.2,1.2和1的权重进行加权排序,筛选出了股价最能反映市场判断、交易最为活跃的房地产公司。根据上述筛选条件,最终的样本包含了5家银行和9家房地产公司,并且5家银行均为股份制商业银行,与国有股份制银行相比,由于没有国家信用作为担保,其价格更能反映真实的风险情况。在对银行和房地产个股日收益率进行检验的同时,检验了两个行业指数的日收益率,以弥补个体公司数量与行业中个体数量的差异,反映两个行业的整体情况。每只股票的日收益为日收盘价一阶差分的自然对数,对于停牌日的收益率以 0 替代,同时选取 2007 年 5 月 1 日为冲击(金融危机)的分段点,将每只股票的数据分为冲击前和冲击后两部分,每只股票全周期收益率的观测数 $M=1700$。由于 A 股市场有每日涨跌幅的限制,可能会对风险的传染造成一定的影响,因此还分别对累积 3 天和 5 天的收益率进行了检验①。

表 6－1　股票日收益率描述性统计(全周期)

	均值(%)	最小值(%)	最大值(%)	标准差(%)	偏度	峰度
银行业						
深发展 A	−0.05	−9.66	10.56	2.78	−0.12	2.17
浦发银行	−0.08	−9.60	10.60	2.79	−0.07	2.25
华夏银行	−0.08	−9.64	10.61	2.83	0.00	2.32
民生银行	−0.10	−9.76	10.52	2.50	−0.06	2.42
招商银行	−0.07	−9.59	10.61	2.55	−0.01	2.44
房地产业						
万科	−0.10	−9.63	10.64	2.93	−0.02	1.74
银基发展	−0.06	−9.98	10.62	3.06	0.13	1.92
广宇发展	−0.04	−9.66	11.20	3.89	0.14	0.83
深振业	−0.09	−9.70	10.66	3.30	0.05	1.27
新湖中宝	−0.05	−10.14	13.73	3.42	0.13	1.47
金融街	−0.05	−9.64	10.58	3.00	0.07	1.58
海德股份	−0.05	−9.82	10.63	3.68	0.08	1.06
中粮地产	−0.03	−9.69	11.19	3.38	0.07	1.37
世荣兆业	−0.04	−9.78	10.68	3.51	0.09	1.27
指数						
银行	−0.07	−9.55	10.38	2.22	−0.02	2.50
房地产	−0.10	−9.86	9.29	2.48	0.26	1.47

注:表 6－1 汇报了所选 14 只股票以及行业指数全周期对数收益率描述性统计的结果,表中 2、3、4 列分别报告了收益率的平均值、最大值和最小值;5、6、7 列分别报告了标准差、偏度和峰度。

---

① 与单日收益相比,对 3 天和 5 天累积收益的检验结果并没有显著差异,因此,在文中省略了 3 天和 5 天累积收益检验结果的报告。

表 6-1 为银行和房地产业个股及指数日收益率的描述性统计结果。从 2005 到 2011 的 7 年间,中国股票市场经历了一个完整的涨跌周期,入选的 9 家房地产公司与 5 家银行的平均收益率均为负数。房地产行业指数的平均收益率略低于银行业,标准差则明显大于银行,银行业指数的分布为左偏分布,而房地产业指数呈现右偏分布。同时,无论单个公司还是指数的峰度值都小于 3,说明房地产及银行业数据均为非正态分布,因而选择采用不依赖于正态分布假设的极值理论方法研究其尾部特性。

6.4.2　对单个公司发生危机可能性的检验

测度单个公司的 VaR 之前需要决定式(6.1)中 k 的最优取值,k 越小对收益左尾分布的估计就越好,但是估计所依赖的观测值也越少,稳定性会降低。为了平衡这两方面的利弊,采用 Hill-plots 的方法选择使 $\hat{\gamma}$ 趋于稳定的 k 值。对于全周期的样本数据,当 k 取 60 时,对左尾估计趋于稳定,而对于危机前和危机后的样本数据,分别将 k 取为 50 和 55(如图 6-1 所示)。同时,通过选择不同的 k 值进行稳健性试验,发现 k 值的小幅波动对结论的影响不大。

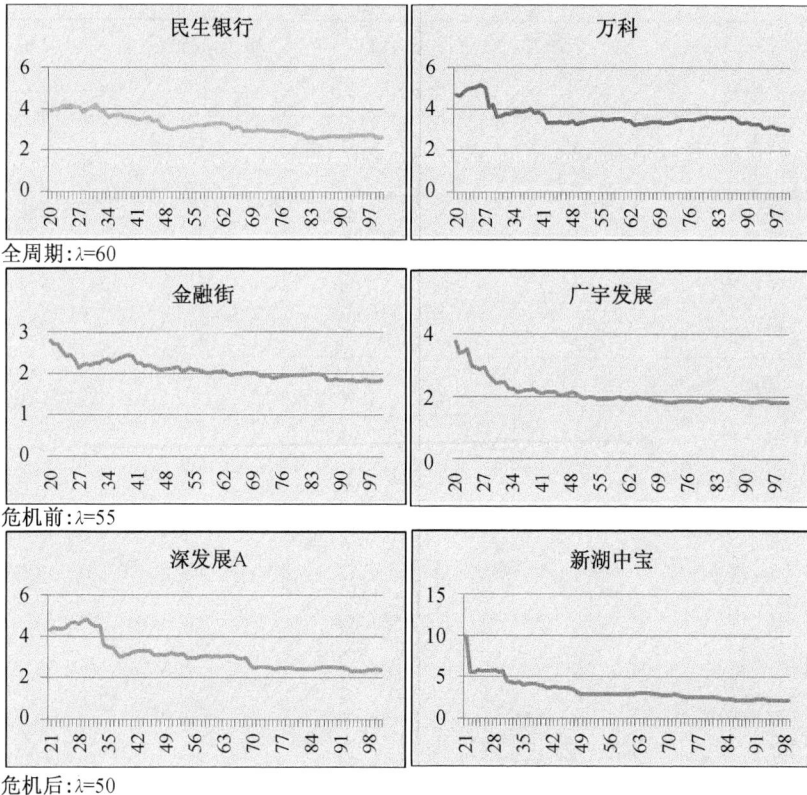

图 6-1　k 值选取与左尾形状估计关系图

在此基础上,对所有公司和指数 99.9% 的 VaR 进行了估计。由表 6-2可见,无论是银行还是房地产机构,发生危机的概率都处于较高的水平。从全周期的视角来看,个体机构发生极端风险的概率在 14% 到 20% 之间,而房地产业发生风险的概率略高于银行业,这与房地产企业风控能力较弱有一定联系。但分段检验的结果显示,外部冲击的爆发对个体机构发生极端风险的概率并没有产生显著的影响,仅银行业指数的风险水平略有上升,部分房地产公司的个体风险甚至有所降低。

对 VaR 的计算结果证实了假设 1。同时发现,相比于银行业,房地产业个体机构发生危机的概率较高,但是外部冲击并没有对个体机构的 VaR 水平产生显著影响。对于这一结果,其可能的原因是:由于房地产企业风控水平较弱,加之对资金杠杆的依赖,使得其固有的风险水平较高,但由于近年来我国房地产市场处于上升的行情,因此外部冲击对于个体机构的风险状况并没有产生显著影响。

表 6-2 VaR 估计

	全周期	危机前	危机后	Q检验
银行				
深发展 A	14.55	15.21	18.02	1.57*
浦发银行	15.28	13.89	16.44	1.16
华夏银行	14.24	15.56	15.31	1.25
民生银行	13.20	13.94	15.70	0.63
招商银行	14.78	13.24	16.56	−0.50
房地产				
万科	14.76	19.04	15.42	0.13
银基发展	19.60	18.81	25.59	0.61
广宇发展	15.37	38.06	20.17	−2.18**
深振业	16.75	21.55	20.89	0.37
新湖中宝	18.12	29.85	22.31	−1.12
金融街	15.89	24.13	17.55	−1.51*
海德股份	17.94	18.42	20.08	0.87
中粮地产	17.93	20.73	21.30	−0.23

(续表)

	全周期	危机前	危机后	Q 检验
房地产				
世荣兆业	16.81	21.15	17.58	−1.45*
指数				
银行	12.36	9.27	13.99	1.40*
房地产	14.08	12.92	15.39	1.17

注:表 6-2 汇报了根据式(6.1)估计的个股 VaR 值,k 值在全周期、危机前、危机后分别取 60、50、55。表格最后一列汇报了根据式(6.2)计算的 Q 检验结果。

* 表示在 10% 的水平显著;** 表示在 5% 的水平显著;*** 表示在 1% 的水平显著。

6.4.3 对银行和房地产业间风险传染性的检验

虽然上节的检验结果显示外部冲击并没有对个体机构风险产生显著影响,但并不代表冲击不会对机构间风险的传染性产生影响。因此本节对我国房地产与银行之间风险的传染性进行了估计,并以危机的爆发为节点进行分段检验。为求得 CCC,需决定最佳的 k 值,采取与估计式(6.1)中 k 值同样的方法,在考虑稳定性和整篇文章一致性等因素的基础上,对 CCC 在全周期、危机前和危机后的 k 值分别取 60、50 和 55。

表 6-3 报告了单只股票全周期的 CCC(危机前和危机后单只股票的 CCC 概率结果由于篇幅所限未单独列示,平均结果在表 6-4 中汇报)。从表 6-3 可见,行业内风险发生传染的概率明显高于行业间发生传染的概率。银行业内的 CCC 概率最高,最低的民生银行与深发展的 CCC 也达到 58%,而最高的浦发银行与招商银行的 CCC 为 77%;房地产内部的 CCC 概率略低于银行业内部,在 35% 到 62% 之间变动。这与房地产行业内部各企业间关联更加紧密,同质性更强有关。房地产与银行业之间的 CCC 概率也处于较高的水平,最低的世荣兆业与浦发银行之间的 CCC 概率达到 23%,而最高的民生银行与万科、金融街和深发展 A 之间的 CCC 则高达 53%,均值为 45%。进一步研究可见,万科等规模比较大的房地产公司与 5 家银行的 CCC 概率都高于均值水平,不难想象房地产公司规模越大,所需资金越多,资金链越长,受债务关系影响越大,从而有着较高的风险传染性水平。

表 6-3 个股风险传染性概率估计(全周期)

	银行					房地产								
	1	2	3	4	5	6	7	8	9	10	11	12	13	14
银行														
1	100	70	62	58	63	50	40	27	40	38	53	38	37	32
2	70	100	72	67	77	52	33	32	37	30	48	32	33	23
3	62	72	100	67	68	50	45	32	38	32	48	33	40	25
4	58	67	67	100	65	53	42	32	40	35	50	37	38	28
5	63	77	68	65	100	48	35	30	38	25	43	33	35	30
房地产														
6	50	52	50	53	48	100	50	40	55	40	62	45	55	37
7	40	33	45	42	35	50	100	47	53	52	50	55	52	43
8	27	32	32	32	30	40	47	100	42	45	42	55	45	37
9	40	37	38	40	38	55	53	42	100	50	50	50	52	43
10	38	30	32	35	25	40	52	45	50	100	47	50	47	47
11	53	48	48	50	43	62	50	42	50	47	100	43	57	35
12	38	32	33	37	33	45	55	55	50	50	43	100	48	43
13	37	33	40	38	35	55	52	45	52	47	57	48	100	45
14	32	23	25	28	30	37	43	37	43	47	35	43	45	100

注:表 6-3 汇报了根据式(6.5)计算的全周期 CCC 概率,其中 λ 取 1,k 取 60。其中序数编号分别代表:1—深发展 A,2—浦发银行,3—华夏银行,4—民生银行,5—招商银行,6—万科,7—银基发展,8—广宇发展,9—深振业,10—新湖中宝,11—金融街,12—海德股份,13—中粮地产,14—世荣兆业。

通过以金融危机的时点对样本数据进行分段检验,进一步对比金融危机发生前后风险传染特征的变化情况。发现,金融危机后,无论是房地产业内部、银行业内部,还是两个行业间的风险传染发生概率都显著提高,见表 6-4 所示。危机后两个行业间的风险传染发生概率从 29% 提高到了 41%,两个行业内部的风险传染发生概率也分别提高了 23% 和 19%,U 检验的结果显示 CCC 概率在危机后的提高均在 1% 的水平上显著,这也充分说明诸如金融危机这类外部冲击对行业内和行业间的风险传染发生的概率有一定影响。

表 6 - 4　行业内与行业间平均风险传染性估计(全周期)

	全周期	危机前	危机后	U 检验
银行	67	47	70	0*** ($n1=n2=10$)
房地产	47	34	53	50.5*** ($n1=n2=36$)
银行—房地产	38	29	41	299*** ($n1=n2=45$)

注:表3-4汇报了全周期、危机前和危机后行业内部以及行业之间CCC概率的平均值,其中最后一列汇报了U检验的结果,检验了危机前后CCC概率变化的显著性。

* 表示在10%的水平下显著;** 表示在5%的水平下显著;*** 表示在1%的水平显著。

通过对 CCC 概率的计算,证实了假设 2。这一结果表明,我国的银行业和房地产业间、行业内部发生风险传染的概率很高,这种风险的传染性是目前监管指标没有反映出的,虽然目前系统内个体机构发生风险的概率不大,一旦某个机构发生危机,极可能引发传染,后果可能超出监管预期,此外,实证的结果也反映出外部冲击会增强相关行业的风险传染性,这种增强一方面是由行业间的依赖关系加深引起的,另一方面则是由于外部冲击引发的投资者敏感性增强而导致的。同时,综合对个体风险和风险传染特征两部分检验的结果可以发现,在银行和房地产业组成的两系统中,房地产业率先发生问题并引发风险扩散的可能性较大,应着重加强对房地产业的监控力度。

6.4.4　不同行业与银行间的风险传染性比较

金融危机后,无论是理论界还是实务界都对房地产业和银行业之间的关系给予了高度关注,而前文也已证实银行和房地产业之间的风险传染性在危机之后有所增强,本节将检验房地产与银行业间的风险传染性是否显著区别于银行和其他行业间的风险传染性(由于篇幅所限,各行业指数描述性统计结果不在文中列示)。

如表 6 - 5 所示,在 14 个行业中,房地产行业与银行业的风险传染性明显高于平均水平,达到 45%,显著高于农林渔牧、采掘、机械设备、公用事业等行业的风险传染概率,只有交通运输、建筑建材和化工业与银行间的风险传染概率不低于房地产业,不过这种差异并不显著,说明银行业与房地产业的风险传染性与其他行业和银行业间的风险传染水平有显著差异,反映了银行和房地产业间紧密的联系。通过对银行业与不同行业间 CCC 的比较,证实了假设 3,发现银行与房地产业间的风险传染发生概率要大于银行与其他行业间发生风险传染的概率。对于这一结果,作者认为,由于两个行业间存在着紧密的信贷联系,同时这两个行业又是外部冲击直接影响的行业,投资者对这两个行业敏感性大大增强,从而导致了银行和房地产业间有着相对较高的风险传染性。

表 6-5　各行业与银行业间的风险传染性比较(全周期)

NL	CJ	HG	YS	JZ	JX	JD	FZ	YY	GY	JT	FC	SM	ZH
35	32	48	40	45	37	42	42	38	37	48	45	42	42
2.44***	3.11***	−0.83	1.29*	0.03	1.99**	0.79	0.81	1.64**	1.93**	−0.78	0	0.78	0.8

注:表 6-5 汇报了根据式(6.5)计算的银行业与其他行业指数之间全周期 CCC 概率,其中 λ 取 1,k 取 60。最后一行是 T 检验结果,反映银行与其他行业间的 CCC 概率是否与银行和房地产行业的 CCC 有显著差异。

表中行业名称缩写分别代表:NL—农林牧渔,CJ—采掘,HG—化工,YS—有色金属,JZ—建筑建材,JX—机械设备,JD—家用电器,FZ—纺织服装,YY—医药生物,GY—公用事业,JT—交通运输,FC—房地产,SM—商业贸易,ZH—综合。

* 表示在 10% 的水平显著;** 表示在 5% 的水平显著;*** 表示在 1% 的水平显著。

6.5　结　论

本章希望探究在金融危机中独善其身的中国银行业和房地产业是否因债务链条、信息不对称及投资者敏感性等因素影响,具有较高的风险传染概率,同时检验外部冲击是否对这两个行业的风险传染性造成了影响。

从三个假设入手,本章分别测度了单个企业的风险,银行与房地产行业内部以及行业间风险的传染性。结果显示,两行业个体机构发生风险的概率较高,房地产机构发生风险的概率高于银行,金融危机爆发对房地产和银行业单个公司的风险并没有产生显著影响,但行业间的传染性风险处于较高的水平,危机的爆发导致银行与房地产行业内部、行业间的风险传染性显著增加,而银行业与房地产之间的风险传染概率也显著高于银行与其他行业间的风险传染概率。

本章研究的意义在于,虽然目前我国银行业和房地产业发展良好,个体机构发生危机的概率并没有因为外部冲击的影响而增大,监管指标也并未反映出明显的危机迹象,但是房地产机构本身发生问题的概率较大。同时,由于两个行业间越发紧密的信贷关系、信息不对称以及外部冲击对投资者敏感性等一系列因素的影响,行业间的风险传染概率显著增大,并超过其他行业与银行业间风险传染性的水平。表明我国银行业和房地产业并不具有很强的抗风险和抵御风险传染性的能力,反映出一些潜在风险和监管指标的不足。

据此提出相应的政策建议:① 从宏观角度看,监管部门需要更多地关注系统间和系统内部的风险传染性,强化金融基础设施建设,改革金融交易的支付清算体系,弱化银行等金融机构与房地产等实体经济之间的关联,加强对系统中重要机构的监管,降低其相互间的关联性;② 从对个体机构监管的角度来看,应实施更严格的资本和流动性监管标准,尤其要加强对房地产企业的监管力度,监督其采取更严格的内控措施,减少对负债的依赖程度,差异化业务发展模式,降低其发生风险的可能性,提升监管强度和有效性;③ 应加强对投资者的引导和教育,采取适当措施对投资者情绪和行为进行引导,以避免市场反应的过度放大。

本章侧重于对我国银行业和房地产业间的风险传染情况进行测度,检验了外部冲击对风险传染概率的影响情况,但对于风险传染的成因仅从理论上进行了分析,并没有进行量化检验,相关工作有待研究。

第7章 债务网络、投资者
行为与传染性风险[*]

7.1 引 言

风险的传染是学术界和实务界共同关心的一个重要话题。风险的传染是指一个较小的冲击起初只影响几个机构或一个经济市场,随后扩散到其他机构或市场,从而造成风险危害加深的现象(Allen F. and Gale D.,2000)。通常,学者们更为关注金融系统内风险的传染,如银行挤兑现象等,因为当金融系统的风险发生传染时往往需要外部干预,如国家财政、央行的资金救助和信誉担保(Amelia P. and Philip A.,2011)。然而,随着金融业在国民经济中扮演的角色越来越重要,金融产品的不断创新,信息传播网络的健全,金融行业与其他产业间的关系越来越紧密和复杂,风险在金融系统与其他产业间的传播也越来越引起人们的重视。尤其在房地产行业和银行业间,银行作为房地产企业的主要融资媒介之一,天然的债务链使两个行业之间有着密切的关联。日本房产泡沫、美国次贷危机等重大的经济危机更是提升了人们对于银行和房地产行业之间的关注度,Goodhart et al.(2004)研究了日本房地产泡沫的形成与银行信贷过度支持的关联。在我国,随着近年来房地产泡沫的逐渐升温,两个行业间的关系更为紧密。周京奎(2005)通过对房地产泡沫成因理论的分析,构建了金融支持过度与房产泡沫关系的模型,张涛和龚六堂(2006)对房地产贷款理论模型进行了改进,并在此基础上对中国 2002 年以来房地产价格与银行房地产贷款、按揭贷款利率的关系进行了实证研究,结果表明中国房地产价格水平与银行房地产

ot　　* 本章主体内容发表于《管理科学学报》2014 年第 17 卷第 11 期,作者为肖斌卿、王粟旸、周小超、颜建晔。著者感谢《管理科学学报》允许使用此论文。

贷款有较强的正相关关系。

关于风险传染的研究,许多学者做出了有益的探索,比如 Brunnermeier and Pedersen（2009）、Dornbusch, Park and Claessens（2000）、Kiyotaki and Moore et al.（2002）、Acharya and Pedersen（2005）; 还有一部分学者从投资者行为的视角出发研究风险传染的原因（Calvo and Mendoza,2000; Dungey et al.,2010）。

然而上述研究也存在不足之处,主要包括以下两方面。首先,对风险传染性测度的方法有待改进,早期文献多使用相关系数、协方差等工具,Hall and Miles（2003）用资本资产价格模型来估测银行单一机构风险或整个系统的风险,允许非对称性（张宝林和潘焕学,2013; 苏海军和欧阳红兵, 2013）、泊松跳跃（John et al.,1988）的多元 GARCH-M 模型等方法也被用于衡量风险传染,Muller（2004）采用神经网络模拟的方法,Engle（2001）采用 Copula 的方法分别估测了汇率间的风险传染性和股票指数间的左尾联动现象。Upper（2009）采用模拟的方法评估了银行间市场风险传染的危害,冯宗宪和李祥发（2013）利用时变增强型向量自回归模型对商业银行信用风险和相关因素之间的联动进行了考察,张维（2013）等提出利用计算实验金融对复杂金融系统进行研究。尽管对方法不断改进,但仍然无法有效克服对小概率极端事件的忽略（Grinblatt M. and Han B.,2005）及对非线性关系的有偏估计。

更重要的是,早期研究对风险传染成因的探知尚不成熟,缺乏深入、系统的研究,未形成完善的理论体系,前期的文章多是对传染性风险表征的刻画和分析,少有文章针对银行这一金融系统重要组成机构,研究以银行为中心形成的金融系统与其他系统间风险传染的诱因及特征。虽然目前我国的银行业和房地产业间并没有发生重大风险事件,但并不代表我国的相关行业具有很强的抗风险和抗风险传染的能力,正如张晓朴（2010）指出的:风险累积的过程远比引发危机的导火索更重要,因此本章以我国银行业和房地产业间的风险传染性为切入点,基于王粟旸等（2012）对银行业和房地产业间传染性风险测度的研究成果,在系统归纳梳理风险传染动因的理论模型和文献基础上,探究我国银行业和房地产业间强传染性风险发生概率的成因。

相对已有研究,本章的贡献主要有两点:第一,本章在系统归纳梳理风险发生传染的理论和模型基础上,利用基于极值理论的风险传染测度结果,分别通过债务关系和信息不对称视角下的投资者行为对风险发生传染的原因进行了检验,实证结果对风险传染成因的理论进行了补充。第二,为当前日益普遍的风险传染及其应对提供了新的视角,即关注行业之间的风险传染问题。尽管我国尚未出现由于风险传染导致系统崩溃的事件,但是并不代表风险传染不会发生,监管部门应重视诸如银行和房地产等重要行业风险传染性的监管,改善金融交易的支付清算体系,加强对系统重要机构的监管,规范并分散机构间的债务关联。

本章结构如下:第二部分为理论分析与研究假说,第三部分为研究方法与样本设计,第四部分为关联债务与风险传染,第五部分为投资者行为与风险传染,第六部分为结论与政策建议。

7.2 理论分析与研究假说

关于传染性风险成因的研究目前主要有两种观点:一是基于系统间各主体实体关联的视角,Eisenberg and Noe(2001),Staum(2010)等通过构建银行间的债务网络模型分别研究了传染性风险下的出清机制和银行存款保险费用的设置情况;二是从不完全信息下的投资者行为视角出发,Diamond and Dybvig(1983),Eisenbeis R. (1997)认为被传染的机构面临着相似的基本环境、市场或生产同质的产品,由于信息不对称的原因,投资者无法识别不同企业的真实情况,从而导致了风险的传染,Pasquariello(2007),Pirinsky and Wang(2006)则分别从投资者内幕交易行为和投资者偏好出发对风险传染进行了解释。

基于上述两个传染性风险成因的考量,已有一批文献对风险传染的水平和影响力进行了分析,但缺乏对于影响银行业和房地产业这两个行业之间风险传染路径的关注,对于究竟是什么因素引发了银行和房地产业间的风险传染尚缺乏严密有效的分析与论证。已有研究表明,银行业和房地产业两个具有风险传染性特征,且两个行业之间存在密切的债务关系特征,因此本文首先基于机构间债务关系视角尝试探索债务关系对两个行业风险传染的影响。另一方面,从深层次机理看,由于本章对风险传染性的度量从本质上是基于证券市场上相关股票价格变动的联动性考虑的。从股票价格传导机制看,信息的产生及其传导方式和效力会对投资者行为产生重要的影响。尽管学界已有很多研究对股价间的联动性,投资者行为对股价的影响进行分析,然而,还少有研究将这二者直接关联,进行分析检验。本章将进一步关注投资者行为对不同行业间由股价波动而体现的风险传染的影响力。因此,这一部分将从机构间债务关联的视角以及投资者行为的视角,较为系统地综述现有研究文献并提出三个具有内在关联的理论假说。

7.2.1 基于机构间债务关联的视角

机构间紧密而交错的债务关系往往会形成一个复杂的网络体系(如图7-1所示),网络中任何一个节点发生问题,都有可能引发风险的传染。Krugman(1999)通过对银行和企业间债务关系的研究证实了由企业经营风险发生传染而引发的银行业和金融市场的信用风险和流动性风险;Allen and Gale(2000)理论研究表明各个机构间相互交错的债务联系是风险发生传染的主要原因,由一个企业违约造成的整个系统流动性困境会导致风险迅速传染与深化;Koh(2005)通过实证研究发现房地产企业与银行间紧密的债务关系使其价格也与银行所拥有的房地产贷款比重有着紧密的联系;

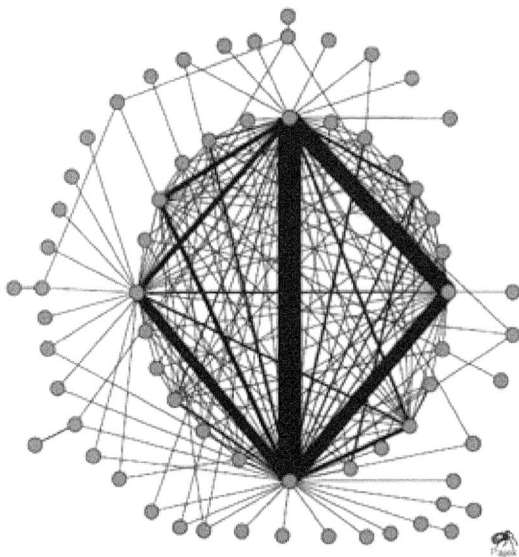

图7-1 银行间市场支付关联

资料来源:Soramaki et al. *The Topology of Interbank Payment Flows*, 2007.

马君潞等(2007)的研究指出,银行间市场在存款、信贷和支付体系上相互联结导致一些重要网络节点银行的倒闭会引发风险的传染,多家银行的破产会降低风险传染发生的门槛。不少学者对于风险传染的效应进行了测度,如王粟旸等(2012)对我国银行业和房地产业间传染性风险的大小进行了测度;张宝林和潘焕学(2013)的研究就影子银行对房地产泡沫膨胀的影响和房地产泡沫对系统性金融风险的影响力度进行了检验;苏海军和欧阳红兵(2013)则通过对 MS-DCC 和 IS-DCC 方法的改进,对证券市场间的传染性效应进行了测度。上述成果尽管对风险传染的水平和影响力进行了分析,但缺乏对于影响银行业和房地产业这两个行业之间风险传染路径的关注,对于究竟是什么因素引发了银行和房地产业间的风险传染尚缺乏严密有效的分析与论证。

Eisenberg and Noe(2001)建立了一个一期的基于直接双边联系的传染模型来刻画机构间因债务关联造成的风险传染,并提供了出清算法。假设经济系统中有 N 个节点,节点间相互存在着债务联系,$e,p,\bar{p},v$ 均为向量,$e_i,p_i,\bar{p}_i,v_i$ 为向量的第 i 个元素,Π 为矩阵,其第 (i,j) 个元素为 Π_{ij},节点 i 有初始财富 e_i,总负债 $\bar{p}_i$,节点 i 欠节点 j 的负债表示为 Π_{ij},$\Pi_{ii}=0$,如果 $\bar{p}_i=0$ 则 $\Pi_{ij}=0$,并且假设所有的债权具有相同的优先性,如果节点 i 共偿还了 p_i 的负债,则其将向节点 j 偿还的债务为 $p_i\Pi_{ij}$。

$$v=e+(\Pi^{\mathrm{T}}-I)P \tag{7.1}$$

满足以下三个条件:

(1) 节点 i 的支付是非负的并且不超过其总负债,即 $0\leqslant p_i\leqslant\bar{p}_i$;

(2) 节点 i 是有限责任的,即 $v_i\geqslant0$;

(3) 债权对股权具有优先性,即 $v_i>0$ 当且仅当 $p_i=\bar{p}_i$。

并且 $e_i>0,i=1,\cdots,N$ 的前提下,存在一个唯一的出清向量 $p^*\in[0,\bar{p}]$ 可以使整个市场出清,并且出清后每个节点的剩余财富为 $v^*=e+(\Pi^{\mathrm{T}}-I)P^*$。

出清向量可以通过虚拟违约算法(fictitious default algorithm)来获得,假设 $\bar{S}$ 是不动点算子(fixed-point operator)Φ 的一系列超解 $\bar{S}=\{p\in[0,\bar{p}]:\Phi(p)\leqslant p\}$,代表了支出资金大于其总的流入资金的节点,$D(p)$ 是一系列违约节点的集合,$\Phi(p)_i\leqslant\bar{p}_i$。$\Lambda(p)$ 为 $n\times n$ 的对角矩阵:

$$\Lambda(p)_{ij}=\begin{cases}1 & i=j \ and \ i\in D(p)\\0 & otherwise\end{cases} \tag{7.2}$$

式(7.2)表示在节点 p 破产的情况下 $\Lambda(p)_{ij}=1$，否则 $\Lambda(p)_{ij}=0$。对于确定的 $p'\in\overline{S}$，定义从 $p\to FF'_p(p)$ 的映射：

$$FF_{p'}(p)=\Lambda(p')(\Pi^{\mathrm{T}}(\Lambda(p')p+(I-\Lambda(p')\overline{p}))+e)+(I-\Lambda(p'))(\overline{p})$$

(7.3)

式(7.3)表明没有违约的节点在 p' 下支付全部的债务，违约的节点在 p' 下支付 p。根据违约集合不是凸集和标准投入产出矩阵结果(standard input-output matrix results)可得 $FF_{p'}$ 有唯一的不动点 $f(p')$。由此归纳出虚拟违约序列(fictitious default sequence)(见式 7.4)，并可以证明这一算法在最多 n 次迭代后收敛于清算向量。

$$p'=\overline{p}; p'=f(p^{j-1})$$

(7.4)

由此可见，系统间的各个机构之间存在着循环依赖的关系(cyclical interdependence)，一个机构的价值依赖于它对其他机构的债权要求，而这些债权要求又依赖于其他公司的健壮性。因此，一个网络节点的违约可能导致所有和其有着直接关系的节点发生违约，形成第一轮传染，随后其他机构的违约，又会引发更多的机构违约，形成第二轮的传染。只要每一轮的传染中有新的机构发生违约，风险的传染就会持续下去，甚至传染至整个网络，并且债务关联越紧密，风险发生并传染的可能性也越大。

由于我国的房地产企业主要的外部融资渠道是银行，因此，房地产企业和银行间形成了一个复杂的债务网络。张宝林和潘焕学(2013)通过严谨的计量实证研究表明，中国的影子银行对房地产泡沫和系统性金融风险具有显著影响，表明二者间确实存在复杂网络关系。据此提出本章的第一个假设，以检验这种债务网络对风险传染影响的现实存在。

假设 1　银行和房地产业间存在着发生风险传染的可能，并且机构间的债务关系越紧密，风险发生传染的概率越大。

由于机构间的债务关联对于传染性风险发生的可能性有较大的影响，因此如果控制了机构间的债务联系，那么风险传染的可能性应该会有所降低。Diamond and Dybvig(1983)提出采用存款保险的方法可以有效地控制风险的传染；Peavy and Hempel(1988)的研究指出，通过政府救助行为保证发生违约的企业对其他机构的债务偿还能力，有助于减弱传染性风险发生的可能性；包全永(2005)的研究表明，当银行拥有的总债权小于银行的自有资本时，即使外部冲击对一家银行产生影响，这种风险也不会扩散，银行将具有传染效应的免疫性；隋聪等(2014)通过构建不同的银行间网络结构，对银行内部的系统性的传染进行了建模刻画，认为网络的集中度和银行自身的规模对系统性风险有着显著影响，可以通过控制这两个因素控制风险的传染，但是文章没有利用实证数据对模型进行验证，分析视角也没有延伸到不同行业间由于债务网络关联引致的风险传染。据此提出本章的第二个假设，通过实际数据检验控制行业间的债务网络结构可以有效控制传染性风险发生的概率。

假设2 机构间的债务关系是影响机构间风险传染的最主要因素，在控制了机构间的债务关系后，风险发生传染的概率会显著降低。

7.2.2 基于信息不对称下投资者行为的视角

本章对风险传染性的度量从本质上是基于证券市场上相关股票价格变动的联动性考虑的。而股票价格变动的传导机制包含了四个步骤：相关信息产生；信息发布并传递给投资者；投资者进行分析后做出判断；触发相应的交易行为；众多投资者交易行为在市场中汇集形成新的股票价格。基于此，传导机制可以看出信息的产生及其传导方式和效力会对投资者行为产生重要的影响。

在研究中通常假设信息是完全的，市场是有效的(有效市场假说，EMH)，投资者在完全信息条件下做出判断，但这一假说在实际中并不成立，现实市场存在严重的信息不对称现象，出现这一现象的原因主要有两个方面：一是投资者掌握的信息不同，信息分为公开信息与私人信息，大部分投资者并不掌握私人信息，二是由于投资者自身搜集、处理信息的能力存在差异。我国上市公司与投资者之间就存在着较为严重的信息不对称现象。信息不对称现象的存在会对投资者的行为产生影响。以 Mlshkin F. 为代表的学者，认为由于信息不对称的存在，会导致投资者产生特定的有限理性行为；Calvo and Mendoza(2000)的研究也发现由于信息不对称和信息成本过高的影响，许多投资者并不会去主动搜集信息，而会对噪声信息做出反应，导致羊群行为；Diamond and Dybvig(1983)的文章指出当投资者与银行之间存在信息不对称时，投资者无法分辨银行的好坏，会将其对一家银行的判断应用于有着相似基本面和资产负债状况的银行。由此可见在我国市场上存在着信息不对称的现象，而这一现象又会对投资者行为产生重要影响。

根据上文提出的股价传导机制我们可以进一步得出,当投资者行为发生变化时,必然会对股价产生一定的影响,众多研究及现实案例也有力地证明了投资者行为对股价巨大的影响效力。Lee et al.(1991),Kumar and Lee(2002)的研究表明:投资者行为,甚至投资者情绪都会对股价产生影响;Dungey et al.(2010)的研究指出在负向冲击下,投资者对信息的敏感度会上升,从而导致投资者的过度反应,会诱发风险的传染;Forbes and Rigobon(2002)指出即使是宏观经济基本面未发生显著变化,投资者行为产生变化也会导致市场风险传染的发生。Grinblatt and Han(2005)的研究表明:投资者的处置效应会导致股价对信息反映不足,进而又会吸引新的投资者进入造成股价惯性的形成。1929 年 10 月 29 日、1987 年 10 月 19 日美国历史上影响最大的两次股灾,及 2007 年 5 月 30 日中国股市的大跌都与投资者的异常行为有直接关系。综上可见,信息不对称现象会对投资者行为产生影响,而投资者行为的变化又会引发股价的异常波动。从上述研究可以看出,尽管学界已有很多研究对股价间的联动性,投资者行为对股价的影响进行分析,然而,还少有研究将这二者直接关联,进行分析检验。因此,本章将弥补相关研究空白,进一步关注投资者行为对不同行业间由股价波动而体现的风险传染的影响力。由此得出本章的第三个假设。

假设 3　在信息不对称情况下,当市场受到冲击时,由于投资者行为的影响,系统间风险发生传染的概率会显著变化。

7.3　研究方法与样本数据

7.3.1　研究方法

在以往的研究中,国外学者们通常利用市场价格在特定时期的表现来衡量风险的传染,随着我国证券市场不断成熟,股改基本完成,证券市场的价格越来越能反映上市公司本身的经营情况、投资者预期和外部经济环境,这种研究思路在我国也具备了实践条件。近年来,极值理论开始用于对风险传染的测度,作为一种非参数的方法,极值理论非常适合衡量由极端事件(如银行破产、房地产泡沫破灭等情况)引发的风险传染,因为这种方法可以在宽松的条件下用一个方程式来衡量系统内或系统间的联合金融崩溃概率应用(Grinblatt M. and Han B.,2005)。应用王粟旸等(2012)对银行和房地产行业内部和行业间的传染性风险进行测度的研究成果,本章进一步检验了债务关系与投资者行为这两方面因素对风险传染发生概率的影响情况。

为了区分债务关系和其他因素对风险传染概率的影响,首先采用银行和房地产企业间的债务关联对个股收益进行调整,获得经债务调整后的未预期收益,从而剔除债务关系对风险传染的影响。对于房地产企业而言,由于银行借贷是其负债的主要渠道,因此,与银行债务关系主要由企业资产负债率体现;对于银行而言,与房地产企业的债务关系由银行持有的房地产贷款比重直接体现。本章借鉴 Fama-French(1992)的思想以及赵进文(2013)的方法,将原始样本中所有房地产企业按样本期间内每年的资产负债率、所有银行按样本期间内每年持有的房地产贷款的比例进行分组,通过计算每家公司每年日收益率的均值,并进行排序,根据排序差异性的分化程度,最终将房地产企业每年按资产负债率分为了 5 组,将银行每年按所持有的房地产贷款比例分为了 2 组。在分组过程中,为避免缺失数据和极值数据对检验的干扰,并同王粟旸等(2012)文章中的数据保持一致,对数据进行了预处理①。利用分组后获得的每组在当年日收益数据②对该组中包含的最终入选样本公司的当年日收益率进行回归调整,获得经债务调整后的未预期收益。如式(7.5)所示:

$$r_{i,t}=\alpha_t+r_{p,t}+\varepsilon_{i,t} \tag{7.5}$$

其中 $r_{i,t}$ 为第 i 只股票在 t 期的收益,α_t 为截距项,$r_{p,t}$ 为第 i 只股票在 t 期所属的 p 组在 t 期的收益,$\varepsilon_{i,t}$ 为第 i 只股票在 t 期经债务调整后的未预期收益。将 $\varepsilon_{i,t}$ 作为控制房地产与银行间债务关系后的日收益率变量,再一次利用王粟旸等(2012)的方法——式(7.4)、式(7.5)、式(7.6)对行业间的风险传染性概率进行测度和检验。

为识别信息不对称下外部冲击引发的投资者行为对风险传染概率的影响,本章利用国房景气③指数对样本全周期进行分割,构建 4 段新的子样本区间,以对假设 3 进行检验。

---

① 预处理方法和结果参见下文数据样本描述。
② 每组日收益率数据采用等权重的方法获得。
③ 数据来源:国家统计局。

7.3.2　数据样本描述

本章的初始样本包含了沪深两市所有根据证监会行业分类属于银行和房地产开发与经营业的企业 A 股股票,共包含有 138 家房地产公司、16 家银行,以及包括银行、房地产行业在内的 15 个申万一级行业分类指数的日价格数据,并采用房地产个股年报的资产负债率数据和银行业年报中披露的房地产贷款数据作为债务关联度的代表①,本章选取了国家统计局发布的国房景气指数作为房地产市场景气情况的代表。

由于 2005 年股权分置改革后,我国证券市场开始逐步走入全流通时代,股价能更有效地反映市场和投资者的预期,因此我们的样本区间从 2005 年 1 月 1 日开始到 2011 年 12 月 31 日结束。为了保证样本数据在时间上的一致性和准确性,我们首先剔除了所有在 2005 年之后上市的公司,同时从房地产企业中剔除了 ST 和 * ST 股票以及停牌时间在 10% 以上的股票,再去除左右两尾 5% 的极值数据 6 家,得到原始样本 118 家房地产行业股票数据。接着,本章分别采用流通股所占比率、成交量和日换手率三个指标并依次赋予 1.2、1.2 和 1 的权重进行加权后排序,筛选出了股价最能反映市场判断、交易最为活跃的房地产公司。根据上述的筛选条件,最终的样本包含了 5 家银行和 9 家房地产公司,并且 5 家银行均为股份制商业银行,与国有股份制银行相比其股价数据更能反映市场真实的风险情况。在对银行和房地产个股进行检验的同时,本章检验了两个行业指数的情况,以弥补个体公司数量与行业中个体数量的差异,反映这两个行业的整体情况。日收益率数据是通过对日收盘价的一阶差分取自然对数获得的,对于停牌日的收益设为 0。由于 A 股市场有每日涨跌幅的限制,可能会对风险的传染造成一定的影响,因此为了消除涨跌幅限制的影响,本章还分别对累积 3 天和 5 天的收益率进行了检验②。

---

①　本章所使用数据除特别标注外均来自于 Wind 数据库,2011 年的资产负债率数据采用第三季报中的披露数值。

②　与单日收益相比,对 3 天和 5 天累积收益的检验结果并没有显著差异,因此,在文中省略了对 3 天和 5 天累积收益的检验结果的报告。

7.4 债务关联与风险传染

7.4.1 风险传染概率测度结果引用

本章对银行业和房地产业间风险传染动因的分析,基于王粟旸等 (2012)对两个行业间风险传染概率测度,表7-1和表7-2简要汇报了相关引用数据。

表7-1 个股日收益率描述性统计(全周期)

	均值(%)	最小值(%)	最大值(%)	标准差(%)	偏度	峰度
银行业						
深发展A	−0.05	−9.66	10.56	2.78	−0.12	2.17
浦发银行	−0.08	−9.60	10.60	2.79	−0.07	2.25
华夏银行	−0.08	−9.64	10.61	2.83	0.00	2.32
民生银行	−0.10	−9.76	10.52	2.50	−0.06	2.42
招商银行	−0.07	−9.59	10.61	2.55	−0.01	2.44
房地产业						
万科	−0.10	−9.63	10.64	2.93	−0.02	1.74
银基发展	−0.06	−9.98	10.62	3.06	0.13	1.92
广宇发展	−0.04	−9.66	11.20	3.89	0.14	0.83
深振业	−0.09	−9.70	10.66	3.30	0.05	1.27
新湖中宝	−0.05	−10.14	13.73	3.42	0.13	1.47
金融街	−0.05	−9.64	10.58	3.00	0.07	1.58
海德股份	−0.05	−9.82	10.63	3.68	0.08	1.06
中粮地产	−0.03	−9.69	11.19	3.38	0.07	1.37
世荣兆业	−0.04	−9.78	10.68	3.51	0.09	1.27
指数						
银行	−0.07	−9.55	10.38	2.22	−0.02	2.50
房地产	−0.10	−9.86	9.29	2.48	0.26	1.47

注:表7-1是对所选14只股票以及行业指数的对数收益率全周期的描述性统计,表中二、三、四列分别报告了收益率的平均值、最小值和最大值;五、六、七列分别报告了标准差、偏度和峰度。

表7-1给出了银行业和房地产业个股及指数日收益率的描述性统计结果;表7-2报告了银行业和房地产业内部和行业间全周期风险传染概率的估计结果,不难看出,行业内部的风险传染概率明显高于行业间的传染性风险,银行业内部的传染性概率最高达到77%,最低也达到58%,房地产业内部的传染性概率略低于银行业内部,最高达到62%,最低为35%。究其原因,这和银行业间更为紧密的债务关系以及更为复杂的信息不对称情况有关。由于银行同业拆借市场的存在使得银行间资金债务往来相比房地产行业更为频繁;而且银行业的特殊性以及在国民经济中起到的复杂作用,使其信息不对称现象更为严重,噪声信息也更多。

但本章更为关注的是风险在行业间传染的情况,行业间风险的传播往往对国民经济造成更为严重的影响后果。从表7-2可见两个行业间的风险传染概率也处于较高的水平,即使是最低的 CCC(conditional-co-crash)概率也达到了23%,最高的概率则高达53%,两个行业间风险发生传染的概率均值为45%左右。由此可以推断银行业和房地产业间存在着较大的风险传染可能性,为本章进一步分析风险传染的成因奠定了基础。

表7-2　个股传染性风险概率估计(全周期)(%)

	银行业						地产业							
	深发展 A	浦发银行	华夏银行	民生银行	招商银行	万科	银基发展	广宇发展	深振业	新湖中宝	金融街	海德股份	中粮地产	世荣兆业
银行业														
深发展 A	100	70	62	58	63	50	40	27	40	38	53	38	37	32
浦发银行	70	100	72	67	77	52	33	32	37	30	48	32	33	23
华夏银行	62	72	100	67	68	50	45	32	32	48	33	40	25
民生银行	58	67	67	100	65	53	42	32	40	35	50	37	38	28
招商银行	63	77	68	65	100	48	35	35	38	25	43	33	35	30
地产业														
万科	50	52	50	53	48	100	50	40	55	40	62	45	55	37
银基发展	40	33	45	42	35	50	100	47	53	52	50	55	52	43
广宇发展	27	32	32	32	30	47	100	42	45	42	55	45	37
深振业	40	37	38	40	38	55	53	42	100	50	50	50	52	43

（续表）

	银行业						地产业						
	深发展A	浦发银行	华夏银行	民生银行	招商银行	万科	银基发展	广宇发展	深振业	新湖中宝	金融街	海德股份	中粮地产	世荣兆业
地产业													
新湖中宝	38	30	32	35	25	40	52	45	50	100	47	50	47	47
金融街	53	48	48	50	43	62	50	42	50	47	100	43	57	35
海德股份	38	32	33	37	33	45	55	55	50	50	43	100	48	43
中粮地产	37	33	40	38	35	55	55	45	52	47	57	48	100	45
世荣兆业	32	23	25	28	30	37	43	37	43	47	35	43	45	100

注:表7-2汇报了根据等式(7.8)计算的全周期CCC概率,其中 λ 取1,k 取60。

7.4.2 债务关系与风险传染概率

在对行业间传染性风险测度的基础上,本章对债务关系对传染性风险的影响进行检验。首先,从表7-3对房地产企业负债和风险传染性大小的相关性检验中可以看出,与银行间债务关系紧密的房地产公司发生风险传染的概率相对较大,而负债较少的公司风险发生传染的概率相对较小,二者之间的相关性在10%的水平下显著。这一结论支持了第一个假设,即银行和房地产业间存在着较高的风险传染水平。机构间的债务关系越紧密,其发生风险传染的概率也越大。

更进一步,本章利用资产负债率分组的组均值收益调整后的未来预期收益,再一次对两个行业间风险发生传染的概率进行了测度,以检验债务关系对风险传染的影响情况。从表7-4的结果可见,在控制了债务关系后,机构间发生风险传染的概率明显降低,与表7-2中的结果对照可见,机构间最高的风险传染概率从调整前的53%降低到了13%,最低概率从23%降为2%,其中与银行间传染性风险发生概率最大的万科地产,其与5家银行风险传染的平均概率从50.6%下降为6%,降幅达到88.1%,而与银行业传染性风险相对较小的世荣兆业的平均风险传染概率也从27.6%下降为5.4%,降幅为80.4%。同样与房地产业传染性风险最大的深发展A和民生银行,其风险传染概率也分别从调整前的39.4%下降为调整后的6%

和 6.3%,降幅分别达到 84.8% 和 83.9%。并且大部分机构间的风险传染概率都小于 10%,处于较低的水平。这一结果也从另一方面证实了隋聪等(2014)所构建的网络结构对银行系统性风险影响的理论模型是有效的。网络结构确实是影响系统性风险的重要因素,通过控制网络结构的复杂度,降低网络的关联度,可以有效地降低风险的传染性。

表7-3 房地产企业负债与发生风险传染的相关性检验(全周期)

	万科	银基发展	广宇发展	深振业	新湖中宝	金融街	海德股份	中粮地产	世荣兆业
负债(亿元)	956	15	20	39	115	196	1	68	5
负债排序	1	7	6	5	3	2	9	4	8
风险排序	1	3	8	4	7	2	6	5	9
Kendall相关性	0.444	显著性	0.095*						

表7-4 控制债务关系后个股传染性风险概率估计(全周期)(%)

	深发展 A	浦发银行	华夏银行	民生银行	招商银行
万科	2	13	5	2	8
银基发展	8	8	7	2	2
广宇发展	2	2	12	13	10
深振业	7	8	7	7	7
新湖中宝	13	3	10	10	7
金融街	5	7	5	10	13
海德股份	2	5	3	3	3
中粮地产	7	5	10	2	7
世荣兆业	8	3	3	8	5

注:表7-4汇报了全周期 CCC 概率,其中,λ 取 1,k 取 60。

表7-5汇报了两个行业间发生传染的概率均值在调整债务关系前后的变化情况,在调整债务关系之前,两行业间的平均风险传染概率为 45%,而调整之后,风险传染概率下降了 85.8%,降到了 6.41% 的水平,并且调整前后的差异在 1% 的水平上显著,说明在控制了行业间的债务关联后,风险传染概率出现了显著下降。

表7-5　调整前后机构间风险传染概率变化情况(%)

调整前	调整后	Mann—Whitney U
45	6.41	0.0***

注:表7-5反映了调整前后行业内部以及行业之间CCC概率的平均值,并汇报了U检验的结果,比较了调整前后CCC概率变化的显著性。* 表示在10%的水平下显著;＊＊表示在5%的水平下显著;＊＊＊表示在1%的水平下显著。

表7-6是调整债务关系后,房地产企业负债和风险传染性大小的相关性分析。在控制了机构间的债务之后,不仅企业负债水平与风险传染可能性大小的相关性有所下降,而且两者间的相关关系也不再显著。进一步分析可见,与表7-3结果相比,机构间发生风险传染的可能性排序发生了明显变化,不再与企业债务高低的程度挂钩,各机构发生风险传染的概率在数值上也没有表现出明显的差异。

表7-6　调整后的房地产企业负债与发生风险传染的相关性检验(全周期)

	万科	银基发展	广宇发展	深振业	新湖中宝	金融街	海德股份	中粮地产	世荣兆业
风险的传染性	6	5	8	7	9	8	3	6	6
风险大小排序	5	8	2	4	1	2	9	5	5
债务紧密度排序	1	7	6	5	3	2	9	4	8
Kendall 相关性	0.412	显著性	0.134						

综上分析可得,机构间的债务关系是影响风险传染的重要因素,在控制机构间的债务关联之后,风险在行业间发生传染的概率明显降低,并且各机构发生风险传染水平的差异性也显著下降,差异并不明显。上述分析也支持了本章的第二个假设,即机构间的债务关系是影响机构间风险传染的重要因素,在控制了机构间的债务关系后,风险发生传染的概率会显著降低。

7.5　投资者行为与风险传染

为了检验在我国市场上,由于信息不对称导致的投资者行为是否是除债务关系外另一个影响风险传染的主要因素,本章对银行业与房地产业间风险传染的成因展开了进一步的分析。由前文的检验我们得出房地产企业自身发生风险的可能性要大于银行业,因此在本节主要检验了由房地产企业的危机导致投资者行为的变化,进而引发两行业系统间传染的情况。图 7 - 2 为百度指数 2006 年 6 月到 2012 年 4 月间对于房地产和银行这两个关键词的用户关注度和媒体关注度数据[1],如图 7 - 2 所示,无论是用户还是媒体对于房地产和银行关注度的变动趋势都基本一致。这从宏观角度说明了投资者对于这两个行业的关注度具有联动性,正是因为这种关注联动性带来了房地产业和银行业之间风险传递的可能性。

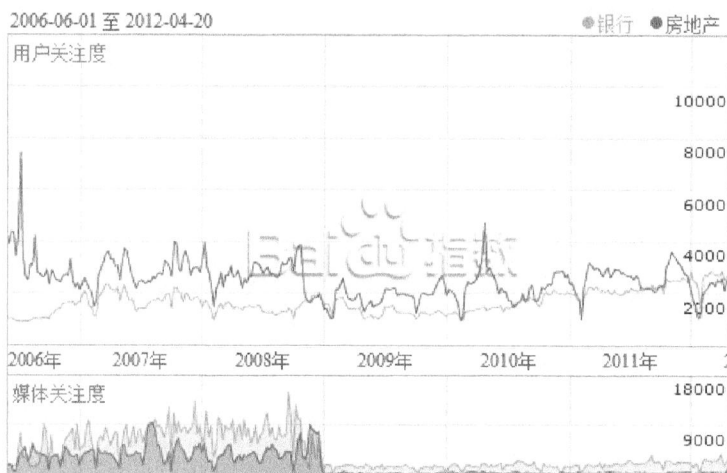

图 7 - 2 投资者和媒体对房地产和银行业的关注度趋势图

因此本节在考虑宏观政策等因素后进一步细化时间区段以分析房地产以及银行业间信息不对称带来的风险传染。图 7 - 3 为国家统计局编制的国房景气指数[2],这一指数的计算包含了土地、资金、价格、市场需求等 8 个方面的内容,是反映我国房地产市场景气情况最权威的指数。从指数可见,从 2005 年 1 月 31 日至 2011 年 12 月 31 日 7 年间我国的房地产市场经历了两次剧烈的波动。2007 年 12 月至 2009 年 3 月,以及 2010 年 4 月至 2011 年 12 月国房景气指数都出现了大幅下行,从这两个区间段对应的宏观政策来看,2007 年底至 2009 年初,关于房地产调控的"国六条"政策效果

---

[1]　由于百度指数只能获得 2006 年 1 月 1 日之后的数据,因此对于 2006 年之前的用户关注度和媒体关注度数据本章没有报告。

[2]　数据来源:国家统计局。

逐步显现,配合从紧的货币政策和金融危机的影响,房地产投资迅速减少,国际热钱纷纷撤出,房地产市场进入观望状态,成交量日减,房价也有所下降;而 2010 年开始随着"国十一条","国十条"、"新国八条"和房产税征收试点启动等一系列房地产市场调控政策和税收政策的出台,房地产市场再次从过热态势转入了观望和下行的区间,加之信贷市场的收紧,房产公司资金链紧张,各地商品房房价都逐步出现松动、下调。

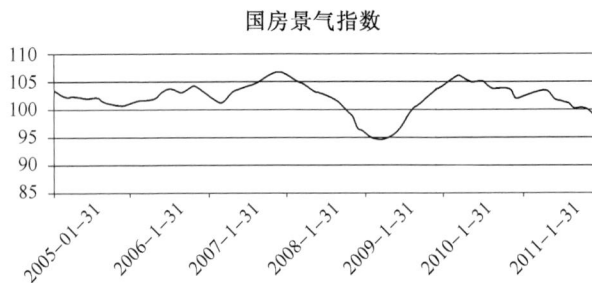

图 7-3 国房景气指数

基于这样的背景,为了检验负向的冲击是否会通过投资者行为影响风险的传染,本节以 2007 年 12 月至 2009 年 3 月,以及 2010 年 4 月至 2011 年 12 月这两个时间段作为负向冲击的时间段,并采用与前一节同样的方法对机构间的债务关系进行了控制,以考察在负面冲击下,投资者行为的变化是否会导致系统间风险发生传染的概率变动,从而检验本章的第三个假设。

从表 7-7 的结果可以看出,在不同的时间段,系统间风险发生传染的概率有明显的差异。在市场相对平稳的第一段区间内(2005 年 1 月 1 日至 2007 年 11 月 30 日),风险传染的概率相对较低,而在市场大起大落的后三个时间区段内(2007 年 12 月 1 日至 2011 年 12 月 31 日),风险传染的概率则有着明显的变动。表 7-8 的结果更清晰地反映了风险传染概率的变动情况,在第一个负向冲击的时段内(2007 年 12 月 1 日至 2009 年 3 月 31 日),系统间风险传染发生的概率明显上升,并且在 1% 的水平下显著;然而在紧接着的正向冲击时段内(2009 年 4 月 1 日至 2010 年 3 月 31 日),CCC 概率并没有下降,反而上升了,Mann-Whitney 检验结果也表明这一上升的趋势在 5% 的水平下显著,在第二段负向冲击时间段内(2010 年 4 月 1 日至 2011 年 12 月 31 日),风险传染的水平也没有如预期一样上升,而是下降了,并在 1% 的水平下显著。

表 7 - 7　银行与房地产业间风险传染性分段检验结果

2005 - 01 - 01 至 2007 - 11 - 31	深发展 A	浦发银行	华夏银行	民生银行	招商银行	2009 - 04 - 01 至 2010 - 03 - 31	深发展 A	浦发银行	华夏银行	民生银行	招商银行
万科	7	13	5	5	15	万科	13	11	9	7	13
银基发展	11	9	9	9	4	银基发展	13	18	24	29	20
广宇发展	11	5	16	13	7	广宇发展	13	13	20	20	20
深振业	13	18	9	9	15	深振业	18	13	16	20	11
新湖中宝	20	5	11	18	9	新湖中宝	22	24	24	20	16
金融街	5	7	7	15	22	金融街	13	18	16	24	11
海德股份	11	15	5	5	5	海德股份	11	20	16	22	16
中粮地产	7	9	11	7	9	中粮地产	20	16	18	20	18
世荣兆业	9	11	7	13	7	世荣兆业	16	20	20	29	11
2007 - 12 - 01 至 2009 - 03 - 31						2010 - 04 - 01 至 2011 - 12 - 31					
万科	7	31	9	4	13	万科	14	8	12	10	22
银基发展	4	11	13	20	11	银基发展	14	10	14	10	22
广宇发展	11	7	18	20	11	广宇发展	12	12	16	24	12
深振业	13	11	13	9	16	深振业	8	22	12	14	14
新湖中宝	9	13	27	13	20	新湖中宝	10	12	14	8	14
金融街	18	22	11	2	16	金融街	14	10	12	4	6
海德股份	16	7	18	20	16	海德股份	10	10	14	8	8
中粮地产	24	27	18	4	11	中粮地产	18	12	6	12	16
世荣兆业	18	18	9	16	22	世荣兆业	12	24	12	26	10

注:表 7 - 7 反映了个股之间全周期、危机前、危机后的 CCC 概率情况,其中 λ 取 1,k 在四个时间段分别取 55、45、45、50。

表 7 - 8　不同时期银行与房地产业间平均风险传染性估计

	2005 - 01 - 01 至 2007 - 11 - 31	2007 - 12 - 01 至 2009 - 03 - 31	2009 - 04 - 01 至 2010 - 03 - 31	2010 - 04 - 01 至 2011 - 12 - 31	U检验（第一段）	U检验（第二段）	U检验（第三段）
银行-房地产公司	10	14	17	13	597*** ($n1=$ $n2=45$)	704.5** ($n1=$ $n2=45$)	524*** ($n1=$ $n2=45$)

注:表 7 - 8 反映了在四个时间段行业内部以及行业之间 CCC 概率的平均值,并汇报了 U 检验的结果,比较了各时间段间 CCC 概率变化的显著性。* 表示在 10%的水平下显著;** 表示在 5%的水平下显著;*** 表示在 1%的水平下显著。

对于这一结果,本节的解释认为,虽然根据国房景气指数划分的时间区段对房地产业来说是一个单纯的负向或正向的信号,但是对投资者来说这些信号的影响方向可能是相反的或是双向的。结合国家宏观政策我们可以发现,在第一段负向信号区间内,景气指数的下降主要是由于外资的撤离、货币政策收紧、对投机性购房的限制等因素造成的,这些因素对于投资者风险预期的影响是负面的,因此风险的传染性上升了。而在第二段负向区间内,各种政策的出台不仅仅关注了对房价和投机性购房需求的控制,打压了房地产泡沫,更关注了银行自身的房地产信贷风险,并采取了一系列措施,诸如控制房地产贷款数量、调整银行资产组合、进行压力测试、提高银行拨备覆盖率等来降低银行和房地产业之间的关联度,对银行的风险进行控制。同时国家也从金融、实体经济等多个层面采取大量措施对系统性风险进行有效预防和控制,加强了信息披露水平和力度,因此这一个负向信号的区间段对投资者风险预期的影响可能就是双向的,而市场实际的检验结果表明,投资者对于这一系列措施的反应是积极的,并没有将此次房地产市场下行视为一个单纯的负向信号。同理,在 2009 年初到 2010 年初的市场上行区间内,虽然表面上看是一个正向的信号,但由于投资者对房地产泡沫及银行房地产不良贷款率的关注和担忧,可能更多地将这一景气的行情视为行业风险的一个负向信号,从而导致了风险发生传染的概率上升。

这一研究发现与苏海军和欧阳红兵(2013)关于市场参与者行为不确定性会对市场间的相关性产生影响的结论是相吻合的。根据 Calvo and Mendoza(2000)、Dungey et al.(2010)等的研究,由于信息不对称的存在,当某个系统中某个机构遭遇负面冲击或是市场上出现噪声信息时,投资者容易产生羊群行为、投资者全体安全性转移行为等,从而导致相关系统内的其他机构(即使是好的机构)也遭遇冲击,引发风险的传染。实证结果发现,投资者行为受到房地产企业的危机以及市场面信息的冲击而引起变化,进而导致了两个行业系统间风险的传染。

为进一步验证上述解释,本章利用百度高级搜索搜集了 2005 年 1 月 1 日至 2011 年 12 月 31 日间同时包含"银行"、"房地产"及"风险"三个关键词的所有新闻报道数量(见表 7-9)。根据有限关注和信息不对称理论,媒体关注是影响投资者行为,尤其是那些获取信息成本较高的个人投资者预期及行为的主要因素。因此,媒体关注比国房景气指数更真实地反映了信号对投资者预期的影响情况。对这三个关键词的日均搜索量越高,表明投资者对银行和房地产业间的风险越为关注,反映了投资者的担忧。从表 7-9 中可见,在第二、第三个时间区段内(2007 年 12 月 1 日至 2010 年 3 月 31 日)搜索量是增加的,而在最后一个区段内(2010 年 4 月 1 日至 2011 年 12 月 31 日),搜索量是降低的,这一数据结果与我们对国房景气指数信号影响真实方向的分析一致,也与两个行业间分阶段测度的风险传染概率的变化趋势相吻合,从某种程度上验证了本章对表 7-8 结果的解释。

表 7-9　媒体对银行和房地产业风险关注度统计

	2005-01-01 至 2007-11-30	2007-12-01 至 2009-03-31	2009-04-01 至 2010-03-31	2010-04-01 至 2011-12-31
新闻搜索总量	641 000	428 000	2 250 000	2 450 000
天数	1 064	487	365	640
平均日搜索量	602	879	6 164	3 828

数据来源:百度高级搜索。

当然其他可能的解释也包括:由于银行业本身的风险对系统间传染性风险也会有一定的贡献,导致结果与预期的不一致,对于这些解释,还有待在未来的研究中深入探讨。

综上分析,本章认为,从投资者视角可见,在冲击下,由于信息不对称引发的投资者行为会对系统间风险的传染产生影响,从而证实了本章的第三个假设。不过与传统研究结论的不同在于,本章认为冲击影响的方向与冲击对个体机构的影响方向并没有直接关系,而与投资者在冲击下形成的对整个市场未来风险的预期有关。由于信息不对称的存在,当投资者觉察到冲击时,无法有效地识别冲击对每一个个体机构的影响,但可以判断冲击对整个系统未来风险的影响,从而更新其对整个系统未来风险的预期,当投资者认为冲击虽有阵痛,但有助于系统未来的发展时,这一冲击将不会引发诸如投资者羊群行为等反应,从而不会增加风险传染的概率,而当投资者认为冲击对整个系统的影响是负面时,会引起投资者的反应,大大增加风险传染的概率。

7.6 结论与政策建议

本章在系统归纳梳理风险发生传染的理论和模型基础上,利用基于极值理论的风险传染测度结果,分别从债务关系和信息不对称视角下的投资者行为两个方面对风险发生传染的原因进行了检验,实证结果对风险传染成因的理论进行了补充。首先,我国房地产业和银行业间存在着较大的风险传染概率,高于一般行业与银行业间的风险传染概率;其次,风险传染性的高低与机构间债务关联的紧密度有正相关关系,债务关系越紧密,风险发生传染的概率越大,当控制了机构间的债务关系后,我们可以发现风险传染的概率显著减小了;再次,系统间风险发生传染的概率与投资者的行为也有一定的联系,在信息不对称存在的前提下,当市场内的机构或市场本身面临负向冲击后,如果冲击提升了投资者对系统的风险预期,则会增大风险传染的概率,如果冲击降低了投资者对系统的风险预期,则风险传染的概率会相应减小。

据此提出了相应政策建议:首先,尽管我国尚未出现由于风险传染导致系统崩溃的事件,但是并不代表风险传染不会发生,监管部门应重视诸如银行和房地产等重要行业间风险传染性的监管,改善金融交易的支付清算体系,加强对系统重要机构的监管,规范并分散机构间的债务关联。其次,从对个体机构监管的角度来看,要着重加强对房地产企业的监管,注意控制房地产市场泡沫,对重要房地产机构的流动性和资产负债率要实行更严格的监控,鼓励房地产企业多元化业务收入渠道。同时,对银行应实施更严格的资本和流动性监管标准,通过分散化银行资产组合、增加资本金、拨备等措施增强银行吸收损失的能力,提高监管强度和有效性。再次,从投资者行为引导的角度出发,要加强信息披露,减小机构与投资者之间的信息不对称现象,在出台防控风险的监管政策时要从整个系统的视角出发,关注政策措施对整个系统风险的影响,而不能只从单一机构的视角采取行动,要加强投资者教育和投资者情绪的引导,以免投资者的反应加剧风险传染的后果。

　　本章的意义在于不仅首次对我国银行业和房地产业间的风险传染性进行了有效测度,更重要的意义在于对风险传染的成因进行了深入的分析,对由债务关系和投资者行为引发的风险传染的相关理论进行了补充和解释,这些结论不仅对我国房地产和银行业间的风险提出了警示,也为监管部门采取更有效的手段监管风险传染提供了建议。

第 3 篇
金融市场参与主体行为与金融安全

本篇主要运用计量实证分析和计算实验方法对金融市场参与主体投资策略与行为展开微观层面的研究。首先,基于 VaR 模型研究个体投资者投资策略和行为;其次,基于计量实证研究分析师行为及其影响;再次,基于计算实验分析股票市场羊群行为机理及其影响,在此基础上进一步研究了协同羊群行为与市场波动;最后基于计量实证分析探讨机构投资者与市场稳定之间的关系。通过以上研究,从微观层面分析市场参与主体的行为决策对股价及市场波动产生的影响。

第8章 投资者投资策略稳定性及动态演化*

本章首先运用传统的建模与计量分析技术对资本市场上不同主体的个体投资交易策略和行为进行了刻画,研究了其投资策略的稳定性及其演化规律,不同策略投资者的生存分析,异质性投资者投资策略间学习、反馈及聚合的动态演化机制。

8.1 问题的提出

据 Wind 资讯统计,截至 2007 年 12 月 31 日,58 家基金公司管理的基金资产净值(不包括 QDII 基金产品)达 31 997.4 亿,较 2006 年底同比增长 263.88%;基金份额达 21 252.35 亿份,较 2006 年底同比增长 235.54%,机构对资本市场的影响也日益增大。然而基于我们的研究发现,机构投资者的发展规模对中国目前市场的影响力依然比较有限。从日内交易数据看,两类机构投资者对市场的影响究竟有多大? 两类机构投资者之间、机构投资者与散户中的大户、中户、小户投资者的交易是否存在相关关系? 不同类型投资者是否采取不同交易策略? 谁是市场上的知情交易者? 这些都是值得研究的问题。具体需要回答以下两个问题。

(1) 机构投资者是知情交易者吗?

根据投资者所掌握信息的不同,一般将其分为知情交易者(informed trader)和噪音交易者(noise trader),其中知情交易者拥有不为他人所知的私有信息,而噪音交易者拥有市场上的公开信息,同时知道市场上存在一部分知情交易者(Bagehot,1971)。已有研究发现,市场中总有一部分机构投资者较一般投资者更容易拥有内幕信息,并且对信息具有分辨好坏的能力,

* 本章主体内容发表于《证券市场导报》2010 年 11 月号,作者为肖斌卿、王强松。著者感谢《证券市场导报》允许使用此论文。

当他们进场买入时,代表拥有利好的内幕消息,而进行抛售时,则代表持有利坏的内幕消息(Easley and O'Hara, 1992)。例如,在对 1990 年 11 月至 1991 年 1 月纽交所上涨幅度超过 5% 的 97 只股票进行研究后,Chakravarty(2001)发现机构投资者买卖造成股价异常波动较一般投资者来得显著,因此,机构投资者可能是知情交易者,而个人投资者更可能是噪音交易者。

施东辉和陈启欢(2004)在对中国证券市场内幕信息、机构投资者是否可能属于知情交易者等问题进行分析时认为,由于中国市场发育不成熟,监管手段缺乏及执法力度不够,上市公司信息披露不规范,证券公司和各类投资公司等机构往往事先获得信息并进行内幕交易,而且个体投资者由于受到自身原因限制也往往无法及时获取并处理相关信息,中国股市存在较为严重的信息不对称,大的机构投资者更可能成为知情交易者,拥有充足的公开信息甚至是内幕信息,而个体投资者则成为噪音交易者,缺乏或仅拥有较少的信息。

(2) 机构投资者与 A 类账户各类投资者相比是否采用不同交易策略?

施东辉和陈启欢(2004)总结了目前学术界关于信息不对称下投资者交易策略的三种理论解释:一是竞争性均衡理论(Debreu, 1959; Lintner, 1969),认为投资者在做交易决策时主要根据私有信息,而不是从股票市场价格中推断的其他信息,因此投资者将采用基础策略;二是完全理性预期理论或有效市场假说(Fama, 1970; Grossman, 1976),认为股票价格完全反映了所有的相关信息,因此投资者将根据股价进行投资决策,即采用趋势策略;三是噪音理性预期均衡理论(Grossman and Stiglitz, 1980; Kyle, 1985; Glosten and Milgrom, 1985),认为噪音交易者使得股价无法反映所有信息,因此投资者将根据私有信息和市场价格进行投资决策。

进而,施东辉和陈启欢(2004)分析了中国股市,认为机构和大户更可能扮演知情交易者角色,且知情交易者之间可能会出现羊群行为,观察、推断并模仿别人的买卖行为。在信息不完全和不确定条件下,作为噪音交易者的散户通过观察交易活动和价格变化,从中推断知情交易者掌握的私有信息,他们将股价上涨(下跌)看成知情交易者所为,进而买(卖)股票。在这种情况下,小投资者将遵循正反馈交易策略(positive-feedback trading strategy),即采取"追涨杀跌"策略。

施东辉和陈启欢(2004)进而通过运用上交所高频交易数据(high-frequency data),选择2000年末流通市值最大的30只股票为研究对象,对上述两个问题进行了研究。研究发现,大户是最有影响力的投资者,其交易行为不仅会影响随后的股价涨跌,也会影响到散户的交易策略,因此这些大户是上海股市中的知情交易者;散户在扮演噪音交易者角色,其大量交易为大户和机构提供了流动性;机构并不采取趋势交易策略,但在交易行为上有一定程度的羊群行为,其知情程度介于大户和散户之间。本章研究与他们研究存在的差异主要在于:① 投资者分类上的差异,他们主要考察了上海股市大户、散户和机构三类投资者,本章将研究对象设定为个体投资者(A类账户)账户中的大户、中户和小户(分别定义为large类账户、middle类账户、small类账户),将机构分为B类机构投资者和D类机构投资者①;② 研究对象上的差异,他们选择了30只股票为研究对象,考察12个交易日内各类投资者的买卖不平衡对股票收益的影响以及三类投资者交易的相关关系,而本章主要考察股市大跌当日(仅考察"5·30"当天)机构投资者交易行为的影响,主要分析机构和其他类投资者对日内上证综指收益率的影响。

研究安排如下,首先是实证检验方法和实证模型以及数据来源,进而是实证分析和讨论,最后是研究总结。

8.2　实证检验方法与实证模型

8.2.1　研究变量定义

各类投资者5分钟分时买卖订单,记为 XO_t ($X=L,M,S,B,D$,分别代表large类账户、middle类账户、small类账户、B类账户和D类账户):

$$XO_t=Order\_Buy_t-Order\_Sell_t$$

其中,$Order\_Buy_t$ 为各类投资者在第 T 时刻($T=1,2,3,\cdots,48,49$,分

---

① 根据研究需要和上交所投资者下单库和交易库数据,我们将A类投资者划分为三类:large账户、middle账户和small账户,并分别称之为大户、中户、小户。根据订单库中其下单量,A类投资者只要其有一笔下单量≥10 000股(下单量的95%分位数),则将这个账户定义为large;只要有一笔下单量≥1 000股(下单量的50%分位数)且其所有下单量不能大于9 999股,则这类账户为middle;剩下的划入small。

别代表大跌当日9：30,9：35,9：40,…,14：55,15：00)前五分钟内的委买量,$Order\_Sell_t$ 为第 i 类账户投资者在第 t 时刻内的委卖量。

上证综指收益率,记为 R_t:

$$R_t = (P_t - P_0)/P_0$$

其中,P_t 表示在第 T 时刻($T=1,2,3,…,48,49$,分别代表大跌当日9：30,9：35,9：40,…,14：55,15：00)上证综指收盘价,P_0 为前一天上证综指收盘价。

8.2.2 实证模型的构建

为了考察机构投资者的买卖订单对上证综指收益率的影响以及对其他类投资者的影响,我们参考施东辉和陈启欢(2004)构建如下向量自回归模型(VaR)。如下处理主要考虑到,如果一组变量之间是相互作用的,具有真实的联立性,那么就应该将这些变量均视为内生变量(Chowdhury, 1993)。

$$R_t = \alpha_0 + \alpha_1 R_{t-1} + \alpha_2 R_{t-2} + \alpha_3 BO_{t-1} + \alpha_4 BO_{t-2} + \alpha_5 DO_{t-1} + \alpha_6 DO_{t-2}$$
$$+ \alpha_7 LO_{t-1} + \alpha_8 LO_{t-2} + \alpha_9 MO_{t-1} + \alpha_{10} MO_{t-2} + \alpha_{11} SO_{t-1} + \alpha_{12} SO_{t-2} + \varepsilon_{R_t}$$

$$(8.1)$$

$$BO_t = b_0 + b_1 R_{t-1} + b_2 R_{t-2} + b_3 BO_{t-1} + b_4 BO_{t-2} + b_5 DO_{t-1} + b_6 DO_{t-2}$$
$$+ b_7 LO_{t-1} + b_8 LO_{t-2} + b_9 MO_{t-1} + b_{10} MO_{t-2} + b_{11} SO_{t-1} + b_{12} SO_{t-2} + \varepsilon_{B_t}$$

$$(8.2)$$

$$DO_t = c_0 + c_1 R_{t-1} + c_2 R_{t-2} + c_3 BO_{t-1} + c_4 BO_{t-2} + c_5 DO_{t-1} + c_6 DO_{t-2}$$
$$+ c_7 LO_{t-1} + c_8 LO_{t-2} + c_9 MO_{t-1} + c_{10} MO_{t-2} + c_{11} SO_{t-1} + c_{12} SO_{t-2} + \varepsilon_{D_t}$$

$$(8.3)$$

$$LO_t = d_0 + d_1 R_{t-1} + d_2 R_{t-2} + d_3 BO_{t-1} + d_4 BO_{t-2} + d_5 DO_{t-1} + d_6 DO_{t-2}$$
$$+ d_7 LO_{t-1} + d_8 LO_{t-2} + d_9 MO_{t-1} + d_{10} MO_{t-2} + d_{11} SO_{t-1} + d_{12} SO_{t-2} + \varepsilon_{L_t}$$

$$(8.4)$$

$$MO_t = e_0 + e_1 R_{t-1} + e_2 R_{t-2} + e_3 BO_{t-1} + e_4 BO_{t-2} + e_5 DO_{t-1} + e_6 DO_{t-2}$$
$$+ e_7 LO_{t-1} + e_8 LO_{t-2} + e_9 MO_{t-1} + e_{10} MO_{t-2} + e_{11} SO_{t-1} + e_{12} SO_{t-2} + \varepsilon_{M_t}$$

$$(8.5)$$

$$SO_t = f_0 + f_1 R_{t-1} + f_2 R_{t-2} + f_3 BO_{t-1} + f_4 BO_{t-2} + f_5 DO_{t-1} + f_6 DO_{t-2}$$
$$+ f_7 LO_{t-1} + f_8 LO_{t-2} + f_9 MO_{t-1} + f_{10} MO_{t-2} + f_{11} SO_{t-1} + f_{12} SO_{t-2} + \varepsilon_{S_t}$$

$$(8.6)$$

根据 Akaike 信息准则(AIC),确定 2 阶的滞后期数可以较完整地反映模型的动态特征,因此,我们同样在回归模型中分别引入两期滞后值作为回归变量。这样模型具有两个优点(施东辉和陈启欢,2004):一是右边没有非滞后内生变量,而每个方程右边的变量又都是相同的,使用 OLS 可以得到一致无偏估计;二是通过对每个方程进行回归,可以检验机构及其他投资者与股指收益率变化的相互影响关系。

8.2.3 数据来源

本章数据取自上海证券市场交易账户的实际交易数据(包括逐笔申报数据库)和天相数据库中上证综指数据。其中,申报数据库包含投资者委托的申报编号、申报日期、申报时间、证券代码、股东代码、买卖方向、申报价格、申报数量、申报余额、成交标识、申报席位等 11 个字段的信息。样本为 2007 年 5 月 30 日当天数据。

8.3 实证检验结果与讨论

表 8-1 是上述五个方程的实证结果。方程(8.1)以估计收益率 R_t 为独立变量,从回归结果来看,在 30 个样本股票中,a_5、a_6、a_7 和 a_8 的回归值显著为正,这表明,D 类投资者和 large 类账户投资者的买(卖)将对随后 5 分钟的股价涨(跌)具有显著影响。a_4 的回归值显著为负,a_3 的回归值也为负,但并不显著,可见 B 类机构投资者的卖(买)对股价涨(跌)的影响相对较弱。而 a_9 和 a_{10} 的回归值均不显著,显示 middle 类账户投资者的买(卖)对股价涨(跌)几乎没有什么影响。a_{11} 的回归值显著为正,a_{12} 的回归值为也为正,但并不显著,可见大量买入卖出交易的 small 类投资者的买(卖)对股价涨(跌)影响较弱。这些分析结果显示,D 类机构投资者和 large 类账户投资者在上海股市中扮演了知情交易者的角色,而散户更多的是作为噪音交易者出现的,这与施东辉和陈启欢(2004)的研究基本是一致的。此外,从表 8-1 中还可以发现,a_1 和 a_2 的回归值显著为正,显示股价具有强烈的自相关性,表明上证综指收益率具有一定的惯性。R^2 的值高达为 99.5%,表明模型(8.1)对股价具有很好的预测性。

方程(8.2)以 B 类机构的净买入 BO_t 为独立变量,表 8-1 表明,b_3 和

b_4 的回归值均不显著,表明 B 类机构本身前期交易对其当期交易没有显著影响。但 b_6 的回归值显著为正,这表明 D 类机构投资者前期交易对 B 类投资者具有较强烈的影响,这表明不同机构之间可能存在羊群效应,即:某些机构的买入(卖出)(如 D 类机构投资者)将导致其他机构(如 B 类机构投资者)采取同样的买入(卖出)行动。这可能是因为投资机构相互之间更多地了解同行的买卖情况,并且具有较高的信息推断能力,其具有的学习与模仿特征使众多机构的买卖行为具有一定的趋向性,进而有可能削弱基本因素对股价形成的影响(施东辉和陈启欢,2004)。b_9 的回归值显著为负,这表明 middle 类投资者前期买卖可能会导致 B 类投资者采取相反的交易策略。此外,b_7 和 b_8、b_{11} 和 b_{12} 的回归值均不显著,表明前期大户和 small 类账户投资者的交易对 B 类机构随后的交易并无显著影响。此外,b_1 和 b_2 的回归值均不显著,表明前期股价涨跌并不影响后期 B 类机构的交易行为,这意味着对大多数股票而言,B 类机构既不采取正反馈交易策略,也不采取负反馈交易策略。方程(8.2)的 R^2 达到 30.6%,表明向量自回归模型能较好解释 B 类机构投资者的交易行为。

方程(8.3)以 D 类机构的净买入 DO_t 为独立变量,表 8 − 1 表明,c_6 的回归值显著为正,表明 D 类机构交易具有强烈的正向自相关性,即:某些 D 类机构的买入(卖出)将导致其他 D 类机构采取同样的买入(卖出)行动,表明 D 类机构内部也具有一定程度的羊群行为。c_3 和 c_4 的回归值均不显著,表明前期 B 类机构投资者的交易对 D 类机构随后的交易并无显著影响。c_7 和 c_{11} 的回归值显著为正,这表明大户和小户的前期交易会对 D 类机构的交易策略产生影响,机构会采取与前期一致的方向进行交易。这表明 D 类机构对市场中大户和小散户的交易较为关注,并会根据大户的交易情况采取行动。而 c_9 的回归值显著为负,表明 middle 类投资者的前期交易行为也会对 D 类投资者产生影响,根据其交易方向,D 类投资者可能会采取反向交易策略。此外,c_1 和 c_2 的回归值显著,但二者符号相反,表明前期股价涨跌会影响后期 D 类机构的交易行为,短期影响而言,D 类机构采取负反馈交易策略,较长期看 D 类机构会采取正反馈交易策略。方程(8.3)的 R^2 达到 51.1%,表明向量自回归模型能较好解释 D 类机构投资者的交易行为。

方程(8.4)以 Large 类账户投资者的净买入 LO_t 为独立变量,从表

8-1 可以发现,large 类账户投资者的交易行为与 B 类机构、middle 类、small 类账户以及 large 类账户投资者本身前期的交易行为并无显著关系。d_1 和 d_2 的回归值均不显著,表明 large 类账户投资者并没有采取正或负反馈交易策略。但 d_6 的回归值显著为正,表明 large 类账户投资者也在关注 D 类机构投资者的交易策略,并根据其前期买(卖)行为同样采取买(卖)行为,这也表明 D 类机构投资者对 large 类账户投资者的交易有一定影响。方程(8.4)的 R^2 达到 22.7%,表明向量自回归模型能较好解释 large 类账户投资者的交易行为。

方程(8.5)、(8.6)以 middle 类和 small 类账户投资者的净买入 MO_t、SO_t 为独立变量,从表 8-1 可以发现,e_{11} 和 f_{12} 的回归值显著为正,表明作为散户的 middle 类账户和 small 类账户投资者的买卖具有学习和模仿特征,某些散户的买卖会促使其他散户采取相似的买卖决策,使其买卖行为产生正向自相关性。e_6 和 f_6 的回归值显著为正,这表明 D 类机构前期买入(卖出)委托时,散户会采取同方向的交易策略。但,f_7 的回归值显著为负,表明当大户(large 类账户投资者)发出买入(卖出)委托时,小散户将在随后的时间内发出卖出(买入)委托,因此,散户为大户提供了流动性。施东辉和陈启欢(2004)认为,在报价驱动市场中,做市商负责提供交易流动性,其收益即为卖出报价和买入报价的价差(bid-ask spread);但上海股市采用竞价交易机制,散户提供的流动性服务是无偿的,因此散户的交易动机可能来自其存在的认知偏差和不完全理性。散户往往过于相信自己的判断能力,高估自己成功的机会,认为自己能够"把握"市场,把成功归功于自己的能力,而低估运气和机构在其中的作用,存在着较严重的过分自信心理和过度交易行为,其频繁进行的大量交易恰好为大户的交易提供了流动性。此外,e_1 和 f_1 的回归值显著为负,表明散户在短期内会采用了负反馈的交易策略,但 e_2 和 f_2 的回归值显著为正,表明散户在较长时间内会采取正反馈的交易策略,倾向于进行"追涨杀跌",这一发现与施东辉和陈启欢(2004)的研究有所差异。方程(8.5)和方程(8.6)的 R^2 也分别达到 48.3% 和 75.7%,表明向量自回归模型能较好解释散户的交易行为。

表 8-1　各类投资者买卖订单相关关系及对股指收益率影响的回归系数

方程		(1) R_t	(2) BO_t	(3) DO_t	(4) LO_t	(5) MO_t	(6) SO_t
回归系数	截距	−0.005 ***	−2.32E+07 ***	−2.69E+07 ***	−4.64E+08 **	−1.79E+08 **	−5.20E+06
	R_{t-1}	0.290 *	−1.27E+09	−2.24E+09 *	−3.39E+10	−2.24E+10 **	−1.52E+09 **
	R_{t-2}	0.636 ***	1.09E+09	1.99E+09 *	3.12E+10	2.15E+10 **	1.46E+09 **
	BO_{t-1}	−5.17E−011	0.420	−0.275	4.762	2.456	0.195
	BO_{t-2}	−1.47E−010 *	−0.405	−0.830	−10.557	−6.421	−0.224
	DO_{t-1}	6.47E−011 ***	0.108	0.288	0.627	−0.008	−0.057
	DO_{t-2}	1.13E−010 ***	0.453 ***	0.929 ***	13.296 ***	6.005 ***	0.261 **
	LO_{t-1}	2.16E−011 ***	0.022	0.072 **	0.972	0.090	−0.031 *
	LO_{t-2}	9.99E−012 *	0.026	0.029	0.824	0.471	0.016
	MO_{t-1}	−1.04E−011	−0.148 **	−0.243 **	−3.316 *	−0.299	0.089
	MO_{t-2}	−5.88E−012	−0.054	−0.013	−1.965	−1.192	−0.078
	SO_{t-1}	2.27E−010 **	1.035	1.733 **	19.590	3.131 **	−0.390
	SO_{t-2}	9.05E−011	0.625	0.519	22.232	14.910	1.075 **
	调整 R^2	0.995	0.306	0.511	0.227	0.483	0.757

注：表中 R_t、BO_t、DO_t、LO_t、MO_t、SO_t 分别表示上证综指收益率、B类机构投资者 t 期股票净买入、D类机构投资者 t 期股票净买入、large 类投资者 t 期股票净买入、middle 类投资者 t 期股票净买入和 small 类投资者 t 期股票净买入，$t-1$ 和 $t-2$ 代表上述指标滞后 5 分钟和 10 分钟。***、**、* 分别表示 1%、5%、10% 的显著性水平上显著。

8.4　结论与讨论

在对包含两类机构投资者、large 类账户投资者、middle 类账户投资者和 small 类投资者在内的各类投资者交易行为相关性及其对股指收益率影响的实证研究后发现，D 类机构和 A 类投资者中的 large 类账户是市场最有影响力的投资者，其交易行为不仅会影响随后的股价涨跌，也会影响到散户的交易策略，因此他们是上海股市中的知情交易者，且这两类投资者在交易策略上存在较为强烈的相互影响关系；散户扮演了噪音交易者角色，其大量交易为 large 类账户投资者提供了流动性；B 类机构和 D 类机构在交易行为上有一定程度的羊群行为；middle 类和 small 类投资者的交易行为也具有一定的羊群效应。

研究还从另一个侧面说明了各类投资者的交易策略对市场的影响。研究表明，D 类机构投资者（共同基金、券商自营与 QFII）和 A 类账户中的大户对随后股价涨跌有显著正面影响。这一研究结果与同花顺金融研究中心当年一份研究报告结论比较吻合①。该报告以 2007 年 9 月 21 日（市场此时进入最后一波上涨，12 个交易日后大盘进入持续调整状态）开始，至 2008 年 3 个月最后一个完整交易周，共 25 周近半年的交易数据为基础，计算所有机构的买卖行为与随后大盘走势的相关系数，同时剔除样本数不足 25 周的机构，得出了以下前五大正相关性最高（可简单理解为预测最准）的机构席位和前五大负相关性最高（预测最不准）的机构席位。研究发现，那些受关注度较高的超大型基金并不是判断市场走势最准确的投资者，他们的买卖行为与未来指数走势的相关性只处于中等偏上水平。相反，能踏准市场节奏、稳立潮头的却是一批中型基金，五个正相关最高的机构分别是基金 MF0047（华安证券、中金-民族证券）、基金 MF0038（国海证券）、MF0042（基金公司 MF0012）、保险 MR0068（渤海证券）。

研究也为一直以来争论不休的机构的市场稳定功能问题提供了一个新

---

① 冯一桢："机构资金净买卖与指数涨跌相关性的分析"，载《同花顺金融研究月刊》，2008-04，第 65～69 页；也可参见编写自该研究报告的报道，杨峰："25 周交易数据揭秘机构操盘'红黑榜'"，载《21 世纪经济报道》，2008-04-05。

的分析视角。在中国资本市场上,发展机构投资者一直以来都是热门话题。自 20 世纪 90 年代初起,为了促进证券投资基金的早日出台,正面研讨和宣传证券基金的积极功能,自然成为"主基调"。在这个过程中,具有代表性的观点大致有四个(何基报和王霞,2005):一是认为发展证券基金,可以保障股市运行的稳定(甚至认为证券基金是股市的"稳定器"),变股市的"投机"性质为"投资"性质;二是认为发展证券基金,可以有效分散股市的风险;三是认为专家运作的收益将高于股民个人投资的平均收益;四是认为证券基金是股市的主要机构投资者,为此,要改变股市投资者的结构,就必须发展证券基金。但是,对机构能否真正稳定市场的讨论一直没有停止。

与以往研究机构投资者稳定市场功能的文献不同,本章以我国股市 2007 年以来"2·27"和"5·30"两次股市大跌为研究对象,利用上海证券交易所投资者高质量的账户交易数据对机构投资者在大跌当日和前后的买卖交易行为进行研究,认识了不同类型机构投资者在股市大跌中的交易行为及其在股市大跌中扮演的角色。

最后,从政策建议角度看,监管部门仍然要加大力度发展机构投资者,进一步发挥其稳定市场作用,但要关注机构投资者及其对市场的影响。首先,优化机构投资者的结构,壮大规模同时,继续扩大社保基金、保险资金、企业年金规模,鼓励和引导以养老金为代表的长期机构投资者;其次,要加强对机构投资者的监管和风险防范,加强对机构投资者投资行为的监管。

第9章　分析师行为对上市公司
资本成本微观影响机制 *

除了对市场上投资者行为进行研究,我们还将对资本市场上另一个重要主体——分析师的行为及其对市场的影响进行探究。

9.1　引　言

现有关于信息披露的文献一般认为公司信息环境的改善能够影响公司的资本成本,其作用路径主要通过两种渠道:一是信息披露减少了投资者和管理者之间的信息不对称,降低了投资者对公司未来风险的预估,从而降低了投资者的要求投资回报率,融资成本降低。二是信息的传播降低了投资者之间的信息不对称度,提高了股票的流动性,从而降低了融资成本(Botosan,1997)。然而,一直到目前为止,在经典的资本市场模型中,无论是 Fama 的三因素模型还是其后的四因素模型都没有包括信息这一角色,显然,假设市场有效性对资产定价具有重要影响的话,把信息排除在外似乎很令人感到不可思议。

沿着这个问题,Easle and O'hara(2004)对信息在资本成本中的作用进行了理论研究。他们的研究表明,公共信息和私有信息的组成对资本成本的影响存在差异,私人信息越多的股票投资者要求更高的回报。高回报的产生是缘于知情交易者能更好地调整投资组合以对新信息做出反应,而不知情交易者存在劣势。在均衡条件下,信息的数量和质量会影响资产价格。因此,公司可以通过选择诸如会计处理、分析师跟进以及市场微观结构等特征来影响资本成本。

---

　　* 本章主体内容发表于《南京师大学报(社会科学版)》2010 年第 5 期。著者感谢该期刊允许使用此论文。

　　假设分析师能够提高投资者对公司的认知和了解，从而减少投资者的信息不对称，很自然可以想到在其他条件都相同情况下，分析师跟进能够降低公司融资资本成本。在 Easle and O'hara(2004)的研究中，分析师跟进是上市公司可以控制以影响资本成本的举措，那么分析师跟进究竟如何影响资本成本的呢？这与分析师作为资本市场上的信息中介有关。根据有效市场理论，一个成熟市场能够准确和迅速地对各类信息做出反应，并快速反馈到价格中。这样的市场必然会要求上市公司有充分和快速的信息披露及传播，并要求有一批专门的分析人员根据公司披露的信息对公司价值进行专业性评估，并将得到的评估结果通过媒体等渠道传递给投资者(胡奕明、林文雄和王玮璐，2003)。证券分析师就发挥了这样一种"信息中介"的作用，他们促进了信息的披露及传播，改善了被跟进公司的信息环境，并使公司的信息结构(公共信息和私有信息的组合)发生改变，从而影响公司的资本成本。

　　然而，近年来分析师一直面临投资者和监管部门的质疑，后者所关心的是分析师的利益冲突是否会对其行为产生偏差影响，进而降低了其对资本成本的作用。例如，Zhang 研究认为，分析师所获取的信息对知情交易者更为有利，由此增加了投资者之间的信息不对称。由此可见，分析师跟进能否降低公司融资成本是一个实证命题(Zhang, G., 2001)。本章选择 2005 年和 2006 年中国上市公司样本对上述理论假说进行了实证检验。并且，本章研究也有助于理解中国证券分析师在作为新兴经济体转轨时期的中国，其资本市场是否发挥了"信息中介"的作用，以及这种信息中介的作用能否对股权融资成本产生影响，及影响机理如何。目前，国内在这个领域内的研究还不多见。对这个问题的探讨将有利于引导证券分析师更充分正确地利用和发挥自身的中介功能，保护资本市场各主体的利益，从而推动资本市场高效、有序地发展。

　　本章的结构安排如下：第二部分是理论框架和假设的提出；第三部分是研究设计；第四部分是实证结果与讨论；第五部分稳健性检验；最后是本章的结论。

9.2　理论框架与研究假说

9.2.1　信息与资本成本的理论框架

基于 Grossman and Stiglitz（1980）的经典分析框架（Grossman, Sandford and Joseph Stiglitz,1980），很多学者对私有信息在理性预期模型中的作用进行了考察。例如,Admati 研究认为资产均衡价格会受到这一资产自身基本面信息和其他资产信息的影响（Admati,1985）。这是因为每个主体都拥有不同的信息,并对不同的风险回报进行权衡。此外,Wang 的理论模型提出了不对称信息对资产价格有两种作用效应（Wang, Jiang, 1993）。对信息与资本成本关系的考察另外一类文献是基于不完全信息而不是不对称信息。如 Merton 研究了当市场主体并没有意识到某一资产存在的情况下资本市场均衡（Merton,1987）,在均衡状态下,一个公司的价值在不完全信息和投资者基础较少条件下往往比较低。

但上述两类文献都没有将信息作为影响资产定价的一个要素纳入模型中。Easle and O'hara（2004）基于多资产理性预期均衡模型对这个问题进行了开拓性研究。他们的模型包含公共信息和私有信息,知情和不知情交易者。他们的理论模型表明,模型存在一个局部理性预期均衡,在均衡中信息质量和数量会影响资产价格,从而导致对公司要求回报在单截面上的差异。公共信息和私有信息确实会影响公司资本要求回报。这就为上市公司为什么会重视并通过投资者关系等沟通活动吸引分析师跟进提供了理论基础。

9.2.2　分析师跟进与公司股权融资成本的关系

基于上述理论框架,作为信息中介的分析师跟进上市公司越多意味着上市公司的信息环境会发生改变,进而影响公司的资本成本。Barry and Brown（1984）、Handa and Linn（1993）等学者的研究从理论上证明了投资者会对分析师跟进少的公司的股票赋予更高的风险水平,从而对这类股票需求更小、出价更低、要求更高的投资回报,使得公司的融资成本更高。Devos 的研究也表明,分析师跟进通过改进信息不对称性,可以降低投资者估计未来收益时考虑的风险水平,使其要求的投资回报率降低,融资成本相应降低(Devos,Seow Eng Ong and Andrew C. Spieler,2007)。还有一些学者从市场微观结构角度对这一理论进行了研究,认为分析师跟进扩大了知情投资者的数量,从整体上降低了买卖价差(Brennan and Tamarowski,2000),从而使得投资者的预期收益率下降(Amihud,Y. and H. Mendelson,1986),股票流动性提高,融资成本下降。

实证研究也得到了较为一致的结论。例如,Bowen(2004)发现分析师跟进程度越大的公司,其再发行的折价就越小,融资成本也就越低,并且分析师的能力越强,预测的偏差越小,融资成本的降低程度越大。国内学者李明毅和惠晓峰(2008)通过对交易者需求策略的分析,从微观的角度说明了分析师跟进有助于降低 IPO 折价,从而降低资本成本。由此,本章提出研究假设 1。

假设 1　分析师跟进能降低上市公司股权融资成本。

9.2.3　分析师跟进对股权融资成本的影响机制

大量研究认为分析师跟进会促进信息披露的增加,改善上市公司信息环境,信息环境的改善会影响资本成本(Devos,Seow Eng Ong and Andrew C. Spieler ,2007;Beaver,W. ,2002;Brennan,J. ,Jegadeesh,N. and Swaminathan,B. ,1993;Lang,M. and Lundholm,R. ,1993;Lang,M. and Lundholm,R. ,1996;Healy,Hutton and Palepu,1999)。上市公司信息环境与股权融资成本的关系一直以来就是信息披露研究的经典问题。国内外有大量文献对此进行研究,基本认为信息披露水平的提高能够降低公司资本成本(Botosan,1997;李明毅、惠晓峰,2008;Barry C. ,Brown S. ,1985;汪炜、蒋高峰,2004;黄娟娟、肖珉,2006;曾颖、陆正飞,2006)。

Merton(1987)的不完全信息条件下的资本市场均衡模型为信息披露水平与资本成本的关系提供了理论解释。在模型中,Merton 提出了投资者认知假说(investor recognition hypothesis),该假说表明公司信息披露水平的提高能够提高投资者对上市公司的认知程度,因此公司投资者基础(investor base)得以扩大。由于投资者对不同证券所拥有的信息不相同,他们只会投资自己了解的证券。在其他条件相同的情况下,如果某家公司能够被更多的投资者认识,会减少因"鲜为人知"而造成的"影子成本",从而降低投资者的预期收益,提高公司股票的市场价值,降低融资成本。随后 Foerster and Karolyi 等(1999)都验证了投资者认知假说。Devos 等(2007)的研究也指出机构投资者作为投资者基础的重要组成部分,其投资行为受分析师影响很大。

由此可见,证券分析师跟进会促进上市公司的信息披露,改善上市公司的信息环境,促进上市公司投资者基础的改变,进而降低股权融资成本。由此,本章提出研究假设 2 和假设 3。

假设 2　分析师跟进改善上市公司投资者基础。

假设 3　上市公司投资者基础的改善有利于降低股权融资成本。

9.3　研究设计

9.3.1　主要研究变量的替代变量选取

1. 股权融资成本的计算

资本成本是被解释变量。Botosan 等(2005)归纳出 4 种计算股权融资成本的方法,即:产业方法(GLS)、目标价格方法(OJN)、经济增长方法(DIV)和 PEG 比率方法(PEG)。后三种方法分别在市场风险准确定价,股利或股利增长率不变的假设上存在问题,计算的结果不够准确(黄娟娟和肖珉,2006)。Gebhardt,Lee and Swaminathan(2001)的研究结果表明,GLS 模型在对股权融资成本的预测能力方面要优于传统的权益资本成本的计算模型,李明毅和惠晓峰(2008)通过对以上 4 种方法的实证检验,认为"产业方法计算出的资本成本最为可靠,与主要经济理论预期高度吻合"。

产业方法的计算模型称为剩余收益模型(GLS),是基于"剩余收益观念",即"如果公司所有影响预期账面价值的得失都能通过预期盈余反映出来,股利折线模型就可以被改写,即公司当前股价等于当前账面价值加上预期未来异常盈余的现值"。这一方法是目前国内外对权益资本成本进行实证研究使用最多的方法之一,表现为公司当前和未来会计数据的函数。曾颖和陆正飞(2006)将原始的 GLS 模型进行改进,成功地评估了我国上市公司的股权融资成本,而后黄娟娟和肖珉(2006),李明毅和惠晓峰(2008)等也采用了改进后的 GLS 模型来计算资本成本[①]。

GLS 模型的计算方法如下：

$$P_t = B_t + TV \tag{9.1}$$

其中,P_t 为股权再融资的潜在价格,即上一年度的每股收益乘以当年公司所处行业的市盈率的中位数。B_t 为第 t 期的每股净资产,即企业再融资年份经过调整的期初每股净资产,由第 t 期期末每股净资产加上第 t 期每股股利再减去第 t 期每股收益得到。TV 为股权投资的终值,计算方法如下：

$$TV = \sum_{i=1}^{T} \frac{FROE_{t+i} - R}{(1+R)^i} B_{t+i-1} \tag{9.2}$$

其中,B_{t+i} 为第 $t+i$ 期的每股净资产,$B_{t+i} = B_{t+i-1} + DPS_{t+i} - EPS_{t+i}$。假定 $DPS_{t+i} = k \times EPS_{t+i}$,其中 EPS_{t+i} 为 $t+i$ 期每股收益,DPS_{t+i} 为 $t+i$ 期每股股利,k 为上市公司的股利支付率。T 是模型的预测区间,Gebhardt 等(2001)认为该模型的预测区间不应少于 12 期,而我国证券市场发展时间比较短,因此本章取 $T=12$。R 是边际股权融资成本,通过解方程计算出来。$FROE_{t+T}$ 为第 $t+i$ 期的预测净资产收益率。

公式(9.2)表明公司资本成本的估计需要用到现在到无穷将来的账面价值和盈利会计数据,这在实际操作中是不能达到的,只能对上述数据进行有限估计。本章借鉴了 Gebhardt,Lee and Swaminathan(2001)的做法,将未来收益折现的预测分为三个阶段:预测期、退化期和永续期。预测期为 3 年,为了提高精度,对于有会计数据的年份,用实际的净资产收益率替代 $FROE$;没有会计数据的年份,再采用估计得到。退化期为第 $t+4$ 到 $t+T$ 年,税后净资产收益率逐步从 $t+3$ 年度回归到整个行业平均 ROE 均值,并由此得到相关年度的 $FROE$ 预测值。永续期的盈利回报率在行业水平上保持不变。由此,式(9.2)可以改写成如下方程：

$$P_t = B_t + \sum_{i=1}^{3} \frac{FROE_{t+i} - R}{(1+R)^i} B_{t+i-1}$$
$$+ \sum_{i=4}^{T} \frac{FROE_{t+i} - R}{(1+R)^i} B_{t+i-1}$$

---

① 改进之处在于:第一,计算股权再融资潜在价格时采用行业平均数据,以避免个股市盈率不同带来的附加影响;第二,考虑到我国上市公司股利政策不稳定以及国家既有的股权再融资政策,采用再融资前三年的平均股利支付率;第三,采用了更长的估计期。

$$+ \frac{FROE_{t+T} - R}{R(1+R)^{T-1}} B_{t+i-1} \qquad (9.3)$$

由式(9.3)看出,把当前的股票价格等于当前每股净资产加上短期精确剩余收益、中期回归的剩余收益和后期恒定剩余收益三者的折现之和,充分利用了当前可知信息。相比之下,传统的固定增长模型,假设公司净资产收益率不变,且大于市场收益率,显然有失偏颇。由于存在市场竞争,公司的净资产收益率都有逐步回归到行业水平的趋势,因此,用三阶段 GLS 模型来预测资本成本,更加客观和可靠。本章应用 Matlab 编程计算得到股权融资成本 R。首先应用回归法估计出 2008～2018 年的净资产收益率 $FROE$ 及每股净资产 B,然后利用上式解出 R 关于 P、B、$FROE$ 的 12 次非线性方程,最后代入数值计算出 R 的 12 个根,去除虚根及负实根,即得到本章所需的股权融资成本 R 的值。

2. 投资者基础的替代变量

投资者基础指投资于该公司股票的股东总体。投资者基础的改善包括投资者数量的增加和投资者结构的优化两个方面。本章的研究期间为 2005～2006 年,此期间我国的资本市场迅猛发展,股票市场交易额巨大,甚至出现了"全民炒股"的现象。因此,股东数的规模可能无法客观地体现分析师跟进对于投资者基础的促进作用。因此,本章主要选择投资者结构指标。

目前学术界尚未有学者对投资者结构做出定义,更少有文献提出何种投资者结构对公司而言是最优的,投资者结构主要包含两个方面的含义:公司股权结构,比如股权集中度,以及公司不同种类型投资者比例结构。由于对不同种类型公司股权结构分散与集中优劣并没有定论,因此本章主要考虑不同类型投资者结构比例问题。根据现有文献,机构持股比例越高,意味着机构投资者的关注度越高,表明该股票的信息披露程度越高,股价的信息含量越多。Brenan and Hughes(1990)认为,分析师的盈余预测和股票评级报告主要服务于股票经济人,为市场上的投资者或潜在投资者提供投资建议,这其中当然包括机构投资者,事实上大部分机构只买进股票经济人推荐过的股票。Down(1998)的研究也证明了房地产公司的信息环境(可视度)与机构投资者的持股动机有密切联系。因此,本章选用机构持股比例来表征投资者基础。机构持股占流通股的比例($INSTI$)是指机构持股市值与流通股总市值的比值,它反映了投资者基础的结构特征。

9.3.2　实证模型

基于假设,我们首先建立了反映分析师跟进与股权融资成本之间关系的实证模型。具体方程如下:

$$R = f(LNAF, BETA, SIZE, MP, TURNOVER, LEV) \qquad (9.4)$$

方程(9.4)用于检验假设1。本章使用了分析师跟进($LNAF$)作为解释变量,考察分析师跟进对于股权融资成本(R)的直接影响。方程中的控制变量包括:① 贝塔系数,资本资产定价理论认为市场风险反映了股票的系统性风险,资本成本与之正相关;② 公司规模,公司规模越大,其抵抗各种风险的能力越强,股东所承受的投资风险越小,因此,预计其与融资成本负相关;③ 账面市值比,Fama(1992)等发现账面市值比较高的公司,其股价容易被低估,因此投资者要求的投资回报率相对较低,同时,账面市值比较高的公司面临较高的风险,所以投资者要求的投资回报率也较高,因此,其与融资成本的关系不明确;④ 杠杆率,企业最优资本理论指出,企业面临的破产风险是负债率的增函数,而股东要求的投资回报率会随着企业破产风险的增加而增加,因此,预计其与融资成本正相关;⑤ 资产周转率,企业的资产周转率代表了企业的经营效率,它反映了管理层对公司资产的使用效率,企业的效率越高,其面临的风险越小,投资者要求的投资回报率越低,企业的融资成本越低,因此,预计其与融资成本负相关。

其次,为了进一步考察分析师跟进如何影响投资者基础的变化,进而影响资本成本,我们构建了如下两个模型:

$$INSTI = f(LNAF, BETA, SIZE, LEV, TURNOVER, EPS) \qquad (9.5)$$
$$R = f(INSTI, SIZE, EPS, BETA) \qquad (9.6)$$

方程(9.5)是分析师跟进对投资者基础的影响,检验假设(9.2)。本章使用了分析师跟进($LNAF$)作为解释变量,用机构持股($INSTI$)来表征投资者基础,考察分析师跟进对于投资者基础的影响。方程中的控制变量包括:① 公司规模,这个控制变量的选择借鉴了 O'Brien and Bhushan(1990)的做法,其在研究分析师跟进对机构持股的影响时指出公司规模将影响其股票在资本市场上的表现,进一步影响机构持股,两者具有正相关关系;② 贝塔系数 反映公司的风险水平,机构投资者在构建投资组合时遵循谨慎原则,较愿意选择风险水平低的股票,因此,预计风险水平与机构持股负相关;③ 杠杆率,许多学者的研究(俞乔、程滢,2001;吕长江、王克敏,2002;翁洪波、吴世农,2007)都表明了杠杆率与机构持股之间具有负相关关系;④ 资产周转率反映公司的资产运作效率,资产运作效率高、循环快,则企业可以用较少的投入获取比较多的收益,因此,预计资产周转率与机构持股正相关;⑤ 每股收益反映公司的盈利能力,为了追求利润最大化,机构偏好持有盈利能力强的股票,因此,预计盈利能力与机构持股正相关。

方程(9.6)检验假设3,考察了投资者基础对于股权融资成本(R)的影响,解释变量为机构持股($INSTI$)。控制变量的选取原则和方程(9.1)类似,但考虑到控制变量和机构持股的内生性问题以及基于实证检验的效果,最终选取了公司规模、每股收益、$BETA$ 系数作为控制变量。

9.3.3　实证模型变量及其定义

本章的研究变量及其定义总结如表 9-1。

表 9-1　研究变量定义

变量	缩写	定义
股权融资成本	R	根据"剩余收益模型"计算出的股权融资成本
分析师跟进	AF	对某一特定公司跟进并做出盈利预测的分析师人数
	$LNAF$	对 AF 数据加 1 再取以 10 为底的对数所得的值
机构持股	$INSTI$	年末机构持股的市值占流通股市值的比例
公司规模	$SIZE$	以总资产的自然对数来度量公司规模
账面市值比	MP	公司年末权益的账面价值除以市场价值之比
市场风险	$BETA$	上市公司再融资当年的 $Beta$
资产收益率	ROA	净利润除以平均总资产
杠杆率	LEV	资产负债率来表征杠杆率
盈利水平	ROA	资产收益率来表征盈利水平
每股收益	EPS	每股红利除以每股净资产
资产周转率	$TURNOVER$	销售收入除以平均资产总额

9.3.4　样本数据的选择

本章以我国沪深股市全部 A 股上市公司为原始研究样本,基于数据的全面性和可得性,将研究区间定为 2005~2006 年。全部研究样本为 1 068 个,为了使计算结果有意义,我们在对样本进行选取时剔除了以下数据:① 金融类上市公司;② 在利用行业平均 ROE 估计公司 2007~2017 年的 ROE 时,剔除了 ROE 畸高(100% 以上)的数据和显著为负(小于 -10%)的数据;③ 不具有连续三年正的每股收益的公司;④ 不具有完整的 β 系数及其他数据。最终,以经过筛选后的 531 家上市公司作为研究样本。

本章使用的数据主要来自于:CCER 经济金融研究数据库中的"一般上市公司财务数据库"提取公司总资产、账面市值比、资产周转率和 BETA 系数等财务数据;"Wind 数据资讯中国金融数据库"提取每股股利、分析师跟进数、机构持股和股东数等数据;"天相"数据库获得行业市盈率等资料。

9.4　实证结果与讨论

实证分析的结果列示在下面的表 9-2、表 9-3、表 9-4 和表 9-5 中。表 9-2 列示模型使用的数据的描述性统计结果①。表 9-3 列示了各变量之间的相关性分析。表 9-4 显示了各方程的参数估计结果。表 9-5 显示了稳健性检验结果。

9.4.1　描述性统计

表 9-2 显示,股权融资成本的平均值为 6.27%,中位数为 6.05%,标准差为 0.016 109,这与黄娟娟和肖珉(2006)、曾颖和陆正飞(2006)的研究结果相比较差异略大,但与李明毅和惠晓峰(2008)的研究基本吻合。笔者认为,这是由于本章与李明毅和惠晓峰的研究期间相同,较前两者更晚,由于融资市场近几年不断完善,融资的申请及交易过程中控制力度加大,交易费用率逐渐上升,资本成本也随之上升。此外,可以看出股权融资成本的最

---

　① 限于篇幅,文中仅报告了全样本统计结果。其中,股权融资成本按照表达习惯,以百分数表示。

大值与最小值差别较大,这说明我国上市公司的融资能力差异较大。跟进某一样本公司的分析师平均为 7.55 人,其标准差为 6.78,对某一样本公司最多有 26 名分析师跟进,这些值与 Chen and Steiner(2000)以及 Chung and Jo(1996)所报告的相比明显偏小,可能主要是缘于我国分析师行业发展比较滞后、分析师数量还比较少。机构持股的平均比例为 19.44%,中位数为 12.31%,这表明从总体而言,我国机构持股占流通股的比重偏小,但最大值高达 97.4%,说明我国上市公司的机构持股差异还是很大的。控制变量 *BETA*、*SIZE*、*LEV*、*MP*、*TURNOVER* 的均值都与曾颖和陆正飞(2006)、黄娟娟和肖珉(2006)等人的报告水平基本一致,略偏高。

表 9 - 2 各变量描述性统计表

变量	mean	median	maximum	minimum	Std. Dev
股权融资成本	6.27%	6.05%	15.97%	3.74%	0.016 109
分析师跟进	7.552 632	6.000 000	26.000 00	0.000 000	6.781 293
机构持股占流通股比例	0.194 440	0.123 074	0.974 043	0.000 001	0.199 870
市场风险	1.065 205	1.053 551	2.133 917	0.061 886	0.279 434
公司规模	21.731 73	21.639 07	27.111 07	19.508 73	1.028 985
杠杆率	0.470 691	0.487 867	0.890 334	0.039 282	0.169 562
每股收益	3.432 668	3.262 488	11.987 22	1.136 331	1.306 565
账面市值比	0.225 834	0.199 647	0.978 248	0.012 398	0.132 168
资产周转率	0.856 178	0.709 056	5.548 420	0.013 832	0.607 109

9.4.2 各变量相关性分析

表 9-3 提供了资本成本与各变量的相关性分析结果。由表可以看出,*AF*、*INSTI* 与 *R* 之间存在显著的负相关,*AF* 和 *INSTI* 之间存在显著的正相关,这与本章的基本假设是十分一致的:分析师跟进与机构持股降低了融资成本,分析师跟进促进机构持股。从指标与控制变量的相关性看,*R*、*AF*、*INSTI* 均与其控制变量呈现较强的相关性。从相关系数看,最大者为分析师跟进与机构持股 0.598,未超过 0.8,因此可认为下文中涵盖上述变量的多元回归模型不会存在明显的多元共线性问题。

表 9-3　资本成本与各变量的相关性分析

	股权融资成本	分析师跟进	机构持股	市场风险	公司规模	账面市值比	资产周转率	杠杆率
分析师跟进	-0.182**	1						
机构持股	-0.115**	0.598**	1					
市场风险	0.029	-0.142**	-0.197**	1				
公司规模	-0.038	0.437**	0.258**	-0.239**	1			
账面市值比	0.027**	-0.351**	-0.307**	-0.017	-0.018	1		
资产周转率	-0.071*	0.258**	0.268**	-0.131**	0.044	-0.203**	1	
杠杆率	-0.092**	0.228**	0.228**	-0.135**	0.180**	-0.198**	0.448**	1
每股收益	0.023**	0.214**	0.201**	-0.128**	0.180**	0.242**	-0.060	0.017

注：**、*分别表示在5%、10%的水平显著。

9.4.3　多元回归检验

本章分别针对三个假设进行了模型的多元回归,回归中,混合了研究期间样本的截面数据及时间序列数据,形成面板数据。采用面板数据进行回归分析可以在一定程度上克服变量之间的多重共线性,且能够有效地提高短期时间序列动态模型估计的有效性(姜付秀、支晓强、张敏,2008)。回归结果见表9-4。为了检验分析师跟进、机构持股和股权融资成本三者之间的关系在年度间是否稳定,本章又进行了分年度回归,表9-4显示了分年度回归结果。

表 9-4　模型参数估计结果表

	股权融资成本（假说1）	机构持股（假说2）	股权融资成本（假说3）
C	0.137**	-0.108	0.382***
分析师跟进	-0.078**	0.085***	
机构持股			-0.235***
市场风险	0.038*	-0.041***	-0.002
公司规模	-0.101***	0.071***	-0.031*
账面市值比	0.357***		
资产周转率	-0.006	0.030***	
杠杆率	0.019	-0.047*	

（续表）

	股权融资成本 （假说 1）	机构持股 （假说 2）	股权融资成本 （假说 3）
每股收益		0.003	0.187***
F	32.886	166.104	7.690
Adjusted R^2	0.213	0.555	0.025

注:由于分析师跟进数量存在 0 值,对 0 取对数无意义,故对分析师跟进数据做如下处理:加 1 后再取以 10 为底的对数。*** 、** 、* 分别表示在 1%、5%、10%的水平显著。

从表 9-4 来看,分析师跟进与股权融资成本呈负相关关系(−0.078),在 5%的水平下显著,说明分析师跟进会降低股权融资成本;分析师跟进与机构持股呈正相关关系(0.085),在 1%的水平下显著,说明分析师跟进能促进机构持股;机构持股与股权融资成本呈负相关关系(−0.235),在 1%的水平下显著,说明机构持股降低股权融资成本。

就控制变量与股权融资成本的关系而言,公司规模与股权融资成本之间呈现负相关关系(−0.101),在 1%的水平下显著,这说明公司规模越大,公司的权益资本成本越低。账面市值比和股权融资成本具有显著的正相关关系,这说明在我国,账面市值比对股权融资成本的影响更大程度上是由于系统风险导致投资者要求的投资回报率发生变化,而非股价低估导致。BETA 系数、资产周转率和杠杆率的回归系数都符合理论预期,这与 Botosan(1997,2002),Welker(1995),Healy and Hutton(1999),Leuz(1999)等学者的研究结论是一致的,但只有 BETA 值对股权融资成本的回归系数在 10%的水平下显著,这说明我国证券市场仍然存在一些与其他国家市场不同的特征,这可能与我国证券市场特殊的制度背景有关。

从控制变量与机构持股的关系来看,公司规模、资产周转率和杠杆率与机构持股的回归系数都很显著,且符号与预期理论相同,这与夏冬林和李刚(2008)的研究结论一致。BETA 值的回归系数很显著,但较 O'Brien and Bhushan(1990)的研究结果偏小,但与翁洪波和吴世农(2007)等人的实证检验结果相近,这说明我国股市的系统性风险对资本成本的影响较国外要小。由此可见,公司规模大、风险水平低、偿债能力强的公司更能吸引机构投资者持股。

从分年度回归的结果(表 9-5)分析,解释变量的显著性在年度间变化不大,都在较高的显著性水平下通过了检验。这表明,分析师跟进、机构持股及股权融资成本三者之间的关系在年度间是稳定的。

表 9 - 5 分年度的多元回归结果

	假设 1:分析师跟进对资本成本的影响		假设 2:分析师跟进对机构持股的影响		假设 3:机构持股对资本成本的影响	
	股权融资成本(2005)	股权融资成本(2006)	机构持股(2005)	机构持股(2006)	股权融资成本(2005)	股权融资成本(2006)
C	0.002	−0.199***	−0.123	−0.239*	−0.030	−0.037
分析师跟进	−0.033**	−0.017***	0.062***	0.080***		
机构持股					−0.828***	−0.076***
市场风险	0.022	−0.005	−0.139***	0.046*	−0.040	−0.021
公司规模	−0.016	0.013***	0.061***	0.091***	0.038	0.005**
账面市值比	2.555***	0.149***				
资产周转率	0.027	−0.003	0.187**	0.010		
杠杆率	−0.266*	−0.034**	0.069	−0.176***		
每股收益			−0.225**	0.000	0.096***	0.003*
F	93.929	29.168	97.446	88.612	2.754	13.639
Adjusted R^2	0.581	0.271	0.593	0.569	0.013	0.087

注:由于分析师跟进数量存在 0 值,对 0 取对数无意义,故对分析师跟进数据做如下处理:加 1 后再取以 10 为底的对数。***、**、*分别表示在 1%、5%、10%的水平显著。

综上,分析师跟进、机构持股及股权融资成本的回归系数的数值和符号均与预期相符,且在较高的水平下显著,这说明本章的三个研究假设均得到了实证结果的支持。即在研究期间,我国的股票市场中,控制了 BETA 系数、公司规模、账面市值比、资产周转率及杠杆率等因素,分析师跟进降低上市公司股权融资成本;控制 BETA 系数、公司规模、资产周转率、账面市值比、每股收益及股东数的因素,分析师跟进促进机构持股;控制 BETA 系数、公司规模及每股收益的因素,机构持股降低上市公司股权融资成本。

9.5　稳健性检验

9.5.1　股权融资成本的可靠性检验

一个合理的股权融资成本指标应该随着公司风险的增大而增加,而良好地体现公司股权融资的"规模效应"。因此,本章选取 $BETA$ 系数及杠杆率(LEV)来表征公司风险,用 $SIZE$ 指标表征公司规模,对股权融资成本与以上特质变量运用最小二乘法进行回归分析,以此检验股权融资成本的合理性。

回归分析模型如下:

$$R=\alpha+\beta_1 BETA+\beta_2 LEV+\beta_3 SIZE+\varepsilon_i \tag{9.7}$$

实证结果表明[①],三个自变量 $BETA$、LEV 及 $SIZE$ 都在 5％的水平上通过了检测,即股权融资成本值得到了三个特质变量的有力支持。因此,本处经计算所得的股权融资成本与理论预期保持一致,是对真实资本成本的良好逼近。

9.5.2　本章主要假设的稳健性检验

分析师跟进、机构持股和股权融资成本三者之间可能存在内生性问题。机构持股可能会影响分析师跟进,例如 O'Brien and Bhushan(1990)指出,机构是分析师研究报告的最大投资者和受益者,因此,分析师更热衷于跟进机构已经持有的股票,以使他们的研究更具商业价值。另外,融资成本低的企业,自身的财务及运营状况较好,也会引起分析师的更多关注。

内生性问题通过单个方程回归得到的结果可能是无效且有偏的,因此本章采用联立方程组模型,并使用似无关回归法(seemingly unrelated regression,SUR)对该模型进行稳健性检验。似无关回归法(SUR)解决了方程之间存在序列相关的问题,因此这一回归方法是有效并且是无偏的。

联立方程组如下:

---

① 限于篇幅,本处和下文主要研究假设的稳健性检验具体实证结果均没有报告,感兴趣可以与笔者联系。

$$
\begin{cases}
R = c_{(1)} + c_{(2)} LNAF + c_{(3)} INSTI + c_{(4)} BETA + c_{(5)} ROA + c_{(6)} SIZE \\
LNAF = c_{(7)} + c_{(8)} INSTI + c_{(9)} SIZE + c_{(10)} BETA \\
INSTI = c_{(11)} + c_{(12)} LNAF + c_{(13)} SIZE + c_{(14)} ROA
\end{cases}
$$

此联立方程组的内生变量为股权融资成本(R)、分析师跟进($LNAF$)及机构持股($INSTI$)。外生变量包括:系统风险($BETA$)、公司规模($SIZE$)及资产收益率(ROA)。通过用似无关回归法对分析师跟进、机构持股及股权融资成本三者组成的联立方程组检验,三者间的回归系数是显著的,并且在符号和数值上与本章的研究结论较为一致,说明本章的模型是稳定的。这也进一步说明我们得到的关于我国资本市场上的分析师跟进、投资者基础以及股权融资成本之间关系的结论是比较稳定可信的。

9.6　结论与后续研究建议

研究给出了中国证券分析师能够降低资本成本的实证证据,并进一步构建了基于分析师影响投资者基础进而影响资本成本的理论假说并给予验证。当然,在中国转型加入新兴经济体中,由于中国分析师可能的行为特征使得分析师影响资本成本的假说还有其他理解。我国分析师行业起步不久,分析师的信息收集与分析能力,以及影响力都远不能让投资者放心,预测能力也随着股市的大幅波动,而经常落人话柄。事实上,分析师预测偏差已经被很多学者关注到了,这些偏差如过度乐观、羊群效应等。分析师预测偏差的存在意味着分析师可能因为其自身的道德风险、利益冲突以及内在行为偏差等因素而影响其对市场的积极正面的作用。要让中国证券分析师发挥更好的市场信息中介作用,有效降低公司的融资资本成本,不能忽视分析师自身存在的道德风险等局限性的影响,在监管方面有必要引起充分关注。

后续研究主要两个方向:一是扩大研究期间,以检验不同时期分析师跟进对股权融资成本的影响;二是优化投资者基础替代变量的选择,可以选择流通股股东数相对稳定的研究区间,来验证分析师跟进对于流通股股东数变化的影响。

第 10 章　羊群行为机理及其市场影响 *

10.1　引　言

学术界和实务界都将证券市场巨幅波动看作是值得探究的重大金融现象。无论是 1997 年的亚洲金融风暴、2000 年的 IT 股票泡沫破灭,还是 2008 年由美国次贷危机引发的全球金融危机,人们都可以看到证券市场巨幅波动给投资者和市场带来的恐慌。历次市场波动存在比较一致的特征:都可见到相对强烈一致的市场狂热情绪;市场投机气氛浓厚;资产价格存在较大泡沫;崩溃发生前市场的持续上涨通常超过一年,并且上涨的速度越来越快;市场崩溃发生比较突然,大多数投资者来不及反应,通常都会引起市场恐慌等。

传统金融理论通常基于微观市场结构下不同交易机制的影响来解释市场波动的原因。如 Lauterbach and Ben-Zion(1993)以 1987 年 10 月的股灾为对象,对这种剧烈波动行情进行了研究,指出证券交易中投资者的程序化交易策略和“熔断”制度(circuit breaker)对市场崩溃可能产生的影响。Sornette et al.(1996)对 1987 年 10 月前后一段时间纽约股票交易所标准普尔 500 指数的时间序列特性进行了考察和分析,发现股市崩溃之前市场的一些先验性的指数行为特征,以及股灾发生以后市场放缓的波动特征。同时还发现,市场崩溃发生之前和之后的这些指数特征的变化显示出一种动态对数周期特征的关键点。

事实上来自行为金融学的许多研究证明,市场波动是有更长的持续时间和更隐晦的发生机制。Farme(2002)指出,理性预期模型(REM)很难解释因资本市场内部动态性所导致的市场过度波动和其他现象。他研究了市

---

　*　本章主体内容发表于《系统工程理论与实践》2011 年第 31 卷第 5 期,作者为刘海飞、姚舜、肖斌卿、瞿慧。著者感谢其他三位作者及期刊允许使用此论文。

场订单所体现出来的非均衡价格信息规则的变化,尝试将市场简单和现实的假设、价格模式和交易策略组合在一起,探索拥有趋势交易者和基本面交易者的人工市场,最终发现这两种异质投资者的线性结构组合会引发价格的爆发和崩溃循环,而且时间跨度为几年到几十年。

Falkenstein(1996)和 Wermers(1999)的研究都证实了羊群行为能够加速市场价格的调整过程。Avery and Zemsky(1999)等认为,羊群行为是模仿别人的行为,即在别人购买时也购买,在别人出售时也出售,因此可能放大外来的股价波动的冲击,投资者之间行为的模仿、传染产生了价格泡沫,使价格偏离基本价值。Johansen and Sornette(2001)认为,市场崩溃是相互影响的连续下降(drawdown)的一种持续性过程,带有与心理特性相关的记忆特征,尤其是受投资者看待亏损的观念和参考点的选择影响。Shiller(2006)从投资者信心泡沫和从众行为的视角来解释1987年美国证券市场巨幅波动的产生,他认为投资者信心泡沫的高涨以及不断抬升的价格会形成乐观的市场情绪,这种情绪和买入羊群产生协同,催生了市场泡沫,最终引发市场崩溃。

但正如许多学者指出的那样,以往行为金融学的研究存在两方面的局限性:宏观方面,试图推翻 EMH 的实证研究多是事后研究法,无法满足 EMH 检验必须是预期收益的要求,而且存在数据挖掘之嫌;微观方面,规范分析对投资者有限理性及依托的心理学证据也大相径庭,缺乏普遍意义和解释力的框架支撑。因此,许多学者开始寻找更合适的工具与方法(张维、赵帅特,2008)。

Santa Fe Institute(SFI)研究人员 W. B. Authur、J. H. Holland、B. LeBaron、R. G. Palmer 等(1997)使用基于 agent 的计算机模型来研究资本市场,建立人工股票市场 ASM(artificial stock market),开创了实验金融学的先河。实验金融学又称计算金融学,是随着计算机技术,特别是人工智能技术的发展,对金融市场进行定量仿真与实验,以期得到启发性结论。这种方法在既定的市场结构下通过研究市场微观层次 agent(投资者)的行为来揭示市场宏观特性形成的原因,弥补了传统行为金融研究方法的缺陷。

金融市场中的羊群行为(herd behavior)是指投资人的决策选择不是基于自己所挖掘的信息,而是受到舆论或其他投资者策略的影响,通过学习,模仿其他投资者的一种从众行为,从而导致他们在某段时间内做出相同的投资决策(Banerjee,1992;Bikhchandani,2000)。对羊群行为的研究方法大概分为两类:一类是理论研究,探讨羊群行为产生的内在机理,主要从信息不对称、声誉和报酬、风险厌恶心理因素等不同视角揭示羊群行为产生的过程(Decamps and Lovo,2002;Hirshleifer,2003)。另一类是实证研究,主要是用统计学的方法检验金融市场中交易者交易行为的相似性。主要方法有四种：LSV 方法(Lakonishok, Shleifer and Vishny, 1992; Jegadeesh and Kim,2008)；PCM 方法(Wermers,1995);CSSD 方法(Christie and Huang,1995);CASD 方法(Chang,Cheng and Khorana,2000)。这两种方法都有缺陷。理论研究侧重于研究羊群行为的成因,无法揭示羊群行为对市场特征(如收益率的波动性)的影响。而实证研究最大的缺点是无法区分交易者做出相似决策的原因究竟是互相模仿还是各自独立分析而得出相同的策略(比如对同样的公开信息做出了形同的反映),即无法区分真正的羊群行为(true herd behavior)与伪羊群行为(spurious herd behavior)(Bikhchandani and Sharma, 2000；Welch,2000)。为了能同时从微观与宏观上分析投资者行为对市场的影响,本章拟建立一个人工股票市场(artificial stock market),通过分析有羊群行为的交易者的比例的变化及其与其他市场特征之间的关系来研究羊群行为的成因和影响。

　　本章分为五部分:第二部分是对 ASM 模型的阐述和实证检验,第三部分从研究羊群行为的短期特性,第四部分从长期研究影响羊群行为的因素以及羊群行为的影响,第五部分总结。

10.2　ASM 模型构建

　　本模型是参考 Didier Sornette and Wei-Xing Zhou(2005)的模型建立,并因讨论的侧重点改变而进行了较大的改变。

10.2.1　模型设定

　　在一个市场中一定的交易者交易一种股票,交易者分为知情交易者和不知情交易者,两种交易者在交易开始之前随机按方格排列。其中知情交易者 n_i 个占少数,且知道股票的真实价值 $FV(t)$,但并不准确;不知情交易者占大多数,为 $n_n = N - n_i$ 且不知道股票的真实价值。为简化叙述,这里设定股票的真实价值 $FV(t)$ 始终为 0，只研究股价对真实价值的偏离程度。

每一期每个交易者可以选择买入或卖出一股股票。知情交易者 i 做出决策 $s_i(t)$ 的依据为（不精确的）股票真实价值，如果他判断股价高于真实价值，就卖出，反之则买入。即：

$$s_i(t) = -sign\{N(\ln P(t) - FV(t), 1)\} = -sign\{N(D(t), 1)\} \quad (10.1)$$

不知情交易者 i 做出决策 $s_i(t)$ 的依据包括周围四个交易者的决策影响、公开信息以及私人信息。且交易者 j 对 i 的影响 $h_{ij}(t)$ 与 j 在上一期决策的正确性有关。即 $h_{ij}(t) = s_j(t-1)r(t-1)$，若 j 的判断与市场收益同号，则其决策在本期对 i 就有一个正的影响；反之若 j 判断错误，则对 i 有负的影响。其中 $r(t-1)$ 为上一期市场收益率。公开信息对交易者 i 的影响 $f_i(t)$ 也与上一期公开信息的正确性有关，即 $f_i(t) = G(t-1)r(t-1)$。而 i 的私人信息 $\varepsilon_i(t)$ 服从 $N(0, \sigma^2)$ 分布，一般来说，如果交易者都比较重视对私人信息的发掘和分析，那么每一期每个交易者发掘和分析的私人信息对决策的影响会有比较大的差异，即方差 σ^2 会比较大。

由于每个交易者都要通过观察别的交易者来做决定，因此不可能所有交易者同时做决定。因此在做出决策的先后问题上，这里设定交易者 i 对 j 过去的决策进行判断，类似鞅条件（Didier Sornette and Wei-Xing Zhou, 2005）。这样，每一期每个不知情交易者的决策即为：

$$s_i(t) = sign\left\{\sum_{j=1}^{4} h_{ij}(t)s_j(t-1) + G(t)f_i(t) + \varepsilon_i(t)\right\} \quad (10.2)$$

收益率 $r(t)$ 的计算为：

$$r(t) = \frac{\sum_{i=1}^{N} s_i(t)}{N\lambda}$$

其中 N 为交易者的数量，本模型中设定为 $61 \times 61 = 3\ 721$，λ 为市场深度或者说流动性，价格 P 的计算为 $P(t) = P(t-1)e^{r(t)}$。

为了能从宏观测算羊群行为，本章定义市场羊群行为水平 $herd(t)$ 为放弃私人信息而模仿他人决策的不知情交易者的个数占所有不知情交易者个数的比例（知情交易者仅根据其了解的股票真实价值做出交易决策，不会有羊群行为）：

$$herd(t) = \frac{\sum_{i=1}^{n_n} 1_{H_i(t)}(s_i(t))}{n_n}$$

其中，

$$H_i(t) = \{s_i(t); \big(\sum_{j=1}^{4} h_{ij}(t)s_j(t)\big)s_i(t) > 0, s_i(t)\varepsilon_i(t) < 0\}$$

10.2.2　参数分析和实证检验

由于本章的研究重点不是建立精确的 ASM 建模，而是研究各参数和指标(主要是 $herd(t)$)之间的相互作用关系，进行参数分析和实证检验的目的只是给各参数确定一个比较有意义的范围。这里只对 $r(t)$ 进行分析和检验，结果表明：

(1) 不知情交易者私人信息的标准差越大，那么收益的标准差越小，峰度越大。

(2) 知情交易者数量越多，收益的标准差越小，峰度越大。

(3) 市场深度和流动性越大，那么收益的标准差越小，峰度越大。

选取从 2006 年 11 月 1 日至 2009 年 5 月 5 日 DJI, IXIC, SP500, FTSE, N225, HIS, SSEC, SCI 八个股指来分析。对股指 $P_i(t)$ 采用收益率平稳化方法计算收益率 $r_i(t) = \ln P_i(t) - \ln P_i(t-1)$。

在上述模型中，通过调整参数，可以使得收益率与某个股指较符合。例如，当设定 $n_i = 200$，$\sigma = 0.025$，$\lambda = 11$ 运行 10 000 步后对比收益率统计特性与各股指收益率的统计特性，与 DJI 基本符合。严格来讲，由于 $FV(t) = 0$，这里的 $r(t)$ 只是 $\ln P(t) - FV(t)$ 的差分，而不像实际收益率是 $\ln P(t)$ 的差分(实际 $FV(t)$ 是变化的)。但即使 $FV(t)$ 不为 0 且变动，只需稍微改变 n_i，σ，λ 的值即可使收益率的统计特征与实际相符。

表 10-1　各股指收益率的统计数据与实验结果的对比

股指	DJI	IXIC	SP500	FTSE	N225	HSI	SSEC	SCI	ASM 模型
标准差	0.018 4	0.020 5	0.020 1	0.018 1	0.021 8	0.025 2	0.024 7	0.027 0	0.018 2
峰度	5.951	4.376	5.685	5.323	6.546	4.593	1.233	0.767	5.676
偏度	0.122	−0.057	−0.126	0.002	−0.355	0.142	−0.311	−0.357	−0.076

由上表可以看出上证综指和深成指的峰度比其他股指明显偏小，标准差偏大。应用上述对本模型分析得到的结论，可以推断出可能的原因有：

(1) 交易者普遍缺乏经验，轻视发掘和分析私人信息，相对重视公开信息和他人的交易行为。

（2）与成熟市场相比,知情交易者(如某些机构投资者)数量较少,不知情投资者(如大部分散户)占大多数。

（3）市值较小,市场深度小;交易机制不够完善,市场流动性较差。

10.3 羊群行为的短期特性

短期中 n_i,λ,σ 不会发生显著变化,羊群行为水平 $herd(t)$ 主要受收益率和公开信息的影响。其中公开信息的产生是随机的,与 $herd(t)$ 无关,上一期公开信息的绝对值对 $herd(t)$ 有正的影响,但较小(相关系数约 0.2)。这里重点研究短期中 $herd(t)$ 与收益率 $r(t)$ 之间的关系,因为收益率不仅是市场的一个重要的短期指标,也与羊群行为有密切的关系。另外,计算发现 $r(t)$ 与 $herd(t)$ 的相关系数与控制公开信息时二者的偏相关系数完全相同,因此在研究羊群行为与收益率的关系时可以完全不用考虑公开信息的影响。

10.3.1 羊群行为对股价的影响

收益率 $r(t)$ 是对数股价的差分,通过研究 $herd(t)$ 与 $r(t)$ 的关系可以研究羊群行为对股价变化的影响。设定 $\sigma=0.03$,$\lambda=10$,$n_i=200$,$herd(t)$ 均值为 0.1302,运行 60000 步后将数据中的 $herd(t)$ 按四舍五入保留小数点两位分组,其中大于 0.35 的 8 组的数据仅占 1.2%,将其归入 0.35 组,共36 组。绘出 $herd(t)$ 与 $|r(t)|$ 的关系如图 10-1。

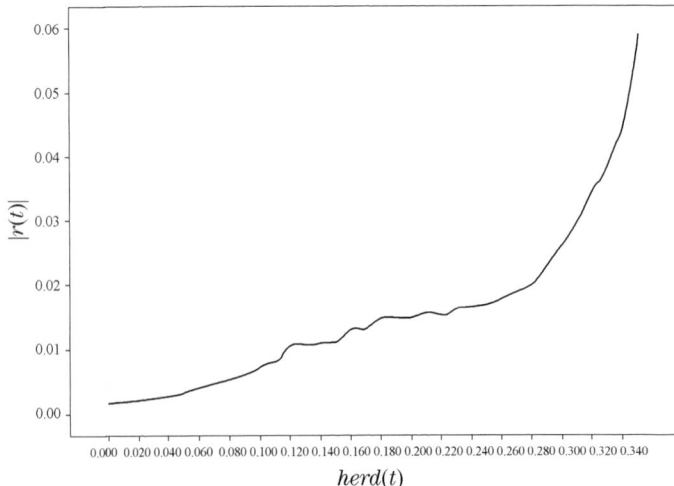

图 10-1 $herd(t)$ 与 $|r(t)|$ 的关系

在羊群行为水平 $herd(t)$ 较小时,市场相对稳定。随着 $herd(t)$ 增加,收益缓慢增大,当 $herd(t)$ 超过 0.28 左右的某个临界值之后,收益绝对值不断增加。此时市场要么具有非常高的收益要么具有非常低的收益。虽然这种情况出现的概率比较小,但只要持续几个交易期,股指很快便会大幅偏离真实价值,催生泡沫或市场崩盘。

至于股价对 $herd(t)$ 则几乎没有任何影响,$D(t-1)$ 与 $\Delta herd(t)$ 的相关系数为 0,且显著性水平为 0.938。

10.3.2　羊群行为与收益率之间的相互作用

根据上一节的分析可以看出收益率绝对值与羊群行为水平之间大致是正向的对应关系,但这无法说明二者之间的相互作用,下面进行具体分析。绘出 $herd(t)$ 与 $|r(t)|$ 互相关函数(图 10 - 2)。

回顾第 2 部分的模型中不知情交易者的决策可知,过去尤其是上一期收益率对本期决策有重要影响,从而对本期的羊群行为水平有很大的影响,因此互相关函数在滞后值为 -1 以及之前附近处较大;同时本期不同程度的羊群行为也会对未来尤其是本期收益产生影响,因此互相关函数在滞后值为 0 及之后附近处也较大。

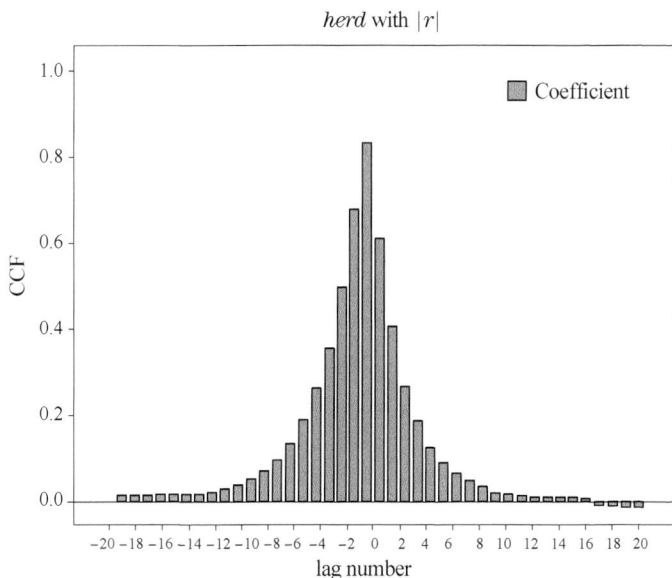

图 10 - 2　*herd* 与 $|r|$ 的互相关函数

绘出 $herd(t)$ 与 $\Delta|r(t)|$ 的关系来分析本期羊群行为对本期收益率的影响（图 10-3）。这里之所以研究 $herd(t)$ 与 $\Delta|r(t)|$ 的关系而不是 $herd(t)$ 与 $\Delta r(t)$ 的关系是因为从理论上讲，运行足够多步后，$\Delta r(t)$ 的分布是以 0 为中心对称的，这样绘出的 $herd(t)$ 与 $\Delta r(t)$ 的图形即为横轴，没有任何意义。

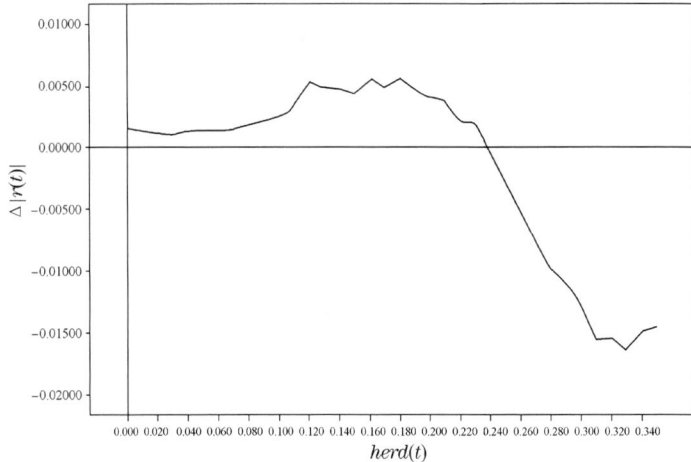

图 10-3 $herd(t)$ 与 $\Delta|r(t)|$ 的关系

将数据中的 r 按四舍五入保留小数点两位分组，其中大于 0.08 的各组的数据仅占 1.5%，将其归入 0.08 组，共 81 组。绘出 $r(t-1)$ 与 $\Delta herd(t)$ 的关系来分析上一期收益率对本期羊群行为水平的影响：

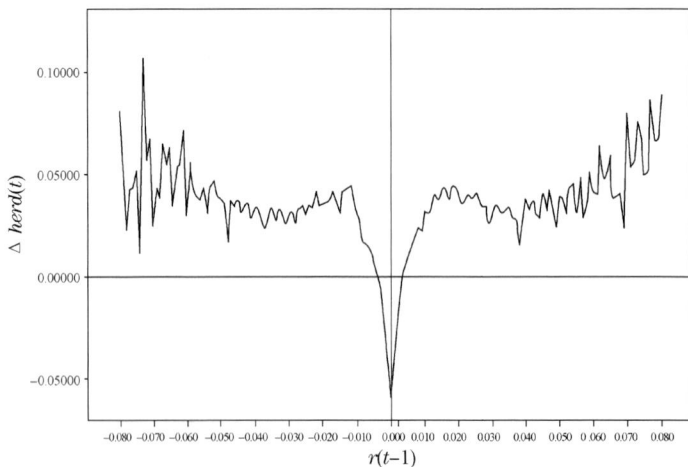

图 10-4 $r(t-1)$ 与 $\Delta herd(t)$ 的关系

第 10 章　羊群行为机理及其市场影响

　　图 10 - 3、图 10 - 4 中的函数关系只是统计性的(由于 $|r|$ 很少取值大于 0.04,大于 0.04 的各组数据较少,因此图 10 - 4 中的函数在 $|r(t-1)|>$ 0.04 时变化较剧烈)。需要说明的是,$\triangle|r(t)|$ 不可能完全刻画 $r(t)$ 的变化,尤其在 $r(t)=0$ 附近,如 $r(t)$ 变成 $-r(t)$,而 $\triangle|r(t)|=0$,但这并不影响下面的分析。因为 $herd(t)$ 与 $r(t)$ 的相互作用关系是随机的,其变化路径不可能用精确的函数来描述,图 10 - 3、图 10 - 4 只是说明一个变量在取某个值时另一个变量最有可能的变化而不是精确的变化。

　　这两幅图仍能说明很多问题。例如初始时刻市场收益率为 0 并且不断增加时,根据图 10 - 4 只要收益率超过 0.04 左右,羊群行为水平很可能会增加。原因是市场上一期收益率较大,说明大部分交易者买入,而且判断正确,每个交易者对周围交易者的影响 $h_{ij}(t)$ 就是一个较大的正值,使得本期交易者在做决策时更加重视周围交易者上一期的决策,从而 $herd(t)$ 比较大。羊群行为的增加,根据图 10 - 3 可知收益率会继续增加,这是因为交易者都有较高的收益率且互相模仿买入,泡沫开始积累。但这种情况不会一直持续下去,当 $herd(t)$ 大于 0.24 左右时,收益率开始减小,且幅度非常大。原因是当收益率持续较大时,股价会离真实价值越来越远,这时知情交易者为了套利会选择卖出(其决策与市场收益率无关),实验中发现除非知情交易者太少或市场流动性太小,否则他们的持续卖出行为会逐渐被不知情交易者模仿,带动整个市场卖出,由于此时的羊群行为水平仍很大,市场收益率会大幅度减小,直到小于 0.04 时羊群行为开始大幅度减小(图 10 - 4),而市场收益率减小的速度变慢(图 10 - 3)直到 $herd(t)$ 小于 0.24 左右时收益率变成增加回到初始时刻。若收益率减幅太大一次性变成负值那么 $herd(t)$ 又会逐渐变大(图 10 - 4 左半部分),交易者仍然相互模仿,不断卖出。根据图 10 - 3 当 $herd(t)$ 大于 0.24 左右时,$|r(t)|$ 会大幅度减小,即负的收益率开始增加,要么大于 -0.04 左右 $herd(t)$ 又会大幅度减小,收益率增加的幅度变小,回到初始时的状态,要么增加幅度太大,r 超过 0.04,$herd(t)$ 又不断增加、收益率不断增加,回到上一段的情况。具体来讲当收益率为负时,股价逐渐低于真实价值。这时知情交易者会持续地买入,不知情交易者模仿他们的行为,整个市场逐渐复苏。

　　由以上分析可知:r 在 0 附近相对稳定(由图 10 - 5 也可以明显看出 0 是唯一的平衡点),除非 $herd$ 增加到大于 0.24 才会打破这个平衡,因此收

145

益率会呈尖峰分布。不过前面已经说明图 10-3 和图 10-4 仅是统计性的,这个平衡的概率虽然比较大但总会被打破,而一旦被打破,只要市场有足够的知情交易者和足够的流动性,由图 10-3、图 10-4 可知 $|r|$ 和 $herd$ 会互相使对方增加,$|r|$ 往往会迅速达到较大的值,然后迅速减小,因此收益同时呈尖峰厚尾分布。

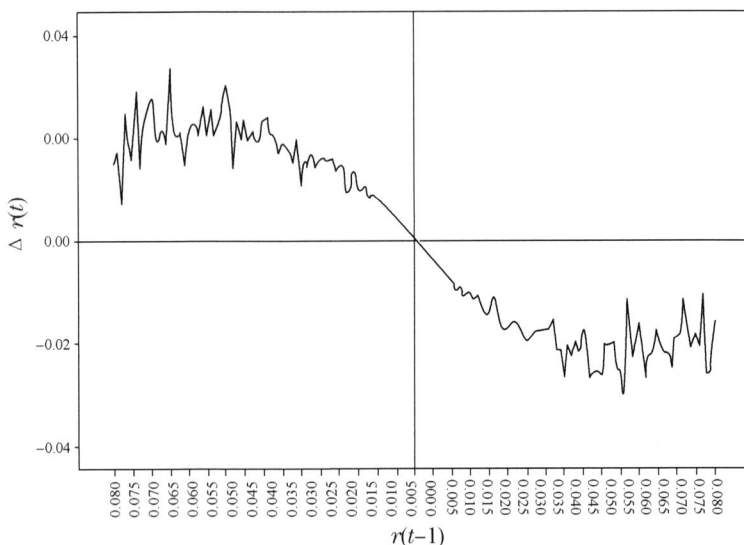

图 10-5 $r(t-1)$ 与 $\Delta r(t)$ 的关系

同时可以看出即使真实价值不变,羊群行为也会放大收益率的变化,对市场稳定不利。如果真实价值发生较大改变,股价偏离真实价值,羊群行为会使股价在短时间内大幅调整,往往调整过度,也是对市场不利的。

10.4 羊群行为的长期特性

长期中 n_i,λ,σ 都会发生变化,本节将研究这三个因素的变化对市场中的平均羊群行为水平的影响以及羊群行为与收益率、股价偏离真实价值的波动性之间的关系。

10.4.1 长期中影响羊群行为的因素

如前所述,中国股市的特点是交易者比较轻视分析私人信息,不知情交易者较多,市场流动性差。下面说明这些特点都会加剧羊群行为。

对 $n_i = 100, 200, 300, 400, \sigma = 0.02, 0.025, 0.03, 0.035, 0.04, \lambda = 6, 8,$ $10, 12, 14$ 共 $4 \times 5 \times 5 = 100$ 组参数每组运行 10 000 步后得到的数据,绘出期间羊群行为水平的均值 $E[herd(t)]$ 与 n_i, σ, λ 之间的关系(图 10-6):

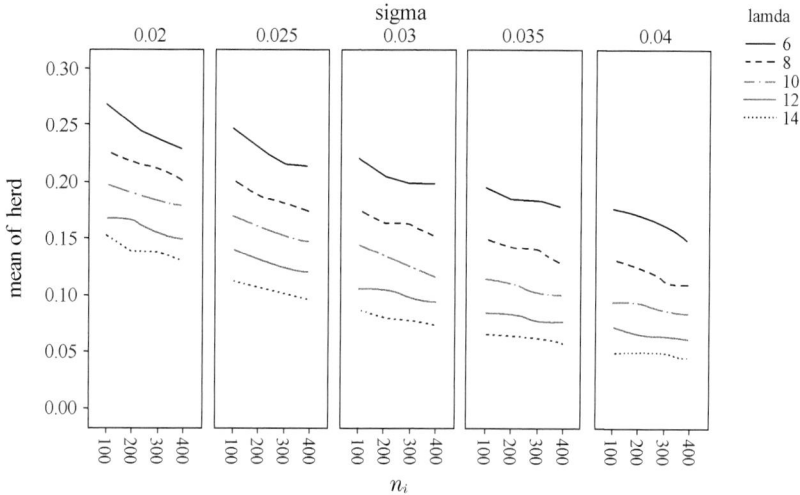

图 10-6　$E[herd(t)]$ 与 n_i, σ, λ 的关系

可以明显看出 n_i, σ, λ 越大,$E[herd(t)]$ 越小。

为了消除上述三个因素之间的相互影响,对上述数据分别控制其中两个变量求另一个变量与 $E[herd(t)]$ 的偏相关系数如下:

表 10-2　相关变量与 $E[herd(t)]$ 的偏相关系数

偏相关系数	$E[herd(t)]$
n_i(控制 σ, λ)	-0.683
σ(控制 n_i, λ)	-0.972
λ(控制 n_i, σ)	-0.983

显著性均为 0,羊群行为的均值与 n_i 的偏相关系数接近 -0.7,与 λ 和 σ 的偏相关系数接近 -1,因此可以肯定 n_i, λ, σ 的增大会使羊群行为水平减小。

10.4.2　羊群行为水平的变化对收益率和股价的影响

下面考虑长期中平均羊群行为的变化对收益率和股价的影响。改变 n_i, λ, σ 的值得到 r 和 $herd$,用类似 10.3.1 的方法绘出 $herd(t)$ 与 $|r(t)|$ 的

关系发现当 $E[herd(t)]$ 变大时，曲线在 $herd(t)$ 大于 0.28 后斜率会增大。例如设定 $n_i=100$，$\lambda=8$，$\sigma=0.02$ 时（$E[herd(t)]$ 为 0.232 7），绘出的 $herd(t)$ 与 $|r(t)|$ 的关系（图 10 - 7）：

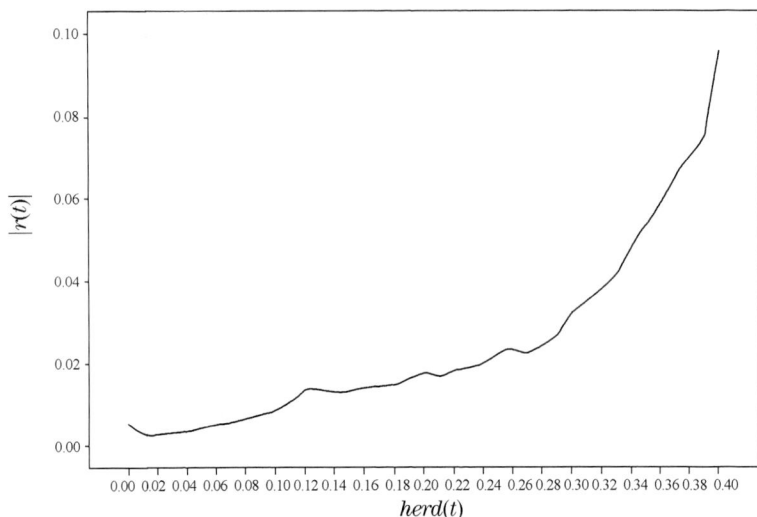

图 10 - 7 **herd(t)** 与 **|r(t)|**

$|r(t)|$ 在 $herd(t)$ 大于 0.28 时斜率变大说明在羊群行为较大时股价的波动性会更大。

类似绘出 $herd(t)$ 与 $\Delta|r(t)|$ 的关系以及 $r(t-1)$ 与 $\Delta herd(t)$ 的关系：

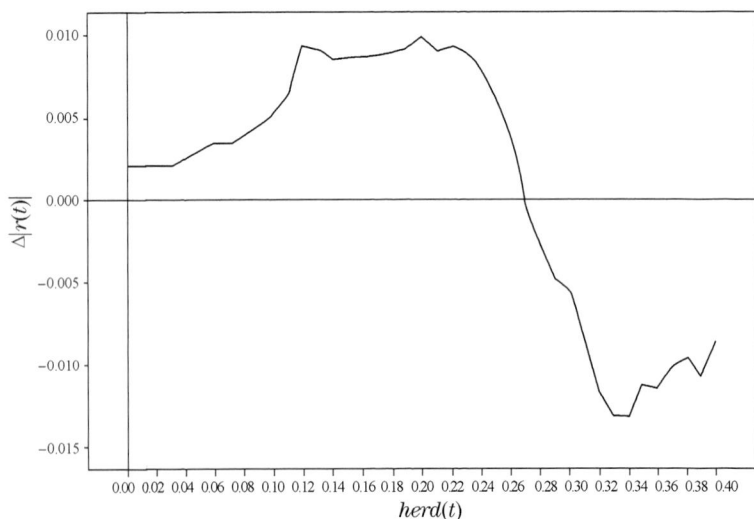

图 10 - 8 **herd(t)** 与 **Δ|r(t)|**

与图 10-3 相比,$\Delta|r(t)|$在大于 0 时值大约会大一倍,也就是说在平均羊群行为水平较大时,同样的羊群行为会使收益率的变化更大,从而会增加收益率的波动性。

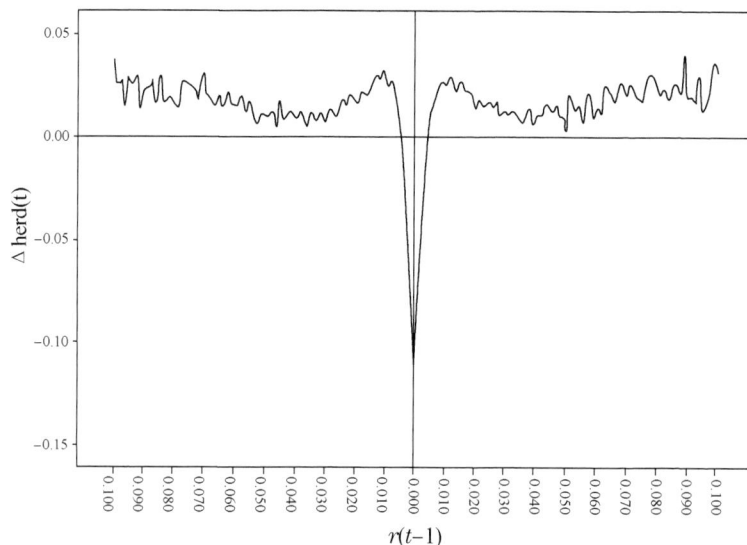

图 10-9　$r(t-1)$ 与 $\Delta herd(t)$

图 10-9 中,$\Delta herd(t)$在 $r(t-1)$ 为 0 处值约为-0.1,而图 10-4 中约为-0.05,并且图 10-9 中 $\Delta herd(t)$在大于 0 时的值也较小。也就是说,平均羊群行为 $E[herd(t)]$增加时,收益率倾向于减小使羊群行为增大的程度,而羊群行为倾向于使收益率变动的幅度更大。但二者相互作用的结果仍然是收益率的波动性增大,10.3.1 节实验得到的收益率的标准差为 0.0186,而本节实验得到的收益率的标准差为 0.0403。另外,对 $r(t-1)$ 和 $\Delta r(t)$做线性回归,所得系数为-0.262,而 10.3.1 实验 $r(t-1)$ 与 $\Delta r(t)$ 的线性回归系数则为-0.439,从这一对比也可以看出本节实验得到的 $r(t)$ 的稳定性较小。

10.4.3　羊群行为在长期中的作用

对 10.4.1 节实验得到的 100 组结果,控制 n_i,σ,λ(因为 n_i,σ,λ 也会影响 $\sigma_{r(t)}$)计算 $E[herd(t)]$与 $\sigma_{r(t)}$ 的偏相关系数为 0.805,显著性水平为 0。因此可以肯定 $E[herd(t)]$对与 $\sigma_{r(t)}$ 的正的影响(如果直接计算 $E[herd(t)]$

与 $\sigma_{r(t)}$ 的互相关系数则为 0.916)。同样,对 10.4.1 节实验中得到的数据控制 n_i,σ,λ 计算 $E[herd(t)]$ 与 $\sigma_{D(t)}$ 的偏相关系数,显著性水平为 0,相关系数为 0.562,因此可以肯定地说 $E[herd(t)]$ 对 $\sigma_{D(t)}$ 有较强的正的影响(如果直接计算 $E[herd(t)]$ 与 $\sigma_{D(t)}$ 的互相关系数则为 0.722)。

以上结果表明长期中羊群行为水平的增大的确会使收益率标准差以及股价偏离真实价值的标准差增大。但是 n_i,σ,λ 的减小不仅会使 $E[herd(t)]$ 增大,也会导致 $\sigma_{r(t)},\sigma_{D(t)}$ 增大,用与 10.4.1 节相同的方法分别求出 n_i,σ,λ 与 $\sigma_{r(t)},\sigma_{D(t)}$ 的偏相关系数,结果均为负,显著性均为 0。

表 10-3 相关变量与 $\sigma_{r(t)}$、$\sigma_{D(t)}$ 的偏相关系数

偏相关系数	$\sigma_{r(t)}$	$\sigma_{D(t)}$
n_i(控制 σ,λ)	−0.540	−0.833
σ(控制 n_i,λ)	−0.667	−0.784
λ(控制 n_i,σ)	−0.945	−0.546

事实上,长期中羊群行为水平的增大虽然能引起收益率和股价波动性的增大,但并不是二者增大的根本原因。知情交易者比例,市场流动性和不知情交易者私人信息标准差的变化才是导致收益率和股价波动性变化的根本原因。羊群行为只是一个中介变量和重要指标。

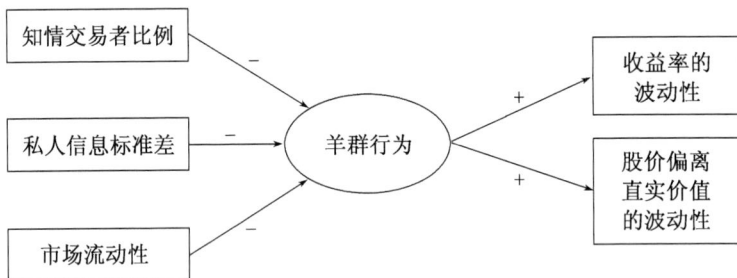

图 10-10 长期中羊群行为的作用

图 10-11 对比了 $E[herd(t)]$ 较小的 $n_i=200,\sigma=0.03,\lambda=10$ 和较大的 $n_i=100,\sigma=0.02,\lambda=8$ 两组参数运行 10 000 步后 $D(t)$ 随时间的变化。可以明显看出有较严重羊群行为的市场其股价更容易在较长时间内大幅偏离真实价值。

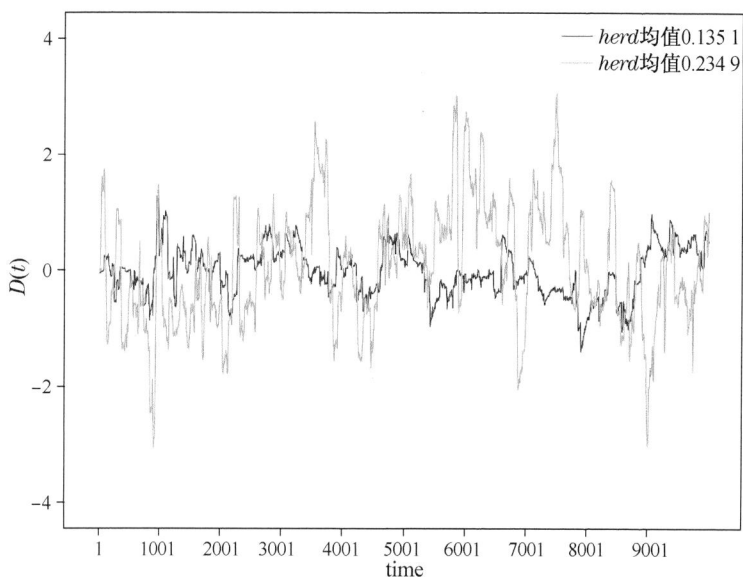

图 10‑11　不同羊群行为水平下 $D(t)$ 对比

　　回顾第 10.2 部分中的八个股指从 2006 年 11 月至 2009 年 5 月的表现可以看出上证综指和深成指与其他六组数据有明显不同。国外股指在 2008 年 9 月暴跌是因为其经济基本面出现了问题，即次贷危机的爆发，而各股指的暴跌迅速地反映了该问题（根据第 10.3 部分的研究，交易者的羊群行为在这一过程中起到了推波助澜的作用）。由于中国金融市场比较封闭，中国股市并未受到次贷危机太大的影响。从 2006 年底至 2009 年初，中国股市经历了巨大的波动，但这期间中国经济基本面并没有问题，也就是说股指严重脱离了股票的真实价值，先积累泡沫然后泡沫破裂。前已述及中国股市的特点是交易者轻视私人信息的发掘，不知情交易者比例较大，市场深度小。这些特征会使交易者具有更加显著的羊群行为，而这又会使股价更容易偏离股票的真实价值，所以中国股市在 2006 年末至 2009 年初出现了偏离经济基本面的大幅波动。

10.5 总 结

本章主要探讨了短期中羊群行为与收益率的相互影响和长期中影响羊群行为的市场因素以及羊群行为对市场收益和股价波动性的影响。短期中羊群行为与收益率相互作用使市场变得不稳定。长期中知情交易者的比例、不知情交易者对发掘私人信息的重视程度以及市场深度的变化会影响交易者的羊群行为,羊群行为则会影响收益率和股价的波动性。在证券市场中,羊群行为只是一个中介变量,并不是股价偏离真实价值出现泡沫和泡沫破裂的根本原因,其根本原因是知情交易者比例小,交易者不重视发掘私人信息以及市场深度偏小、流动性差。

交易者的羊群行为程度一个是市场是否有效的指标之一,若羊群行为较严重则说明市场中知情交易者比例偏小或交易者不重视发掘私人信息或市场流动性差。不过,即使是目前比较成熟的市场也总会有不知情交易者,交易者也不可能只靠发掘私人信息做出决策,市场深度也不可能无限大,总会存在一定的羊群行为,因此市场偶尔会出现与经济基本面无关的暴涨和暴跌,并且股价总会与真实价值存在一定的偏差。只有完善市场机制、加强对投资者的教育才能从根本上减少羊群行为,使市场更加稳定和有效。

第 11 章　协同羊群行为与市场波动[*]

11.1　引言

如上一章所分析,计算实验金融方法的引入,不仅为行为金融研究提供了新的思路和内容,同时也为行为金融的理论发展提供了某种实证支撑,并对金融市场微观结构领域的研究具有重要的推动意义。因此,我们认为,计算实验方法可以为揭示市场波动的内部机制提供强有力的支撑,弥补传统研究方法的缺陷和不足。在上一章基础上,本章继续利用计算实验平台上agent 之间的交互作用来研究受协同约束的羊群行为是否是引发市场波动的一种内部机制,希望能够从更深层面揭示证券市场波动的最基本的动因。

11.2　协同羊群行为模型

根据 Johansen and Sornette(2001)的观点,世界上所有的交易者都被组织进一个既是意见来源,又是互相之间形成局部作用与影响的,由家庭、朋友、同事、合约等构成的网络。基于此,我们定义一个概念——"邻居",即与某一主体 A 直接连接的世界范围内的人组成了一个集合,而其他的影响资源则包括报纸、网络、电视等。

因此,A 的意见将由两种力量左右:① 共同受到媒体影响的 A 所在集合的整体的意见;② 自己接收或生成的特异信号。根据羊群行为的概念,可以假定主体会模仿构成集合的"邻居"的意见,而不通知对方。那么,市场中将会存在两种力量:秩序,以及无序或者异质。

＊ 本章主体内容正式发表于《管理科学学报》2010 年第 13 卷第 9 期,作者为陈莹、袁建辉、李心丹、肖斌卿。著者感谢另外三位作者以及该期刊允许使用此论文。

为使问题简化,设网络中的投资者为 $i=1,2,\cdots,I,N$ 为市场中投资者的总量,并且 $N(i)$ 为与主体 i 直接连接的主体集合。设 i 只能在两种状态中任选其一: $S_i=-1$ 或 $S_i=1$,分别表示买或卖、牛市或熊市、乐观或悲观等。仅仅基于 i 的邻居 $N(i)$ 昨天 $(t-1)$ 的执行信息 $S_j(t-1)$ 的集合, i 就可以形成昨天 $(t-1)$ 的策略 $S_j(t-1)$ 来形成其最大化收益。也就是说, i 的最优决策是基于其邻居所抽象出的最可靠的市场情绪表现而形成的"投票"结果,即对所有邻居竞争结果的模仿。与邻居所形成的影响相比,这种决策显然可能背离了自己独有的直觉,这种独特行动可以通过一个依赖邻居或其他主体决策的随机部件被模型捕获。直观来看,主体 i 对主要意见的顺从为何是优化的是由于价格的运行方向决定于供求规则,这也揭示了进化法则引致令人关注的自组织模式的一般特征。

考虑到网络中的交易者沟通渠道缘自它们之间的信息交换,令 $N(i)$ 与 i 直接通信。交易者买卖某一资产的价格 $p(t)$ 决定于以 Δt 为单元的时间上离散的函数。最简单的一种方式是,每个主体每次仅买卖一个单元的资产,定量化为: $S_i=1$(买), $S_i=-1$(卖),主体可以基于所有包括在 $(t-1)$ 时刻的信息以价格 $p(t-1)$ 进行交易,资产价格的波动通过所有交易者的行动的简单汇总 $\sum_{i=1}^{N} S_i(t-1)$ 加以体现。如果 $\sum_{i=1}^{N} S_i(t-1)$ 的值为 0,则表示买卖数量均等,价格不变,供求表现为完美均衡;如果结果为正,为资产供不应求,否则相反。而其他施加于价格变化的影响,则通过在价格波动中加入一个随机部件的简单方法实现,其符合常见的对数正态随机漫步过程,而集中模仿的供求平衡会导致一些组织化现象。

在时刻 $t-1$,当价格 $p(t-1)$ 被公布,交易者 i 选定策略 $S_i(t-1)$ 并持有至 t,就可以通过 $(p(t)-p(t-1))\times S_i(t-1)$ 判断其收益或损失。为了定义最优策略 $S_i(t-1)$,交易者须计算期望收益,即给定 i 的历史信息与头寸,选择使其期望收益最大化的 $S_i(t-1)$。由于价格的变化基于一般意见,因此最优策略就是 $\sum_{i=1}^{N} S_i(t-1)$ 为正则买,为负则卖。上述过程中,关键在于给定交易者如何判断其他交易者所决定的因供求平衡形成的价格漂移。对交易者 i 来说最可行的办法就是汇总 $N(i)$,并从该信息中构造其对价格动态的预期。

基于上述状态规则,价格波动可与交易者的行为汇总相匹配,而 i 的最好的猜测结果就是价格变化将来自于它对"邻居"的交易策略的汇总,而且希望这一猜测对市场整体也是相当可靠的一个"范例"。交易者实际上经常沟通信息,在行动之前就互相进行了有效交换。交易者期望最大化收益即头寸清楚地决定于其所有"邻居"行动汇总后形成的信号。以公式表示为:

$$S_i(t-1) = sign\left(K\sum_{j \in N_i} s_j + \varepsilon_i\right) \tag{11.1}$$

因此,头寸 $S_i(t-1)$ 就是基于 i 关于从"昨天"到"今天"的价格变化 $(p(t)-p(t-1))$ 的最优预期的最大报酬。ε_i 为噪声(异质项,表示投资者之间的异质性)。公式(11.1)描述了给定交易者从它的主要邻居中形成的最优投资策略,同时也顾及其邻居可能对市场整体给定一个非正确行为预期的一些非寻常信息(噪声)捕获的可能。

公式(11.1)刻画了 $(t-1)$ 时刻投资者基于私有信息形成最大收益的决策依据。但是,投资者除考虑私有信息外,其决策过程还会受到公开信息的影响。设公式(11.1)为某一主体在给定时间点的状态,那么在下一瞬间,新的 ε_i 将对它的邻居传播新的影响,主体也将改变状态。即当市场的发展趋势比较明显的时候,投资者的决策会受到某种市场总体情绪(牛或熊、乐观或悲观等)的作用,大量投资者发现自己突然陷入一致性的系统化情绪,这其实就是群体心理在市场中的协同。因此,考虑到这一情况,对公式(11.1)进行如下修改:

$$S_i(t-1) = sign\left(K\sum_{j \in N_i} s_j + \alpha\varepsilon_i + G\right) \tag{11.2}$$

这里,G 为全局影响参数,系统状态的正负发展情况会因 $G>0$ 和 $G<0$ 而有所不同,即公式(11.2)的主体瞬时意见将因这一参数的存在而受到全局性制约。直观的解释是:交易者除了考虑邻居的意见之外,还要参考市场整体情绪,即羊群行为决策将参考小团体和市场气氛的协同而形成。

该模型的最主要特点是个体会形成关于到达信息的性质以及它对未来价格评估的影响的情绪。这种关于市场的情绪会被个体所感知,引导他做出买或卖的决策。这里,好的情绪是指主体认为这些信息利好并且产生了他的投资在未来能增值的预期;而坏的情绪则是指主体认为这些信息不利,并因此认为他的投资在未来将会贬值。

如果个体是 EMH 中的主体,他们的情绪反映的只是信息本身。但是,在我们的模型中,由于是异质和有限理性的主体,情绪的形成不仅有信息本身,还有用语言或以其他方式传达的个体周围主体的情绪以及个体自己的特质。这个特质会影响他对信息和朋友情绪的解释。因此,这些要素一起促使个体产生某种情绪,并且最终导致了买或卖的决定。

11.3 实验设计

11.3.1 交易策略

根据公式(11.2)所定义的模仿策略羊群模型,我们构造实验环境下的交易规则,这是交易者决策的基础。在每个时间步长中,新信息到达市场记为 I_t。EMH 的一个结论是用一个能反映投资者的投资期和对风险的预测的比率对期望价格贴现以后的价值。在实际的金融计算中,我们使用一种转化后的概率,即风险中性概率(risk neutral probabilities),对同样的投资期使用无风险贴现率来计算预期价格的现值,资产的期望收益应该为 0(价格是不定向的)。这就意味着既然我们以贴现后的期望价值解释价格并据此认知信息,那么到达市场的信息贴现以后,不应该让人有偏积极或是偏消极的感觉。因此我们假设信息是不定向的随机变量,其概率分布以 0 为中心左右对称,而我们获得信息的概率服从均值为 0、标准差为 1 的正态分布(对这种分布的另一种解释可能是在一个足够小的时间段内,信息或多或少是不定的)。

信息被分为两类,即好消息(+1),坏消息(−1),从这个意义上说,在 t 时刻有:① $I(t) \sim N(0,1)$;② 如果 $I(t) > 0$,则 $Q(t)=1$,否则 $Q(t)=-1$。

其中,$I(t)$ 表示新信息(简称信息),$Q(t)$ 表示公开信息所形成的涨跌信号。

为此,我们引入以下假设:① 个体有限理性;② 个体是异质的;③ 个体愿意接受同仁们对信息的定性的判断;④ 交易者网络是一个二维的晶格,每个交易者有 8 个近邻,而且边界条件是周期性的。

基于上述假设,实验将模拟从无组织到由集中性买卖的聚集而形成有组织状态,买的羊群聚集导致市场价格上升,卖的羊群聚集引发市场价格下跌。主体可以在某时刻买卖某资产,买卖决策基于其私有信息(随机或考虑相邻主体的决策),决策模型参考公式(11.2),改动为公式(11.3)。

即 agent 的交易策略为：

$$S_i(t) = sign\left(K_i \times \sum_{j=1}^{8} S_j(t) + A_i Q(t) + \varepsilon_i(t)\right) \qquad (11.3)$$

符号函数在自变量为正时取 +1，在自变量为负时取 -1，K_i 表示交易者 i 受朋友的情绪的影响的倾向；$\sum_{j=1}^{8} S_j(t)$ 表示交易者 i 的朋友的情绪的集合；A_i 表示交易者 i 对信息的敏感度；$\varepsilon_i(t)$ 为随机项，用于控制每个个体对信息的独特的解释（异质项，设置为服从均值为 0 的正态分布，其标准差可由用户控制）。$S_i(t)$ 表示交易者 i 对信息的情绪，如果是好的（看涨）交易者将会买入，如果是坏的（看跌）交易者将会卖出。除信息的定性性质是通用的，每个构成符号函数的自变量的要素都是因人而异的。

11.3.2　市场出清与交易规则

实验运行过程中，由做市商吸收所有未撮合订单，并据此制定新的价格。根据 Farmer(2000) 提出的对数线性市场影响函数，我们有：

$$y(t) = \ln p(t) - \ln p(t-1) = W(t)/L \qquad (11.4)$$

其中 $W(t)$ 为净订单量，L 为流动性参数且设 $L = \theta$，则 $W(t)/L = W(t)/\theta$。所以根据 Ponzi and Aizawa(2000)，$W(t)/\theta$ 反映了市场的总体情绪。当然 $p(t) = p(t-1) + W(t)/\theta$，$p(t)$ 表示对数收益。

现在我们对易受其他交易者情绪影响的倾向（propensity）定义一个认知规则，假定个体交易者有一个易受其他交易者情绪影响的基本倾向（base propensity），如果一个好（坏）消息被证实和市场动向方向一致，则个体交易者的易受影响的倾向被设定为他的基本倾向加上（减去）收益；否则个体交易者的易受影响的倾向被设定为他的基本倾向减去（加上）收益。即 K_i 的确定方式如下：

表 11-1　有限理性 agent 的外部情绪影响

个人认知	市场表现	K_i
good news	确认	$K_i = K_i(0) + W(t)$
bad news	确认	$K_i = K_i(0) - W(t)$
good news	相反	$K_i = K_i(0) - W(t)$
bad news	相反	$K_i = K_i(0) + W(t)$

其中,每个交易者的受他人情绪影响的基值 $K_i(0)$(base sentiment contagion)被设定为一个 0 到 max-base-sentiment-contagion(可调)之间的随机数。

在这里,羊群效应通过一个参数控制,可视作某一主体对其相邻主体的重要程度(连接参数),高则可观察到羊群效应,低则视作无组织状态。投资者形成羊群行为是随机的,随机性可通过人为控制均值与标准差来引致羊群效应的不同动态特征:标准差越大,周期性越小,投资者的异质性(私有信号)就越占主导地位,系统无序性就越明显;均值越高,市场就越倾向于有组织行为(羊群性)。每个主体把接收到的均值与标准差视作信号,作为主体的私有策略。主体增加均值至一个正值,就倾向于买;主体调高标准差,市场维持无组织状态就长一些。私有信号决定变量标准差,因此也影响策略稳定性。

11.4 实验运行结果与分析

11.4.1 人工股票市场的建立

我们通过比较模拟结果与真实数据的收益分布情况,从初始参数设定开始搜索能够使模型较好符合真实世界的参数范围,文中给出的参数取值是其中的一组典型值。我们发现模型对规模参数,即主体的数量和时间步长具有较强的鲁棒性,而其他参数的选取也均存在相当的可行空间,模拟收益率尖峰厚尾的总体特征在绝大多数情况下都能呈现,但其程度对参数变化具有一定的敏感性,这表明本章所使用的模型在适合的参数条件下同样也可用于模拟上证综指以外的其他金融产品。当然,对完整参数空间的探索还有待进一步的研究。

我们选择的模型参数如下:个体总数 $N=10\,000$,时间步长为 $10\,000$,正态变量 $e_i(t)$ 均值 $miu=0$,方差的基础值 $sigma=0.85$,受他人影响的倾向的基础值最大为 0.25,对新信息的敏感度最大值为 0.03,而 $\theta=1.07$。运行结果表明交互影响会产生收益率尖峰厚尾的基本特征,研究建立的人工股票市场(ASM)得到的模拟结果与多数证券市场的实际情况接近(图 11-1 和图 11-2)。

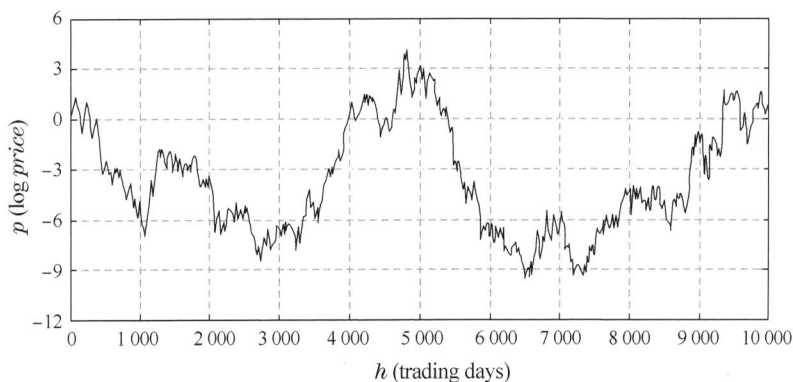

图 11 - 1 ASM 价格走势

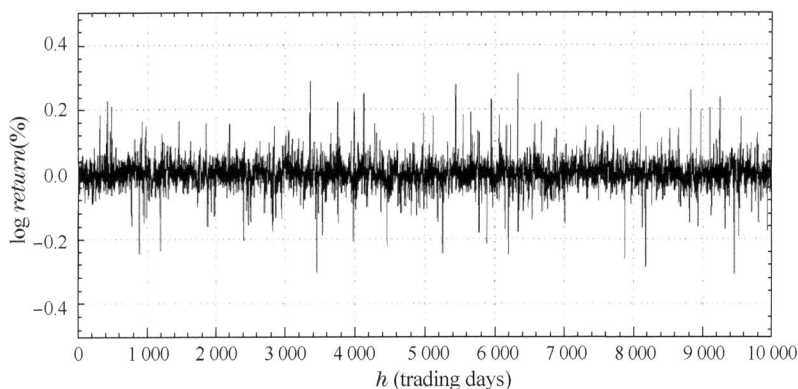

图 11 - 2 ASM 收益率走势

11.4.2 羊群行为与市场收益的波动

实验模型通过二维网络上邻近主体间(周围8个)的相互模仿刻画了市场中的羊群行为,设计如下指标度量羊群行为的程度:

(1) 用 $Around(t)$ 表示 t 时期每个主体周围与之持相同情绪的主体的平均个数。

(2) 羊群行为的度量 $HM(t)=\exp(Around(t)-4)/54.6$。

(3) 图 11 - 3 的参数 max-base-propensity-to-sentiment-contagion 为 0.25;max-news-sensitivity 为 0.10;miu 为 0;sigma 为 0.900。

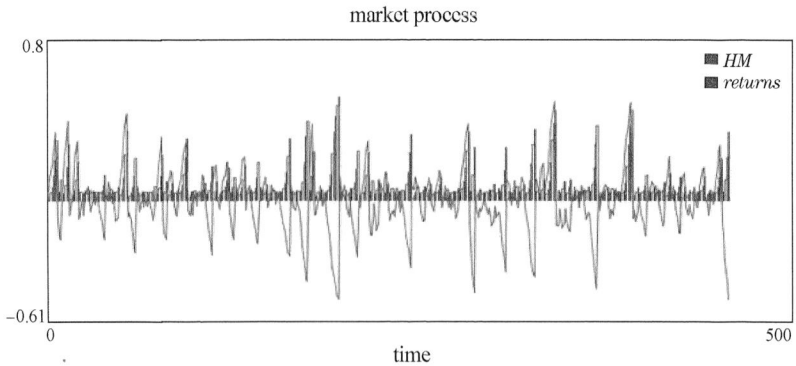

图 11 - 3 羊群行为与市场收益

从图 11 - 3 中我们可以看到,市场中的羊群行为往往伴随着较高或较低的市场收益,客观说明羊群行为的发生通常会导致证券价格的剧烈波动。不仅如此,图中显示,代表羊群效应强弱的 HM 值越大,市场收益的波幅也更为剧烈,表明市场上的羊群行为与市场波动程度存在明显的相关关系。

模拟运行 2 500 步后,共得到 2 500 组羊群效应和市场收益率的观测,其中收益率为正的子样本含有 1 274 个观测,收益率为负的子样本含有 1 226 个观测。羊群效应对市场收益率的回归结果见表 11 - 2:

表 11 - 2　羊群效应(HM)和市场收益率的回归结果

	全样本收益率	收益率为正子样本	收益率为负子样本
羊群效应(HM)	1.179***	1.150***	1.221***
	(104.851)	(78.020)	(70.469)
常数	0.066***	0.067***	0.065***
	(37.281)	(27.386)	(25.074)
R-squared	0.815	0.827	0.802
Adjusted R-squared	0.815	0.827	0.802

注:括号内为 t 值,*** 为 1%水平上显著。

为了更好地了解不同市场环境下羊群行为与市场收益间的关系,我们分别模拟了卖出羊群和买入羊群两种不同类型羊群行为与其对应的收益之间的关系(图 11 - 4)。实验模拟结果显示,卖出羊群行为与收益存在显著的负相关关系,即高的 HM 值往往伴随负的市场收益,而且 HM 值越大,市场收益值也越低。同样,在买入羊群行为中也发现了类似的关系,买入羊群行为与市场收益之间存在显著的正相关关系,高的 HM 值将带来较高的收益。

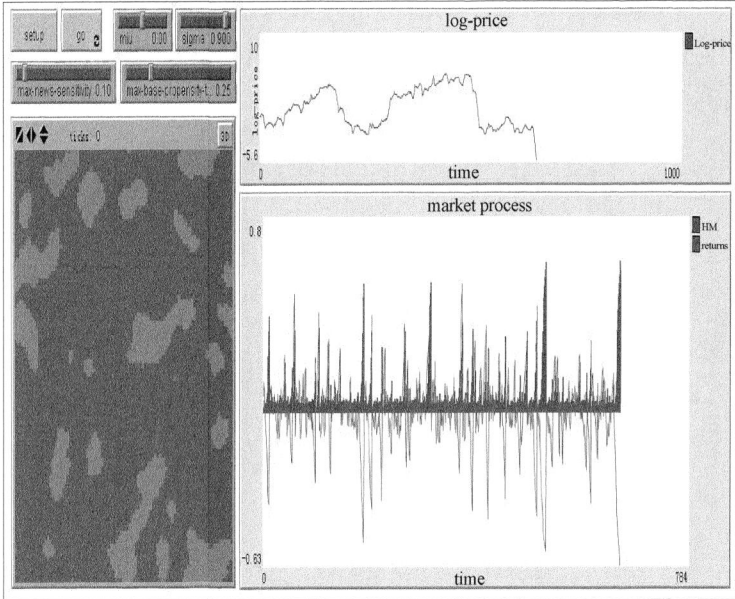

图 11‐4(a)　显著卖出羊群与收益间数量关系

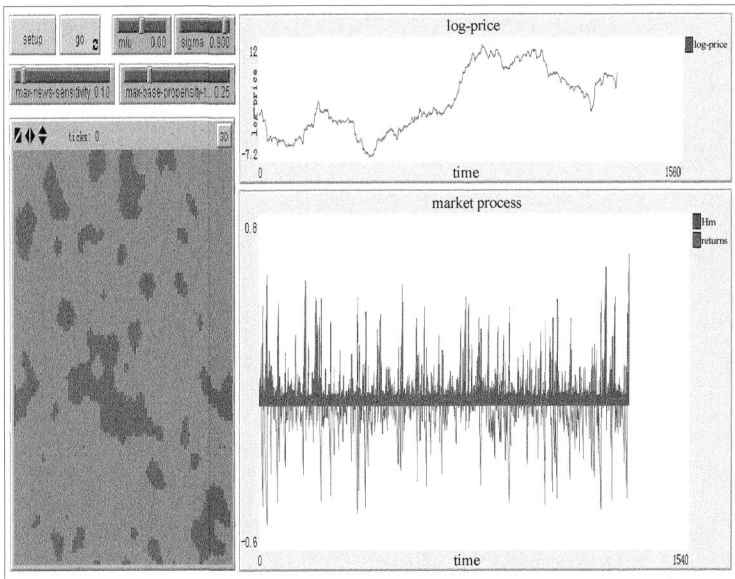

图 11‐4(b)　显著买入羊群与收益间数量关系

图 11 - 5 给出了标准化后的对数收益的累计分布图,我们将对数收益减去其均值并除以方差得到标准化值。我们选取的上证综合指数样本范围为 1990 年 12 月 19 日至 2009 年 3 月 20 日的日收盘价。我们可以看到相比正态分布,模拟的结果更加符合真实市场收益分布尖峰厚尾的特征。说明本章通过实验建立的人工股票市场的运行特征比较符合真实市场的运行规律,得到的实验数据和分析结果有较好的外部有效性。

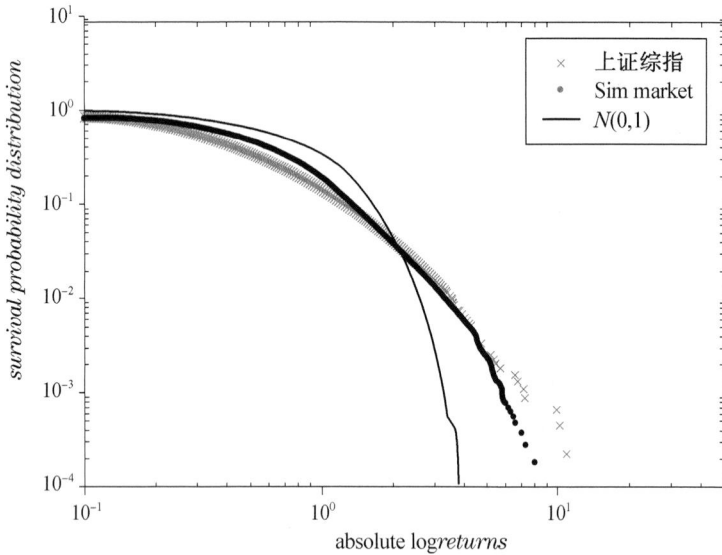

图 11 - 5　真实市场数据拟合

11. 4. 3　羊群行为与市场波动之间关系的稳健性检验

我们使用市场价格减去基础价格度量泡沫,以 40 期的移动均线加上一个正态变量作为基础价格。我们发现,市场崩溃的现象存在于绝大多数参数组合的动态演化中,在不同的参数水平下均会产生泡沫的变化过程,有时泡沫将以崩溃而告终,但有时泡沫也可以平稳地消失。

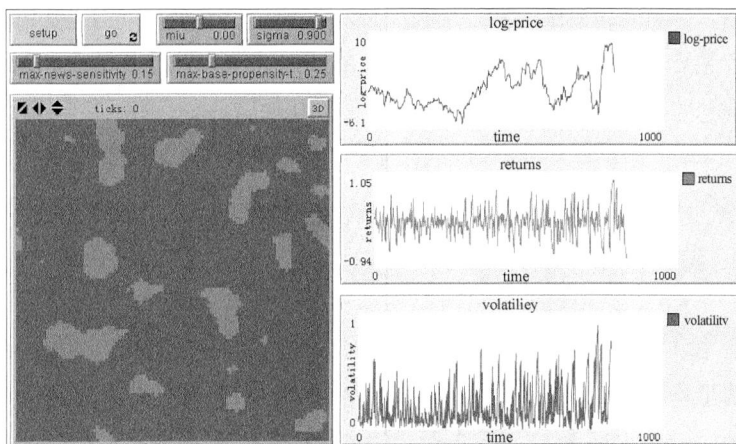

图 11－6(a)　市场崩溃、收益与波动 1

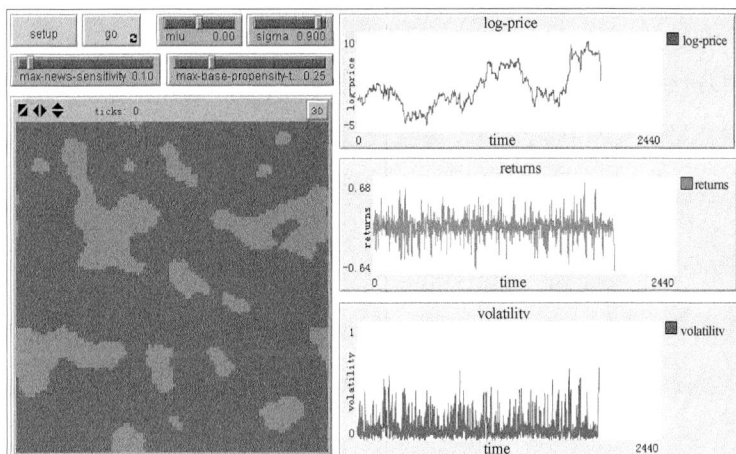

图 11－6(b)　市场崩溃、收益与波动 2

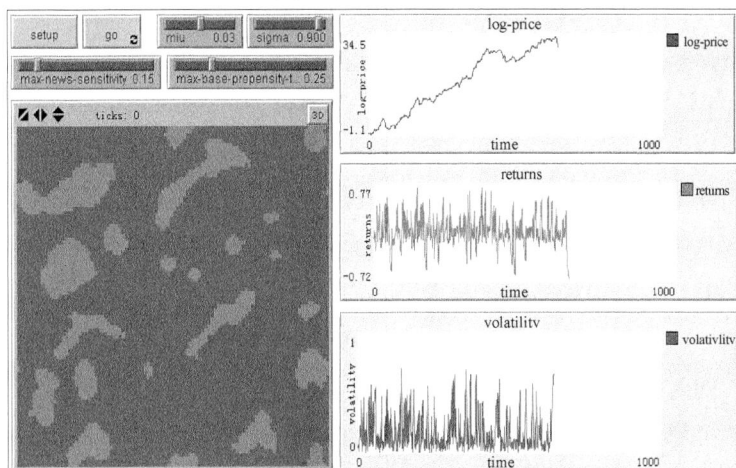

图 11－6(c)　市场崩溃、收益与波动 3

图 11-6 证明在投资者与周边主体相互模仿、相互影响的市场系统中,市场情绪由无序变为有序的循环以及其所伴随的泡沫发展与崩溃现象对于模型参数设定具有稳健性。在不同的模型参数设置下,均可以观察到羊群行为导致证券的市场价格偏离基础价值,并由此产生泡沫或资产价格低估等情况。

11.5 结论

运用计算实验金融方法研究金融问题目前在国内还是一项崭新而富有意义的工作。本章尝试运用计算实验金融方法,对近年来被主流金融学界广泛关注的羊群行为与市场波动之间的关系进行了证明。本章得到的主要结论是:① 对有限理性的异质个体的模拟过程论证了仿真引致羊群行为的判断是有效的;② 证实了投资者个体的同化行为可引发市场震荡;③ 借助自组织临界理论和群体智能、社会仿真理论以及协同市场假说构造基于市场协同背景的自我强化羊群行为投资策略模型,在模拟环境下均发现了市场崩溃,并且羊群行为和市场收益波动的相关性较强。

实验结果显示,伴随着羊群行为的发生,资产的价格和回报率表现出了较明显的波动:当买入羊群显著时,股票价格出现泡沫;当卖出羊群显著时,股票价格出现暴跌。因此,计算实验仿真结果证明,受市场情绪左右出现协同的羊群行为可以引发市场波动,这种现象可以理解为市场波动的一种内生机制。

本章研究结论的现实意义在于,由于公开数据一般无法直接观察到市场中投资者的私有信息,但是在市场中的协同情绪影响下,羊群行为逐步聚合,影响规模与范围也逐渐扩大,市场公开数据就可以发现明显的羊群信号。根据我们的实验结果,羊群行为的波动和市场收益的波动相关性较强,因此,当宏观经济变量和市场中明显的羊群行为信号之间偏离较大时,就应引起投资者和监管方的重视。另外,就个股而言,基本面信息和该股的羊群信号之间的较大偏离也同样可以看作风险警示。

当然客观地说,本章研究仍处于初步阶段,仅仅利用实验金融的方法证明了羊群行为与市场波动之间关系的存在性,而并未探索羊群行为对市场波动的影响机制等更为深入的问题。对此,我们将在未来工作中予以特别关注。同时,如何改进仿真模型的设计,使之更加贴近真实市场,从而增强结论的可靠性也是今后需要考虑的重要问题。

第 12 章　机构投资者行为与市场稳定

12.1　引言

根据发展规模和历史,机构投资者在中国资本市场上的发展主要经历了四个阶段:① 混乱发展阶段(1992~1997 年),共同基金在一种缺乏规章制度、监管不力、地方政府各自为政、投机盛行的状态中发展,最终以中国证监会"规范老基金"而告终。② 整顿发展阶段(1997~2001 年),中国证监会颁布了《证券投资基金管理暂行办法》,参照主要发达国家基金发展的经验和教训,引进了托管等制度框架,使得中国基金业逐渐步入了规范发展的轨道,但发展的速度和规范的程度仍然差强人意,2000 年爆发了"基金黑幕"事件。③ 正常发展阶段(2001~2005 年),在监管层大力推动市场化改革的背景下,中国基金业开始走上正常发展轨道,日渐成为市场不可忽视的一支主流力量。④ 超常规发展阶段(2005 年以来),在股权分置改革的推动下中国开始进入大牛市,与此同时基金也得到了超常规的发展,据 Wind 资讯统计,截至 2007 年 12 月 31 日,58 家基金公司管理的基金资产净值(不包括 QDII 基金产品)达 31 997.4 亿,较 2006 年底同比增长 263.88%;基金份额达 21 252.35 亿份,较 2006 年底同比增长 235.54%,机构对资本市场的影响也日益增大。

与中国机构投资者发展路径相并行的是学术界以及监管部门对机构投资者功能的讨论。从机构投资者的发展开始一直到现在,其作用都是学术界讨论的热点。当然这并不妨碍监管部门发展机构投资者的主张。在这些讨论中有意义的问题主要包括(祁斌等,2005):① 机构投资者对市场有效性的影响;② 机构投资者对市场波动性的影响;③ 机构投资者对上市公司的治理效应等。这些问题的重要性在于其正面效应会对自身发展产生重要影响。在这些问题中,机构投资者对市场是否具有稳定作用吸引了很多研究者的关注。如果答案是肯定的,那么发展机构投资者的政策建议是必然的;如果答案是否定的,那么是否要发展机构投资者可能必须综合考虑机构投资者的其他方面影响。然而一直到现在,对这个问题的回答分歧很大。

在理论研究方面,Hirshleifer 等(1994)认为知情机构投资者有利于股市稳定,但 Culter et al. (1990),DeLong et al. (1990),以及 Gabaix et al. (2003)却认为机构投资者的交易策略加剧了市场的不稳定。Lakonishok et al. (1992)认为机构投资者的羊群效应不一定会导致市场的不稳定。理论研究认为机构投资者不能稳定市场主要有两个视角:一是机构投资者的羊群效应角度,二是机构投资者的投资策略。国内学者王静涛(2006)也从理论上进行了研究,何基报和王霞(2005)在理论上证明了机构投资者与稳定股市没有必然联系。

在实证研究方面,有支持机构投资者稳定价格波动(Lakonishok, Shleifer and Vishny, 1991;Wermers, 1999;Cohen, Gompers and Vuoheenaho, 2002;Barber and Odean, 2003;Bohl and Brzeszczynsku, 2004),也有支持机构投资者会增加价格波动(Sias and Starks, 1997;Sias, Starks and Titman, 2001;Dennis and Strickland, 2002;Chiyachantana et al. , 2004;Chang and Sen, 2005)。美国的基金界中,机构投资者增加股价波动的观点比较普遍[①]。国内在这个问题上的研究主要集中在基金羊群行为的研究上(孙培源和施东晖,2002;宋军和吴冲锋,2001;张羽和李黎,2005),这些研究发现我国的证券投资基金存在着显著的羊群行为,中国机构投资者总体上仍然没有显示出稳定市场的功能。在二者直接关系的研究上,主要研究有李国正和杜贺亮(2003),姚姬和刘志远(2005),步国旬等(2005),何基报和王霞(2005),何佳和何基报(2006),何佳等(2007),以及蔡庆丰和宋友勇(2010)等。研究结论的分歧也很大,例如,李国正和杜贺亮(2003)发现基金投资行为对股价波动没有显著影响;姚姬和刘志远(2005)认为基金作为机构投资者确实发挥了稳定市场的作

---

① 例如,一位养老基金的经理指出:"机构投资者是羊群动物。我们观察着相同的目标,听着相同的预测。我们就像狸鼠一样,经常在同一时间朝同一方向运动,结果自然加剧了价格的波动。"(*Wall Street Journal*, 1989 - 10 - 17)。又如,在 1997 年 11 月 7 日美国 ABC 晚间热线关于机构投资者在股市中作用的讨论中,两位专家指出:"共同基金管理者极其关注短期行为","他们经常同时买入或者同时卖出相同的股票"(Wermers, 1999)。转引自何基报和王霞(2005)。

用,步国旬等(2005)也得到类似结论。何佳和何基报等人(2005,2006,2007)发现不同的机构投资者对市场波动的影响不同。蔡庆丰和宋友勇(2010)研究发现基金并没有起到稳定市场价格作用。

研究结论不一致有很多原因,比如研究样本的差异、研究方法的差异。研究样本的差异如 Cohen et al. (2002),Barber and Odean(2003)以美国机构投资者数据展开的研究,Bohl and Brzeszczynsku(2004)运用波兰数据进行研究,Chang and Sen(2005)运用日本数据的研究,还有 Chiyachantana et al. (2004)利用 37 个国家的机构投资者的数据展开的研究。研究方法上的差异主要体现在:有对机构投资者交易行为对稳定股价影响方面的研究(Cohen,Gompers and Vuoheenaho,2002;Barber and Odean,2003),有直接研究机构持股与股价收益波动相关关系(Sias,1996;Sias,Starks and Titman,2001)。国内学者如姚姬和刘志远(2005)以及何佳和何基报(2005,2006,2007)也基本采用这种方法;还有从行为金融学视角去研究机构投资者羊群效应的间接研究方法(孙培源和施东晖,2002)。

从上述研究看,无论是研究样本的差异还是研究方法的差异,这些研究主要有三个特点:① 在实证研究上基本采用时间序列数据对机构投资者能够稳定股市进行研究;② 行为金融学者开始从投资者行为角度探索机构投资者的行为及其影响;③ 通过研究机构投资者的持股与股价波动关系来看其能否稳定市场。

但令人遗憾的是,囿于投资者实际交易委托数据的可获得性,既有的关于投资者行为与股市稳定相关关系的研究并未能真正深入机构投资者行为及其影响,这也妨碍了人们对机构投资者的市场稳定作用的深入认识。本章在研究机构投资者的市场稳定功能方面提出了一个全新的视角,即选择某些具有特殊性意义的交易日(如股市大跌日),利用交易当日机构投资者的高频交易数据来研究其行为及其市场影响。这不仅有助于深入挖掘机构投资者的交易特征,还能研究其交易特征对股市的影响,探索机构投资者究竟能否稳定股市。

经过 2005 年以来的股权分置改革,中国股票市场走上了高速发展的历史阶段,上证综指从 2005 年的 1 000 多点一度上升到 2007 年 10 月上旬的 6 000 多点,中国股票市场的投资者在分享大牛市的盛宴中雀跃。中国 A 股日开户数一度上升到 40 万。随着股票价格急剧升腾,参与股票投资的人越来越多。然而 2007 年以来的两次股市大跌让投资者领略到了股市的"凶险"。首先是让投资者刻骨铭心的 2007 年 2 月 27 日的全球股市震荡,全球股市经历了一周左右的普遍下跌。中国股市也未能幸免,上证指数跌了近300 点,创十多年来单日指数下跌点数逾越 8% 的新高,两市总市值减少了一万亿元,俗称"黑色星期二"。紧接着,3 个月之后的 5 月 30 日,中国股市发生 2007 年以来的再一次大幅震荡,坊间戏称"五卅惨案":2007 年 5 月 30日零点,新华社突然发布了上调股票交易印花税的消息。当天盘中跌停个股超过 800 家,上涨个股仅 98 家,上证指数全天下跌 281 点,创下历史之最,两市共成交 4 152 亿元,创出历史天量。此后,大多数股票的跌停板的个数都在 4 个以上,短短几天的市值减少近 3 万亿元人民币。

两次股市大跌为研究机构投资者的市场稳定作用提供了很好的素材,研究股市大跌中的机构投资者行为与研究机构投资者对股市的稳定作用逻辑假说在于:如果机构能够起到稳定市场的作用,那么在股市大跌当天这些机构应该能够"托市",买入股票或者至少不卖出;如果机构投资者在大跌当日卖出股票,那么意味着这些投资者并没有起到稳定市场的作用。

因此,本章利用上海证券交易所投资者下单(委托)和交易数据库的高质量高频数据(这也是本文的重要特色之一),以"2·27"和"5·30"大跌当日及其前后的所有投资者下单(委托)和交易数据为基础深入探索大跌中机构投资者的行为,为深入研究机构投资者的市场稳定功能提供一个新的视角,在此基础上本章进一步探讨这些机构投资者行为的影响因素,从而从深层次探讨机构投资者能否稳定市场。

本章的学术贡献和特色首先在于从创新的视角研究机构投资者能否稳定市场这一问题,具体地,从股市大跌当日(市场不稳定,大波动)角度挖掘机构投资者的交易行为及其影响作用;再者,本章的研究也在一定程度上揭示机构投资者的认知规律和决策行为,挖掘其在股市大跌中的作用,深化机构投资者行为理论研究;最后,以大跌当日机构投资者行为为研究对象,也探索股市大跌的内在动因,为大跌提供合理性解释,从而丰富股市震荡理论研究内容。

本章安排如下:第二部分是对机构投资者与股市稳定的文献进行评述;第三部分是对两次股市大跌中机构投资者的行为进行描述,并探讨机构投资者是否起到稳定股市的作用;第四部分深入探讨机构投资者行为的影响因素;最后是研究结论。

12.2　文献回顾

12.2.1　国外理论与实证研究

1. 国外理论研究文献回顾

国际上就机构投资者对股价波动影响进行理论研究的文献不多。Culter，Poterba and Summer(1990)建立了一个包括正反馈交易者在内的采取不同交易策略的动态资产价格模型，考察了正反馈交易行为是否稳定价格波动。DeLong et al.(1990)建立的理论模型指出：由于股票市场上存在正反馈交易者，使理性投资者无法发挥原有稳定股价的功能，并且可能造成市场更加不稳定。Gabaix et al.(2003)建立了在相对非流动性的市场中，大投资者的交易所引起的过度波动理论。Lakonishok，Shleifer and Vishny(1992)指出，机构投资者的羊群行为并不一定会导致市场的不稳定。Hirshleifer，Subrahmanyam and Titman(1994)提出了部分知情机构投资者先于其他交易者得到信息的两期模型，发现知情机构投资者的反向交易倾向在一定情况下有利于股价稳定。

2. 国外实证研究文献回顾

关于机构投资者对股价波动影响的实证研究结论有两个方面。一是支持机构投资者稳定价格波动。Cohen，Gompers and Vuoheenaho(2002)运用美国的数据发现机构投资者通过买入对具有正现金流信息做出反应，而在没有信息导致的价格增加中，将股票卖给个人投资者，因而机构投资者的行为使股价向其价值回归，起到了稳定股价的作用。Barber and Odean(2003)发现美国的个人投资者喜欢买卖那些交易量或价格变化出现异常而且被媒体关注的股票，而机构投资者则没有这样的行为。因此在这种情况下，机构投资者可能起到了稳定股价的作用。美国证券交易委员会(SEC，1971)在《机构投资者研究》报告中对 20 世纪 60 年代末以来出现的如火如荼的机构化趋势所带来的影响进行了深入研究，研究结果表明机构化投资没有导致股市不稳定性的加强。Lakonishok，Shleifer and Vishny(1991)指出，机构投资者不存在羊群效应和正反馈交易现象，因而机构投资者的存在至少不会导致市场的不稳定。Bohl and Brzeszczynsku(2004)运用波兰的数据证明了机构投资者持股比例的增加减少股票指数收益的自相关性和收益波动,因而没有增加股价的波动。Wermers(1999)以 1975~1994 年美国股市的所有共同基金为研究对象,发现样本基金存在一定程度的羊群行为,尤其是在小盘股和成长型基金上。成长型基金的羊群行为与正反馈行为有关:在对近期表现极好(极差)股票的买入(卖出)中表现出较强的羊群行为。基金共同买入的股票比共同卖出的股票具有较高的同期和滞后收益,即收益差距将延续较长时间,Wermers 据此认为,共同基金的羊群行为可能是理性的,并且加速了股价吸收新信息的速度,进而有利于市场的稳定。

二是支持机构投资者增加股价波动。这方面的文献也有很多,例如,Sias and Starks(1997),Sias,Starks and Titman(2001),Dennis and Strickland(2002)。Sias,Starks and Titman(2001)发现机构投资者的交易对价格产生的影响是造成其持股数量变动与收益具有正相关的主要原因。Sias(1996)以 1977~1991 年纽约交易所所有上市公司为样本,分析了股价波动与机构投资者持股比例的关系。在控制公司规模的情况下,机构投资者持有比例与股价波动存在正相关,并且进一步得出机构投资者持有比例的增加导致了股价波动的增加。Chiyachantana 等(2004)利用 37 个国家的机构投资者在 1997 年第 4 季度和 1998 年第 1 季度及 2001 年前 3 个季度的交易数据研究了机构投资者的交易对价格的影响,结果发现机构投资者对价格的影响与市场状况有关。Chang and Sen(2005)运用日本 1975~2003 年的数据,得出了机构投资者的羊群行为与公司股价的特异性(idiosyncratic)波动具有显著的正相关性。

12.2.2 国内研究回顾

国内关于机构投资者对股价波动影响的理论研究也很少。王静涛(2006)通过建立一个信号博弈的精炼贝叶斯均衡模型对发展机构投资者是否能够稳定股市这一问题进行了研究。何佳和何基报(2005)针对国内市场的情况,建立了投资者结构与股价波动关系的理论模型,结果表明,在市场产品结构、交易制度和规则体系等要素给定的情况下,股价波动是投资者结构参数的函数。机构投资者与稳定股价没有必然联系,股价波动的大小与市场中复杂的投资者结构、市场环境和制度等有关,即使在相当理性的市场上,随着投资者结构的变化,既会出现股价波动随着机构投资者比例增加而增加的情况,又可能出现股价波动随着机构投资者比例增加而减少的情况,从而否定了国内想当然的主流思想。

在实证方面,虽然国内学者对机构投资者进行研究的文献很多,但很多是对基金羊群行为的研究,如孙培源和施东晖(2002)、宋军和吴冲锋(2001)、张羽和李黎(2005)等。这些研究发现我国的证券投资基金存在着显著的羊群行为,以中国证券投资基金为代表的机构投资者总体上仍然没有显示出稳定市场的功能。班耀波、齐春宇(2003)对中国情况总结后指出,中国股市中的机构投资者并未发挥稳定市场的作用。

关于证券投资基金是否起到了稳定股市的作用,学术界的实证研究也有一些。近年来具有代表性的有李国正和杜贺亮(2003),姚姬和刘志远(2005),步国旬等(2005)。李国正和杜贺亮(2003)利用 2003 年第三季度基金的十大重仓股数据,研究了基金持股比例与股价波动的关系,发现基金投资行为对股价波动没有显著影响。但该研究只是针对 2003 年第 3 季度进行的,得出的结论很难说具有全面性。姚姬和刘志远(2005)运用 Fama-MacBeth(1973)回归方法对上述问题进行了研究,具体方法为,首先利用 2001~2003 年各个季度基金重仓股持股比例、重仓股的收益率、收益波动率和换手率的数据建立截面回归模型,并对模型进行检验,再对各期回归结果汇总计算系数均值,判断系数和截距项是否显著差异于零,从而验证变量之间是否有稳定的线性关系。姚姬和刘志远(2005)发现持股比例越高的股票的季度流动性和收益率越高、波动性越低,由此得出基金作为机构投资者确实发挥了稳定市场的作用[①]。步国旬等(2005)运用了 2002~2005 年第 1 季度的所有封闭式及偏股型开放式基金前十大重仓股数据进行了同样的研

---

① 何佳等人(2007)认为该文存在如下不足之处:首先,2001~2003 年只有 12 个季度,因而只有 12 个系数,属于小样本,检验结果不一定可靠。其次,在按季度得出的 12 个回归方程中,只有 3 个在 5%的水平下显著,9 个不显著,然后作者根据 12 个系数的均值为负得出基金持股比例越高股价波动越小的结论,显然不一定可靠。再次,作者选取的不是所有的证券投资基金,而是将债券型基金剔除在外的偏股型基金。最后,在研究基金持股比例变化与股价波动关系时,基金对某一股票的持股比例应该是所有基金持有该股票的比例总和,而非属于前十大重仓股的那些股票持股比例之和。据统计,2001~2003 年基金前十大重仓股持有的股票占基金全部持股的 57.26%,即还有 40%多的比例没有被包括进来,能否用所有基金前十大重仓股持股数据得到的基金持股比例及变化作为所有基金的持股比例及变化,需要进一步商榷,对由此得到的结果也需要慎重。

究,方法与姚姬和刘志远(2005)一样,得出的结论也基本相似,所存在的问题与姚姬和刘志远(2005)也一样,但该文并没有给出2002~2005年第1季度共13个季度的回归方程的系数。何佳和何基报等人(2005,2006,2007)对我国机构投资者是否一定起到了稳定股市的作用进行了实证研究,发现不同的机构投资者对市场波动的影响不同。以证券投资基金为代表的机构投资者对股价波动的影响随着市场结构和环境的变化而变化,在2003~2007年各年的情况均有所不同,在同一年份,即使价格向同一方向变化,基金的行为有时增加股价波动,有时减少波动,没有一致性结论。政策制定者应通过市场基础和制度建设,建立相应的机制和提高监管能力来维护市场稳定,而不是指望机构投资者来维护市场稳定。蔡庆丰和宋友勇(2010)分别运用TARCH模型(宏观层面)和面板数据模型(微观层面)研究中国基金业跨越式发展对市场波动率的影响,研究发现中国基金业的跨越式发展并没有促进市场的稳定和理性,反而加剧了机构重仓股的波动。

总体上说,在机构投资者是增加波动还是减少波动的问题上,持有前一观点的较多。何佳等人(2007)评论认为,出现不同观点的原因可能有以下几个:一是支持稳定价格波动的许多文献得到的是间接性结论,或者从间接角度来证明(如不会增加市场的波动,或者从其得到的行为特征来推测);二是没有考虑到不同的市场情况和环境可能导致不同的结论;三是样本数据问题,部分文献并不是以某一类机构投资者如基金的全部样本来研究的,导致结论不一定可靠。

12.3 机构投资者在两次股市大跌中的交易行为及其影响

12.3.1 机构投资者的定义与分类

一般来说,机构投资者是指保险基金、养老基金和证券投资基金等以机构身份从事证券投资的投资者。机构投资者是与个人投资者相对的一个概念,即按投资者的性质进行分类,当证券持有人是自然人时,称该投资者为个人投资者,当证券持有人是机构时,称该投资者为机构投资者。目前,国内市场的机构投资者主要包括：证券公司、保险公司、证券投资基金、社会保险基金、合格的境外机构投资者（QFII），以及其他一般法人机构。

按照上海证券交易所的账户分类标准，中国 A 股市场投资者分为三类：A——个体投资者（individual investor）、B——机构投资者 Ⅰ（institution investor）、D——机构投资者 Ⅱ（proprietary investor）和 F——政府机构投资者（government institute investor），其中 B 类机构投资者主要包括以一般公司、上市公司与保险公司从事证券投资的投资者。D 类机构投资者主要指以共同基金、经纪公司（券商自营）与境外机构投资者（QFII）从事证券投资的投资者。进一步，根据研究需要和上交所投资者下单库和交易库数据，我们将 A 类投资者划分为三类：large 账户、middle 账户和 small 账户，并分别称之为大户、中户、小户。根据订单库中其下单量，A 类投资者只要有一笔下单量≥10 000 股（下单量的 95％分位数），则将这个账户定义为 large；只要有一笔下单量≥1 000 股（下单量的 50％分位数）且其所有下单量不能大于 9 999 股，则这类账户为 middle；剩下的划入 small。

对机构投资者的定义直接关系到如何对机构投资者进行研究。然而，广发证券课题组（2003）认为上述这种描述性的界定并不严格和精确，他们认为，使两者区分开来的最根本的差别应该是看投资者是否拥有某种程度的市场势力（market power），拥有市场势力的投资者就可以被看作机构投资者，反之则是一般投资者。进而，该课题组从交易行为、信息搜寻方式、委托代理关系以及资金实力等不同侧面讨论机构投资者的特征。这种定义是出于研究的需要，因为在该课题组的研究中所采用的数据并没有区分机构投资者和非机构投资者。在上交所的投资者委托和交易数据库中已经明确了机构和个体投资者的分类。需要指出的是，广发证券课题组对机构投资者的定义有一定的合理性。这种合理性在于能够比较准确地把握真正影响市场的投资者，即如果一家基金公司没有市场势力，则其不能算作机构投资者；反之，如果一个个人投资者拥有市场势力则也可算作机构投资者①。事

---

① 在缺乏交易者类型分类的情况下，有两种方法区分交易者是个人投资者或机构投资者：价值型区分法（简称价型）和交易量型区分法（简称量型）。使用价型区分法的如 Lee（1992）认为小额交易（不超过＄10 000）是个人投资者的行为；使用量型区分法的如 Cready（1988），Cready and Mynatt（1991）将超过 900 股的交易看成机构投资者行为。广发证券课题组（2003）在此两种方法基础上对其拥有的投资者交易数据进行了分类和研究。

实上,根据我们对上交所 A 类账户个体投资者的研究表明,该类账户有 10%左右的交易规模已经超过了 B 类投资者的交易规模。在本章的研究中,以 B 类机构投资者和 D 类机构投资者作为研究对象进行探讨。

12.3.2 我国股市"5·30"大跌当日机构投资者交易行为及其影响

通过 5 月 30 日当天的分时 K 线图(图 12 - 1)和各类投资者分时买入委托量和卖出委托量之差示意图(图 12 - 2)可以看到,集合竞价一开始由于受到印花税调整的影响,A 类账户的大户账户就开始大量抛出股票,股票价格急剧下滑。连续竞价开始后的一段时间,由于各类投资者纷纷挂出买单,市场中买单大于卖单,市场中许多股票在 9:30 至 9:55 期间有了一定的反弹,从而推动指数有了小幅的反弹,此后一段时间内各类投资者买卖力度基本保持均衡。纵观上午连续竞价的分时 24 个统计时间段,B 类账户大量卖出,而 D 类投资者是买入金额大于卖出金额。整体而言,"5·30"当天机构投资者,B 类买入 49.45 亿元,卖出 68.40 亿元(图 12 - 3);D 类投资者买入 142.37 亿元,卖出 111.08 亿元(图 12 - 4)。D 类买入要大于卖出,因此在一定程度上起着稳定市场的作用;而 B 类投资者卖出要大于买入,在"5·30"大跌当天对大跌起着推波助澜的作用。

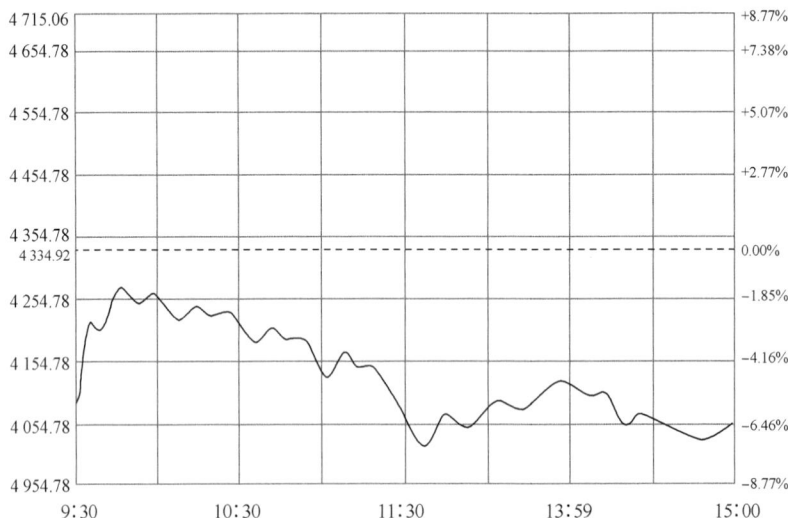

图 12 - 1 上证指数 5 月 30 日当日 K 线图

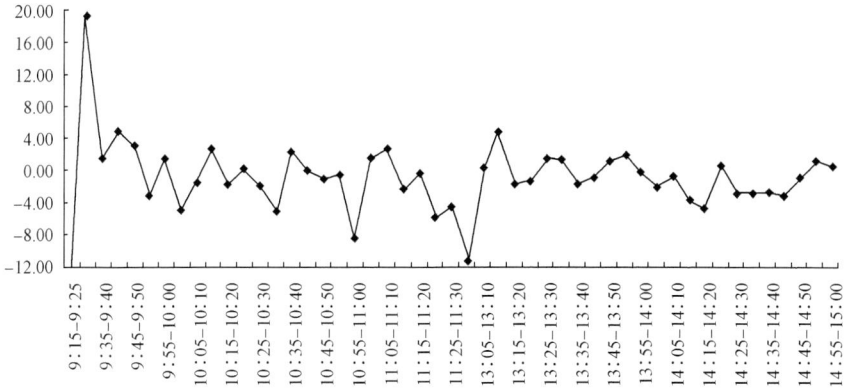

图 12‑2　所有投资者 5 月 30 日当日分时委托买量和委托卖量之差示意图(亿股)

资料来源:上海证券交易所投资者交易数据库。

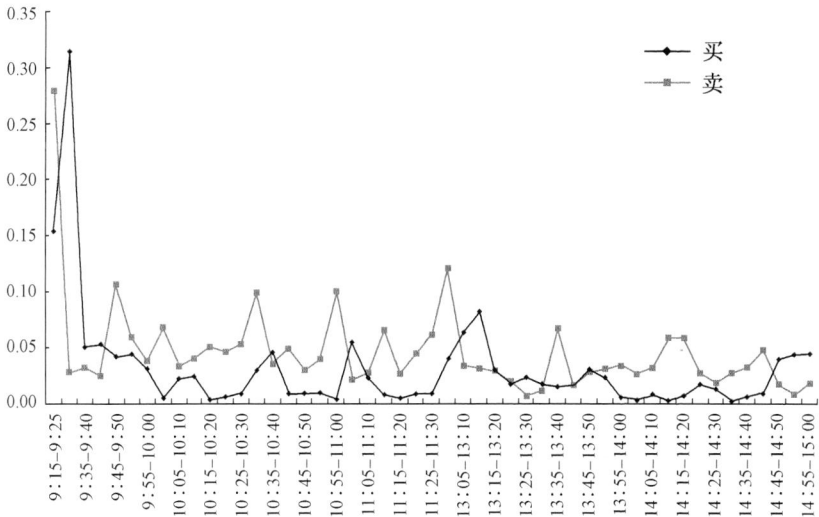

图 12‑3　B 类机构投资者 5 月 30 日当日分时委托量示意图(亿股)

资料来源:上海证券交易所投资者交易数据库。

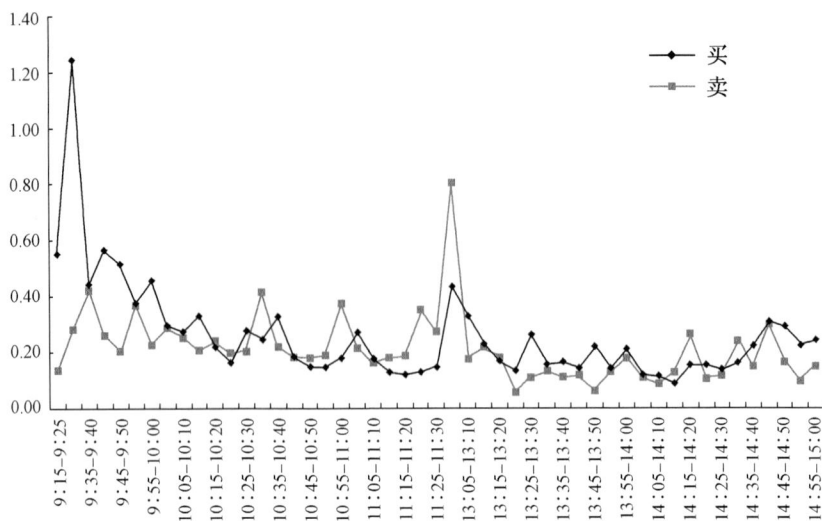

图 12-4 D 类机构投资者 5 月 30 日当日分时委托量示意图(亿股)

资料来源:上海证券交易所投资者交易数据库。

12.3.3 我国股市"2·27"大跌当日机构投资者交易行为及其影响

通过 2 月 27 日当天的分时 K 线图(图 12-5)和各类投资者分时买入委托量和卖出委托量之差示意图(图 12-6)可以看到,由于没有外在信息的冲击,集合竞价过程显得非常平稳。连续竞价开始后的一段时间,由于各类投资者纷纷挂出买单,市场中买单大于卖单,许多股票在 9:35 至 9:55 期

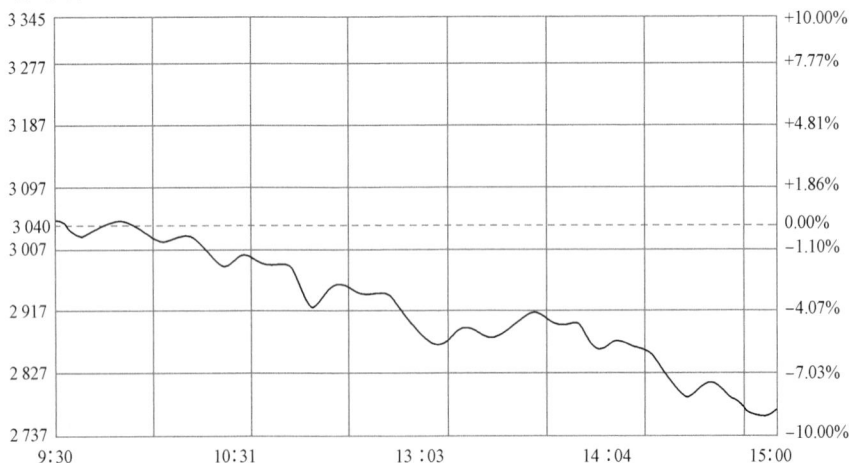

图 12-5 上证指数 2 月 27 日当日 K 线图

间有了一定的反弹,从而推动指数有了小幅的反弹,此后一段时间内各类投资者买卖力度基本保持均衡。在 10∶15 至 10∶25 随着大户开始第一次大规模抛出股票,随后 D 类投资者也纷纷加入,市场开始第一波下跌(图 12 - 6)。

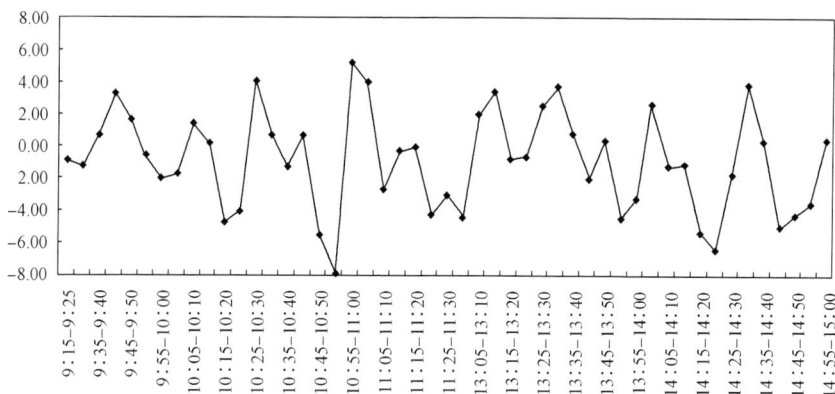

图 12 - 6　所有投资者 2 月 27 日当日分时委托买量和委托卖量之差示意图(亿股)
资料来源:上海证券交易所投资者交易数据库。

有意思的是,从全天运行看,从 14∶15 开始,随着一批新的大户开始大量抛出股票,同时 D 类投资者也开始大量抛出股票,市场中涌现大量卖单,上证指数直线跳水,在之后的半小时内,大户连续杀跌,导致市场恐慌情绪蔓延,尽管尾盘最后 20 分钟,B 类和 D 类投资者表现出一定抢筹意愿,但是并没有能稳定市场。最终上证指数收于 2 771.79 点,下跌 268.814 点,跌幅达到了-8.84%。

纵观上午连续竞价的分时 24 个统计时间段,B 类和 D 类账户大量卖出(图 12 - 7 和图 12 - 8),B 类和 D 类投资者都是买入金额小于卖出金额,并没有起到稳定市场的作用。可见,无论是 B 类投资者还是 D 类投资者在"5·30"大跌当天都对大跌起着推波助澜的作用。

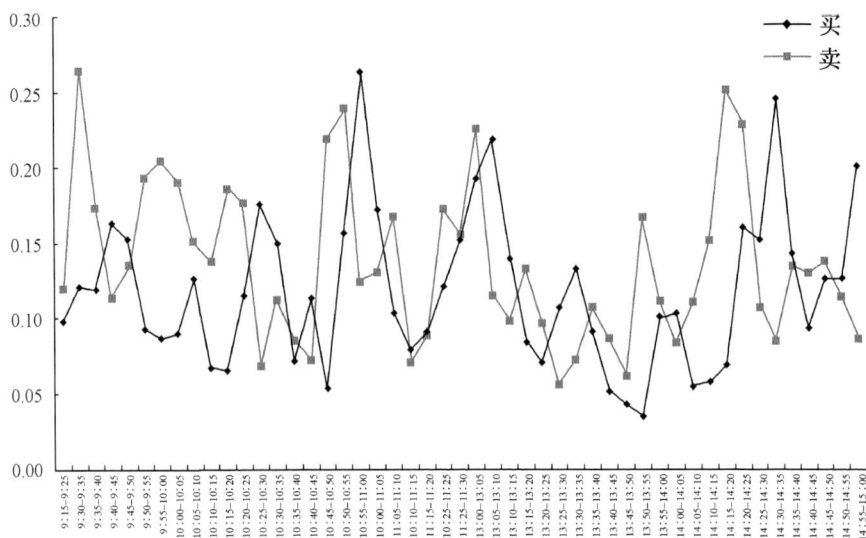

图 12 - 7　B 类机构投资者 2 月 27 日当日分时委托量示意图(亿股)

资料来源:上海证券交易所投资者交易数据库。

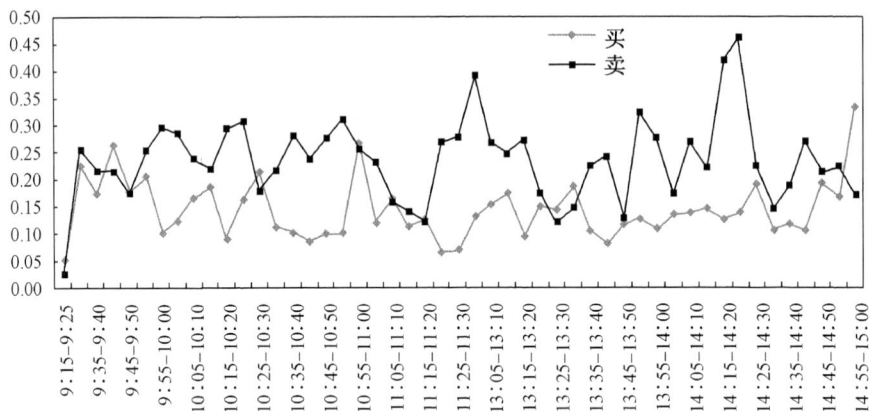

图 12 - 8　D 类机构投资者 2 月 27 日当日分时委托量示意图(亿股)

资料来源:上海证券交易所投资者交易数据库。

12.3.4　股市大跌中的机构投资者交易行为及其影响

通过对比两次股市大跌中机构投资者交易行为,得到如下两个结论。

结论 1　"5·30"和"2·27"股市下跌是由大户发起,机构投资者不是股市大跌的推手。

通过图 12-7 及图 12-8,可以清楚地看到大户贡献了市场一半的交易额,它们是这两次股市大跌直接发起方,这一研究发现与施东辉(2006)的研究是一致的,不同在于采用的数据和研究方法[①]。而中户和小户是主要的买入方,在大跌过程中,股票大量从大户账户流入中户和小户账户中。

从两次大跌中 B 类和 D 类机构投资者的交易规模看,均没有超过 10%(表 12-1),可见在中国资本市场上机构投资者的市场影响力还比较小,在主观上要发挥"托市"职责还有待时日。并且,在"5·30"大跌中,B 类和 D 类对市场的买卖规模相对比较均衡(图 12-9);而"2·27"当日 D 类投资者卖出行为比较明显(图 12-10)。

表 12-1　各类投资者成交金额占比

		large	middle	small	B	D
总成交 金额占比	5 月 30 日	50.71%	34.49%	3.69%	3.63%	7.48%
	2 月 27 日	55.74%	30.75%	2.15%	3.61%	7.76%
买入金额占比	5 月 30 日	41.52%	41.39%	5.35%	3.14%	8.60%
	2 月 27 日	51.23%	35.91%	2.94%	3.43%	6.48%
卖出金额占比	5 月 30 日	59.90%	27.60%	2.03%	4.12%	6.36%
	2 月 27 日	60.24%	25.60%	1.36%	3.78%	9.03%

资料来源:上海证券交易所投资者交易数据库。

[①]　施东辉(2005,P276-292)研究发现,大户是最有影响力的投资者,其交易行为不但会影响随后的股价涨跌,也会影响到散户的交易策略,这意味着大户是上海股市中最为知情的投资者;散户则在上海股市中扮演了噪音交易者的角色,由于存在过度自信心理,其频繁进行的大量交易为大户和机构无偿提供了流动性。在研究方法的选择上,施东辉主要采用的是向量自回归方法,以2000 年末流通市值最大的 30 个股票为研究对象,研究股票涨跌与大户交易行为的相关关系,进而研究大户行为与其他投资者交易之间的相关关系。这与本章的研究方法不同。

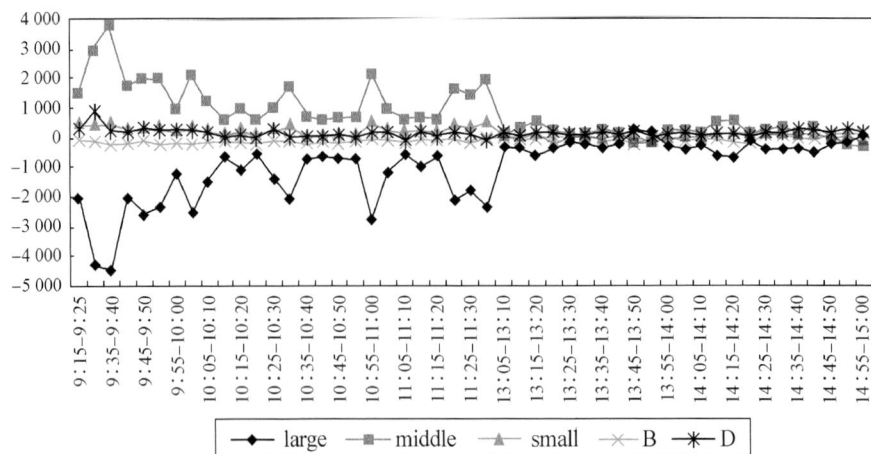

图 12‑9　2007 年 5 月 30 日各类投资者分时股票净买入(百万元)

资料来源:上海证券交易所投资者交易数据库。

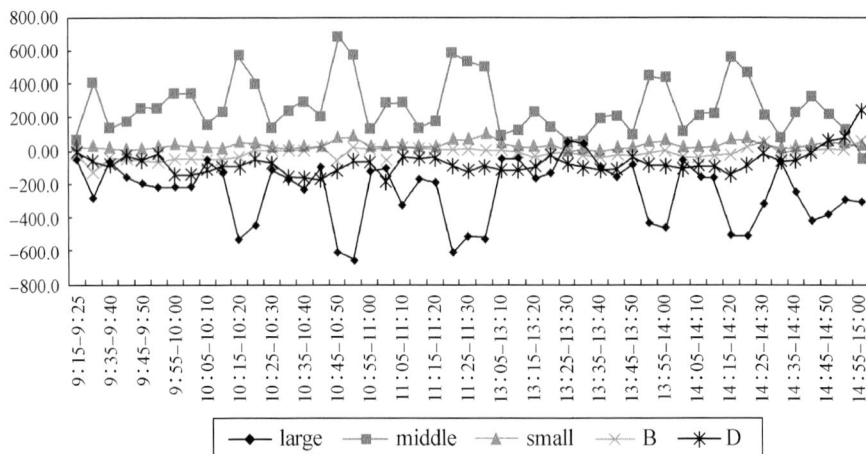

图 12‑10　2007 年 2 月 27 日各类投资者分时股票净买入(百万元)

资料来源:上海证券交易所投资者交易数据库。

结论 2　在两次大跌中,机构投资者(B、D 类投资者)在其中角色并不一样。

从表 12‑2 中也可以看出,B 类投资者对于两次股市都起到了推波助澜的作用;而 D 类投资者在两次大跌中的角色是不一样的,在 5 月 30 日 D 类投资者是股票净买入,而在 2 月 27 日当天的大跌中,其是股票净卖出,它没有起到稳定市场的作用。

表 12 - 2　各类投资者股票净买入（亿元）

	2月27日	5月30日
large	−115.2	−491.5
middle	131.9	368.8
small	20.2	88.8
B	−4.4	−26.3
D	−32.6	60.3

资料来源：上海证券交易所投资者交易数据库。

12.4　机构投资者在股市大跌中的交易行为影响因素

12.4.1　机构投资者交易行为的影响因素一般性分析

证券投资者的交易行为是如何产生的？诱发投资者买卖股票的动因是什么？它们对投资者的投资意愿的影响度究竟有多大？对于影响证券投资者交易行为的因素，经济学家也进行了一些研究。Grinblatt and Keloharju (2001)根据"芬兰中央证券登记结算中心"（FCSD）记录的有关投资者的股票交易数据，对影响投资者交易行为的因素进行了实证检验,结果证实,投资者以往的投资回报,尤其是过去的赢利记录较之亏损对其交易行为的影响效应更大;投资者在大部分交易时段内都具有"损失厌恶"(loss aversion)的心理,但是在每个交易年底,由于对股票收益征税会导致有损失抛售股票的行为剧增;非专业的投资者对于那些过去涨幅大的股票更倾向于卖出而非买进,且市场整体的巨大收益更容易诱发投资者的抛售行为。此外,投资者的生命周期也被证实与其交易行为有关系。年轻的投资者往往会卖出股票(这些股票主要来自家族遗传),中年投资者会倾向于买入股票,而老年投资者往往更愿意抛售股票。国内也有不少研究,例如李心丹(2004，p260)通过对中国个体投资者的投资意愿进行研究后发现,个体投资者投资意愿的强弱与其对市场前景预期值、宏观环境满意度、政策监管满意度、上市公司认同度、信息披露满意度、投资风险预期值、违规现象认同度等有着密切的关系,而与其性别、年龄、学历、入市年限、投资水平的高低和对庄家现象的认同度等关联性不强。

如何对影响投资者投资行为的因素进行研究,按照决策论的观点,应该系统地看待决策者的内外部环境。证券市场不是一个孤立的系统,是处于整个国民经济大系统中的一个子系统,有其特定的外部环境、内部环境,内外部环境之间不断发生着物质流、信息瀑布的交换,投资者的投资行为是受到各种因素(内因和外因的集合)的驱动而产生的。通过对国内外大量文献和实证研究成果的检索,李心丹(2004,p266)对影响证券投资者行为的因素作了一个系统的归纳①,发现主要有五大因素对投资者的投资倾向起着直接的影响作用,即宏观环境因素、政策及市场因素、上市公司素质因素、信息获取因素和投资者自身因素,这五种因素对投资者行为的影响见图12-11。

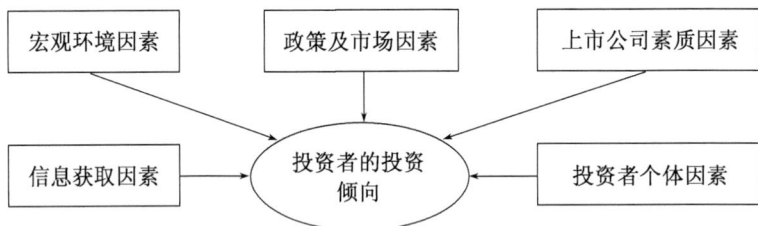

图 12-11 投资者行为影响因素模型

资料来源:李心丹(2004,p266)。

政策及市场因素对投资者行为的影响。制度虽是一个社会所应共同遵守的游戏规则,但它必须借助于市场其他主体(这里主要是机构与个人投资者)的行为才能发生作用。新制度经济学认为,证券市场各利益主体总是倾向于利用其信息优势与资源优势,选择有利于自身的"制度安排"来实现其利益目标,同时强迫弱势群体或享受不到利益的个体接受它。政策和市场

---

① 银河证券课题组(2002)认为,人的本质是各种社会关系的总和,无论是投资者个人,还是机构(法人)都离不开一定的社会关系。因此,讨论投资者行为,也是将投资者放在中国特定的市场制度、文化环境下考察投资者不同的反应。投资者是在特定环境下进行投资的,但其不是被动地被环境所影响,在一定程度上投资者还可以反作用于环境,这在强势的投资群体(机构)对政策及与机构的相互关系中有充分的反映。因此,该课题组认为不仅要分析外在共同因素(社会文化、市场制度)对投资者行为的影响,还要分析投资者内在特质(个体心理)对投资行为的影响,以及不同投资者面对共同的市场环境时的不同行为反应。最后该课题组归纳了市场制度、社会文化、信息披露、个体心理以及不同投资者相互影响等五个方面对投资者行为产生的影响。

制度对投资者行为的影响主要体现在政策和制度设计与执行的各个利益相关者之间的博弈，如政府与机构的博弈、机构与机构的博弈、政府与个体投资者的博弈，个体与机构之间的博弈等。

投资者行为不仅受到制度和经济因素的影响，还受到社会文化因素以及个体特质与心理因素的交互影响。现实的投资者行为是非理性的，理性投资者不能满足具有非理性的资产需求；证券价格由理性的投资需求和非理性的投资需求共同决定，即证券价格同时由功利因素（利益和经济效用）和投资者的非功利因素（个体心理）所决定，投资者的个体心理也影响证券价格。社会文化因素包括社会历史、意识形态、文化、社会心理、社会习惯及习俗等，通过影响投资者的价值观、意识、性格、态度，决定投资者的需求结构、动机水平，或者通过影响投资者的需要满足程度以及对正式制度的满意程度和评价，进而影响投资者的行为方式选择（银河证券课题组，2002）。

上市公司素质因素主要是指上市公司的基本面信息对投资者行为的影响，公司层面是与股价相关的主要因素。例如 1989 年 10 月 13 日美国联合航空公司兼并融资宣告失败，并且该公司股票被宣告停牌（McMillan，1991），股市开始下跌。而股价下跌正是投资者买卖行为的直接反映。

信息对投资者行为的影响主要体现在投资者根据信息对公司价值进行判断进而得到买卖决策。投资者在市场上总是以获取最大收益为目标，而收益则和信息量及信息的准确性直接相关，个人投资者客观上更关注其他参与主体能否为其提供充分、完备、准确的信息。缺乏有效信息披露的制度安排，往往会造成"噪声"等无效和虚假信息充斥市场并因而形成股价较大幅度地波动，其结果必然使众多投资者望而却步，大大减少流入股市的财富，降低资源配置效率（银河证券课题组，2002）。

投资者个体心理因素主要包括认知、情绪、情感、态度、预期和风险等，它是通过作用于投资者的动机来实现的。作为微观经济主体的个人，他总是在满足某种需要，追求某种利益的动机支配下产生种种经济行为的（其动机的复杂性决定了其行为的非理性），这一动机构成个人的行为目标。机构投资者也在一定程度上表现出心理因素的特征，典型如机构投资者的羊群效应。

12.4.2 机构投资者交易行为的影响因素的实证研究设计

1. 变量定义

（1）机构投资者交易行为的度量指标

本章采用订单不平衡指标(order imbalance, OIB)作为机构投资者买卖行为的度量。在证券市场中,长期来看,股票价格由上市公司基本价值所决定;短期看来,股票价格受投资者对未来股价波动心理预期的强烈影响。当市场多空方对未来的预期产生明显的方向性差异时,市场就会呈现不稳定状态,尽管价格并不随供求关系变化做出迅速反应,但持续的供需不平衡必然会推动股价向均衡方向回归,即股票的供给和需求对于价格具有直接的冲击力。

订单不平衡是衡量股票一段时间内多空双方的主动性买入和卖出差异程度的指标,它反映了市场存在超额的需求或者供给(Lee and Ready, 1991; Chordia and Subrahmanyam, 2004)。订单需求和订单供给具体度量的方法有两种:交易量和交易金额。

Shleifer and Summers(1990)发现个体投资者如果跟随相同的信号(如证券分析人员的推荐)更容易有从众的行为。如果机构投资者信息更加充分的话,他们将更加同时青睐于价值低估的股票,此时对于盈利股票的订单不平衡有着趋同性(Nofsinger and Sias, 1990)。Chodia et al. (2000)利用纽交所股票的横截面数据对不同层面的订单不平衡进行了研究,表明样本1/3 的股票订单不平衡显著地解释了整个市场的订单不平衡。因此以股市大跌当日机构投资者的订单不平衡作为其交易行为的度量指标是合适的。

对于变量 OIB,本章采用下面的公式进行计算:

$$OIB_{it} = Order\_Sell_{it} - Order\_Buy_{it} \tag{12.1}$$

其中 $Order\_Sell_{it}$ 为第 i 个账户在第 t 天内总的委卖量,$Order\_Buy_{it}$ 为第 i 个账户在第 t 天内总的委买量。

（2）机构投资者交易行为影响因素的变量选择

第一,投资者情绪指标(investor sentiment, IS)。大量行为金融学文献已经证明投资者情绪①对均衡价格产生影响（Black，1986；DeLong，Shleifer，Summers and Waldman，1990；Shleifer and Summers，1990）。标准金融资产定价中存在误定价（misprice），行为金融学者把这种误定价归因于市场存在噪音交易者，而投资者情绪就是重要影响因素。

投资者情绪对投资者交易行为产生影响主要体现在投资者情绪对投资者交易意愿的影响上。研究表明，人的情绪会影响其判断与决策，影响人的行为尤其是投资决策行为。例如，Wright（1992）、Bagozzi（1999）研究发现情绪好时人们会对许多事情给予积极乐观评价，如对生活满意度、过去事件、人和消费品等有积极评价；而且情绪存在一致效应，情绪坏时往往感到负面信息更加显著，情绪好时对正面信息反映更显著，在心理上更易接受。Isen（1978，2000）、Bless（1996）发现情绪好时人们更易于采用简单的启发式来辅助决策，在信息处理中较少采取批评的模式，而坏情绪刺激人们采取更加详细的分析活动，而且人们存在较普遍的错误归因效应，常把他们的情绪归因于错误来源，导致不正确的判断。Frijda（1988）、Lowenstein（2001）等通过大量心理学研究发现情绪与人的判断和行为存在着联系，投资者的投资决策受决策时情绪波动的影响，尤其是在涉及风险和不确定性时。Simno（1955）、Conlisk（1996）及 Loewenstein（2000）等发现，在做出决策时，投资者情绪波动影响投资者对股票价值的评估，使决策行为偏离传统金融学的最优决策模型，倾向于做出满意决策而非最优决策。然而，投资者决策受到情绪影响并不足以说明情绪能够影响证券价格，在市场力量（如套利）作用下证券价格可能并不受影响。Mehar and Sah（2000）从另一角度对情绪如何决定股票价格进行了研究，发现情绪是偏好的影响因素，偏好参数微小的随机波动将导致价格显著波动。

投资者情绪研究最困难的是如何选取投资者情绪变量，如何对选定的投资者情绪进行合理量化（韩泽县，2005）。从国内的研究看，一般根据央视

---

① 投资者情绪并没有一个统一的定义，主要的几种观点包括：Borwn（2004）：市场观察者和参与者似乎都相信情绪。直觉的说，情绪代表了市场参与者的与一个标准相关的预期：这个标准就是看涨（看跌）的投资者期望收益会高（低）于平均，无论平均是什么。这种预测无疑是存在的，最基本的目标是考查情绪对资产组合价格形成过程的作用（如果有的话）。Brown（2004）：投资者情绪可很有道理的定义为对股票的总体乐观或悲观。Baker（2004）：投资者情绪一个可能的定义是投机的倾向。在此定义下，情绪驱动投机性投资的相对需求，进而导致股票收益的截面效应，即使套利力量在股票间是相同的。

看盘栏目(饶育蕾、刘达峰,2002;韩泽县,2005)、巨潮投资者信心指数、三大报的直接情绪指标(林翔,2000;朱宝宪和王怡凯,2001 等)等。本章研究的投资者情绪指标也采用中央电视台央视看盘栏目的每天数据,此数据是中国证券机构分析师基于对市场信息综合分析对股市后期走势的判断,分别用分析师的看涨数量、分析师的看跌数量、分析师的看平数量或者以三者占总分析师数量的比例。本章投资者情绪 IS 使用央视看盘数据中的看涨数据占总分析师数量的比重。

第二,未实现盈利/亏损指标(unrealized gain/loss,UGL)。正如 Grinblatt and Keloharju(2001)的研究发现,投资者以往的投资回报,尤其是过去的赢利记录较之亏损对其交易行为的影响效应更大,考虑到 2007 年以来两次股市大跌都是从 2006 年以来大牛市行情下的大跌,大跌前投资者基本都已经获利颇丰,在对两次大跌的原因进行分析的过程中也有不少业内人士提出大跌是因为投资者盈利已经很多的原因。因此,本章提出以未实现盈利/亏损作为投资者获利指标。

对于变量 UGL 的计算,需要先计算出每个账户持有的每只股票的浮动盈亏,记为 UGLS。具体的计算公式如下:

$$UGLS_{ij} = HV_{ij} \times (OP_{ij} - RP_{ij}) \tag{12.2}$$

其中,HV_{ij} 为第 i 个账户持有的第 j 种股票的数量,OP_{ij} 为该股票的观察价格,RP_{ij} 为该股票的参考价格。从浮动盈亏的计算中,可以清楚地发现股票的观察价格和参考价格的选择是至关重要的。对于股票的观察价格,我们以研究期内该股票的每一天的收盘价格作为该股票的观察价格,而对于股票的参考价格,以研究期内最后一次买进此种股票的成交价格作为该股票的参考价格[①]。计算第 i 个账户持有的每只股票的浮动盈亏之后,则该账户的浮动盈亏就可以通过将该个账户持有的每只股票的浮动盈亏算术求和得到。具体的公式如下:

---

① 行为金融理论中的可获得性(availability)偏差和模糊厌恶(ambiguity aversion)心理可以较好地解释这种参考价格的选取。可获得性偏差指的是人们对不确定性事件的判断更多取决于对相关信息记忆的难易和多寡。模糊厌恶心理描述的是投资者厌恶模糊不确定性事件而容易高估确定性事件,即为前景理论中的"确定性效应"。由于最近买入价对投资者来说印象比较深刻,具有较高的心理权重,投资者容易据此做出盈亏判断。且该判断结果与未来股价的上涨或下跌相比具有更高的确定性,容易被高估,从而最终影响到投资者的卖出决策(万立兵和曾勇,2005)。

$$UGL_i = \sum_{j=1}^{K} UGLS_{ij} \qquad (12.3)$$

其中 K 为第 i 个账户持有的股票数量。另外,在研究期内有送股、配股、分红等几种情况的股票,我们对于计算的结果也做了相应的调整。

第三,政策指标(government policies,GP)。我国证券市场素有"政策市"之称,政策对证券市场及投资者的行为均有较大的影响。金晓斌、唐利民(2001)的统计数据表明:1992 年至 2000 年初,政策性因素是造成股市异常波动的首要因素,占总影响的 46%,政策对股市的波动起着最主要的影响作用。施东晖(2001)的实证研究列举了 1992~2000 年初上海股市的 52 次异常波动,由政策因素引起的波动共有 30 次,约占 60%。李向军(2001)、郑士贵(1998)、张成威等(1998)等的研究也发现政策与股价变动有较强的相关性。

本章通过虚拟变量(dump variables)来反映政策的出台对股市后市发展的利空与利好。当政府推出的政策对股市后市发展影响为利空时取 1;反之取 -1;当没有政策出台时,此变量取 0。政策的采集来源于 Wind 数据库关于股市出台政策的每天统计,在此基础上,归纳出政策对股市后市发展正面或负面影响。

2. 数据来源

本章数据取自上海证券市场交易账户的实际交易数据(包括逐笔申报数据库、成交数据库以及 2007 年 3 月 30 日的持有数据库)、股票市场公开数据、上市公司披露数据、天相数据库以及 Wind 数据库。其中,申报数据库包含投资者委托的申报编号、申报日期、申报时间、证券代码、股东代码、买卖方向、申报价格、申报数量、申报余额、成交标识、申报席位等 11 个字段的信息。成交数据库包含投资者交易的成交编号、成交日期、申报时间、成交时间、证券代码、股东代码、买卖方向、成交价格、成交数量、本次余额、成交金额、申报编号、席位代码等 13 个字段的信息。样本区间为 2007 年 3 月 30 日至 2007 年 5 月 30 日共 39 个交易日。研究样本是机构投资者账户的日度数据 OIB、IS、GP 以及 UGL。

3. 计量模型

基于账户层面的面板数据,使用多个线性混合效应模型来进行实证分析,考察机构投资者的买卖行为与三个特定因素的确定关系,试图得到不同因素对投资者交易行为的影响以及其敏感程度,从而更好地解释机构投资者行为的动因,进而更加精确地解释股市大跌的深层次内在原因。根据 AIC 和 BIC 等模型选择指标,研究发现下面的模型对于这个数据集的拟合效果是最好的。具体的实证计量模型如下:

$$OIB_{it} = \mu + e_i + (\beta_1 + \varepsilon_i)UGL_{it} + \beta_2 IS_t + \beta_3 GP_t + \varepsilon_{it} \qquad (12.4)$$

其中 i 表示第 i 个账户,t 表示在第 t 天的观测值,$(e_i$ 和 $\varepsilon_i)$ 与 ε_{it} 是独立的,而 e_i 和 ξ_i 可以是相关的,而且 $\varepsilon_{it} \sim N(0, \sigma^2)$,$(e_i$ 和 $\varepsilon_i)' \sim N(0, \Sigma)$。其中,$\beta_1$ 反映机构投资者的买卖行为对于浮动盈亏的敏感程度;β_2 反映机构投资者的买卖行为对于外部宏观经济环境变化的敏感程度;β_3 反映机构投资者的买卖行为对于政策因素的敏感程度。通过比较 β 值的差异,从中可以得到机构投资者的买卖行为与各种影响因素之间关系的异同,从而对于我们掌握机构投资者交易行为特征就有重要的指导意义。并且,以上设计的模型在数据拟和方面有其独特的优越性,从根源上克服了模型估计过程中的三种误差:一个与采样过程有关,一个与样本测量过程有关,还有一个与个体自身异质性特征有关。

12.4.3 实证结果与讨论

基于样本数据、指标以及实证模型,本章使用 SAS9.13、Matlab7.0、Splus 2000 等统计计算软件对数据和模型进行统计检验分析,模型未知参数估计方法选用的是限制性最大似然估计(REML)。模型中未知参数的估计结果及相关统计量列在表 12-3 中。

表 12-3 计量模型的未知参数的估计值及其相应的统计量

机构投资者类型	参数	估计值	标准误	t一值	显著性
B类账户	μ	0.008	0.013	0.623	0.534
	β_1	0.154***	0.059	2.614	0.009
	β_2	−0.010**	0.005	−2.115	0.034
	β_3	−0.002	0.010	−0.220	0.826

（续表）

机构投资者类型	参数	估计值	标准误	t一值	显著性
D 类账户	μ	0.043	0.026	1.616	0.106
	β_1	0.276**	0.137	2.010	0.044
	β_2	−0.002	0.004	−0.580	0.562
	β_3	0.016*	0.009	1.806	0.071

注：β_1 反映机构投资者的买卖行为对于浮动盈亏的敏感程度；β_2 反映机构投资者的买卖行为对于外部宏观经济环境变化的敏感程度；β_3 反映机构投资者的买卖行为对于政策因素的敏感程度。* 表示在 10% 显著性水平下显著；** 表示在 5% 显著性水平下显著；*** 表示在 1% 显著性水平下显著。

首先，对于不同类型的机构投资者，β_1 估计值的符号都是显著为正的，因此可以看出 OIB 与 UGL 是正相关的，即大的未实现盈亏可能会伴随着大的买卖订单不平衡的出现。而且随着投资者规模的增加，UGL 与 OIB 的相关程度基本上是呈现线性的增加趋势。

其次，β_2 的估计值对于 D 类机构投资者来说在 10% 水平都不能显著异于 0，因此可以认为情绪指标对于 D 类投资者的当期买卖行为没有显著的影响，其原因可能是因为这类投资者不太关注分析师的报告，而对于 D 类投资者来说其可能只关注本机构分析师的报告，从而市场上其他分析师的看法对他们的买卖行为来说是没有什么影响的。而对于 B 类投资者，情绪指标对于这两类投资者的当期买卖行为都有显著的影响，即说明市场上一些主要机构的分析师对于后市的看法对于 B 类投资者的买卖行为是具有一定的影响的。具体而言，如果大多数分析师对于后市的判断是看涨的，则 B 类投资者的卖出意愿会降低。

最后，β_3 估计值的符号对于两类机构投资者是不同的，而且在数值上也是有显著差异的。这说明了国家政策因素对于两类投资者的买卖行为的影响是不同的，对于 B 类投资者来说，由于其模型中的 β_3 估计值在 10% 水平不能显著异于 0，因此可以认为国家政策对于 B 类投资者的当期买卖行为没有显著的影响，但是不能排除国家政策对于这类投资者前期或后期买卖行为产生影响；而对于 D 类投资者来说，国家政策对于这类投资者的当期买卖行为都有显著的影响，即国家利空政策的出台与该类投资者的买卖订单不平衡正相关。

12.5　结论

在中国资本市场上,发展机构投资者一直以来都是热门话题。自20世纪90年代初起,为了促进证券投资基金的早日出台,正面研讨和宣传证券基金的积极功能,自然成为"主基调"。在这个过程中,具有代表性的观点大致有四个(何基报和王霞,2005):一是认为发展证券基金,可以保障股市运行的稳定(甚至认为,证券基金是股市的"稳定器"),变股市的"投机"性质为"投资"性质;二是认为发展证券基金,可以有效分散股市的风险;三是认为专家运作的收益将高于股民个人投资的平均收益;四是认为证券基金是股市的主要机构投资者,为此,要改变股市投资者的结构,就必须发展证券基金。但是,对机构能否真正稳定市场的讨论一直没有停止。

与以往研究机构投资者的稳定市场功能的文献不同,本章以我国股市2007年以来"2·27"和"5·30"两次股市大跌为研究对象,通过分析上海证券交易所投资者高质量的账户交易数据对机构投资者在大跌当日和前后的买卖交易行为,探讨不同类型机构投资者在股市大跌中的交易行为及其在股市大跌中扮演的角色,进而深入挖掘不同类型机构投资者行为的影响因素。

本章研究发现:首先,中国机构投资者目前规模要实现稳定市场尚有待时日,2007年以来"2·27"和"5·30"两次股市大跌都是由A类账户的大户推动的。其次,机构投资者能否稳定股市与其类型有关:B类投资者(主要是法人机构)对股市大跌起推波助澜作用;而D类投资者(主要是公募基金)在两次股市大跌中表现刚好相反。具体而言,B类投资者在两次股市大跌中的交易都是净卖出股票;而D类投资者在两次大跌中的角色是不一样的,在5月30日D类投资者是股票净买入,而在2月27日当天的大跌中,是股票净卖出。

在对机构投资者行为影响因素的进一步研究发现,B类投资者对政策性信息并不敏感,但对投资者情绪指数反应较为敏感,浮动盈亏是其交易的重要影响变量;D类投资者基本属于价值型投资,浮动盈亏和外部政策性信息会有显著性影响,但投资者情绪没有显著影响,这一方面反映中国政策市的影响,另一方面也反映该类投资者比较稳健。因此,从政策建议角度说,监管部门仍然要加大力度发展机构投资者,进一步发挥稳定市场作用,但要关注B类投资者及其对市场的影响。

参考文献

[1] Abarbanell, Bernard. Test of analysts' overreaction/underreaction to earning information as an explanation for anomalous stock price behavior[J]. The Journal of Finance, 1992, 47: 1181 - 1207.

[2] Acharya V. V., Pedersen L. H. Asset pricing with liquidity risk[J]. Journal of Financial Economics, 2005, 77(2): 375 - 410.

[3] Admati. A noisy rational expectations equilibrium for multi-asset securities markets[J]. Econometrica, 1985, (53): 629 - 658.

[4] Albert S. K, Wei X. Contagion as a wealth effect[J]. Journal of Finance, 2001, 56(4): 1410 - 1440.

[5] Allen, Franklin, Lubomir Litov and Jian Ping Mei. Large investors, price manipulation, and limits to arbitrage: an anatomy of market corners[J]. Review of Finance, 2006, 10(4): 645 - 693.

[6] Amihud, Y. and H. Mendelson. Asset pricing and the Bid-Ask spread[J]. Journal of Financial Economics, 1986, 17(2): 223 - 249.

[7] Antonios Antoniou, Ian Garrett. To What extent did stock index futures contribute to the october 1987 stock market crash? [J]. The Economic Journal, 1987, 103(421): 1444 - 1461.

[8] Arthur W., Holland H., LeBaron B., et al. Asset pricing under endogenous expectations in an artificial stock market[A]. In Arthur W., Durlauf S., Lane D. eds. The Economy As An Evolving Complex System III[M]. Boston: Addison-Wesley, 1997.

[9] Avery C. and P. Zemsky. Multidimensional Uncertainty and Herd Behavior in Financial Markets[J]. American Economic Review, 1999, 88(4): 724 - 748.

[10] Badrintath, Sunil W. Momentum trading by institutions[J]. Journal

of Finance, 2002, 57: 2249 - 2475.

[11] Baker, M., Wurgler, J. Investor sentiment and the cross-section of stock returns [J]. The Journal of Finance, 2006, 61 (4): 1645 - 1680.

[12] Banerjee. A simple model of herd behavior[J]. Quarterly Journal of Economics, 1992, 107: 797 - 817.

[13] Barber, B. M. and T. Odean. Trading is hazardous to your wealth: the common stock investment performance of individual investors [J]. Journal of Finance, 2000, 55(3): 773 - 806.

[14] Barber, B. M., T. Odean. All that glitters: the effect of attention and news on the buying behavior of individual and institutional investors[J]. Review of Financial Studies, 2008, 21(2): 785 - 818.

[15] Barberis, N. C., A. Shleifer, R. W. Vishny. A model of investor sentiment. Journal of Financial Economics, 1998, 49(3): 307 - 343.

[16] Barry, Christopher B. and Stephen J. Brown. Differential information and the small firm effect [J]. Journal of Financial Economics, 1984, 13(2): 283 - 294.

[17] Basistha A., Kurov A. Macroeconomic cycles and the stock market's reaction to monetary policy [J]. Journal of Banking and Finance, 2008, 32(12): 2606 - 2616.

[18] Basu, S. The conservatism principle and the asymmetric timeliness of earnings[J]. Journal of Accounting and Economics,1997, 24(1): 3 - 37.

[19] Bekaert G., Wu G. Asymmetric volatility and risk in equity markets [J]. Review of Financial Studies, 2000,13(1): 1 - 42.

[20] Beni Lauterbach and Uri Ben-Zion. Stock market crashes and the performance of circuit breakers: empirical evidence[J]. The Journal of Finance, 1993, 48(5): 1909 - 1925.

[21] Bikhchandani, Sushil, David H., Ivo Welch. A theory of fads, fashion, custom and culture change as informational cascades[J]. Journal of Political Economy, 1992, 100: 992 - 1026.

［22］Bloomfield, R. J., Tayler W. B. and Zhou. F. Momentum, reversal, and uninformed traders in laboratory markets ［J］. Journal of Finance, 2009, 64(6): 2535 - 2558.

［23］Blume, M., C. MacKinlay and B. Terker. Order imbalances and stock price movements on October 19 and 20［J］. Journal of Finance, 1989, 44(4): 827 - 848.

［24］Bollerslev, T. and Engle R. F. Common persistence in conditional variance［J］. Econometrica, 1993, 61(1): 167 - 186.

［25］Botosan. Disclosure level and the cost of equity capital ［J］. Accounting Review, 1997, 72(3): 323 - 349.

［26］Botosan C., Plumlee M. A re-examination of disclosure level and the expected cost of equity capital［J］. Journal of Accounting Research, 2002, (40): 21 - 40.

［27］Bouchaud, J. P. Economics needs a scientific revolution ［J］. Nature, 2008, 455(10): 291 - 292.

［28］Boyd, J. H., Hu J. and Jagannathan R. The stock market's reaction to unemployment news: why bad news is usually good for stocks ［J］. The Journal of Finance, 2005, 60(2): 649 - 672.

［29］Braun P. A., Nelson D. B. and Sunnier, A. M. Good news, bad news, volatility and betas［J］. The Journal of Finance, 1995, 50(5): 1575 - 1603.

［30］Brennan, M. and P. Hughes. Stock prices and the supply of information［J］. The Journal of Finance, 1991, XLVI(5): 1665 - 1687.

［31］Brennan, J., Jegadeesh, N. and Swaminathan, B. Investment analysis and the adjustment of stock prices to common information ［J］. Review of Financial Studies, 1993, 6(4): 799 - 824.

［32］Brennan M. J. and Subrahmanyam A. Market microstructure and asset pricing: on the compensation forilliqutdity in stock returns ［J］. Journal of Financial Economics. 1996, 41(3): 441 - 464.

［33］Brian H. B., Tomomi K. and Kathy Y. How do crises spread?

Evidence from accessible and inaccessible stock indices[J]. Journal of Finance, 2006,61(2): 957 - 1003.

[34] Daniel, Kent, Mark Grinblatt, Sheridan Titman and Russell Wermers. Measuring mutual fund performance with characteristic-based benchmarks[J]. Journal of Finance, 1997, 52: 1035 - 1058.

[35] Campbell J., Gossman S. and Wang J. Trading volume and serial correlations in stock returns [J]. Quarterly Journal of Economics, 1993, 108(4): 905 - 939.

[36] Chakravaty, S. Stealth trading: which traders trades move stock prices[J]? Journal of Financial Economics, 2001, 61(2): 287 - 307.

[37] Chan, K., W. Fong. Trade size, order imbalance, and the volatility-volume relation. Journal of Financial Economics, 2000, 57 (2): 247 - 273.

[38] Chiyachantana, Chiraphol, Pankaj Jain, Christine Jiang and Robert Wood. International evidence on institutional trading behavior and price impact. Journal of Finance, 2004, 59(2): 869 - 898.

[39] Chordia, T., Subrahmanyam, A. Order imbalance and individual stock returns: theory and evidence. Journal of Financial Economics, 2004, 72(3): 485 - 518.

[40] Chordia, T., Roll, R. and Subrabmanyam, A. Order imbalance. liquidity and market returns. Journal of Financial Economics, 2002, 65(1): 111 - 130.

[41] Christopher Avery and Peter Zemsky. Multidimensional uncertainty and herd behavior in financial market. American Economic Review, 1998, 88: 724 - 48.

[42] Christo Pirinsky and Qinghai Wang. Does Corporate Headquarters Location Matter for Stock Returns? [J]. The Journal of Finance, 2006, 61(4): 1991 - 2015.

[43] Chung, K. H. and Jo, H. The impact of security analysts' monitoring and marketing functions on the market value of firms[J]. Journal of Financial and Quantitative Analysis, 1996, 31(4): 493 - 512.

[44] Cohen, R. B., P. A. Gompers and T. Vuolteenaho. Who underreacts to cash-flow news? evidence from trading between individuals and institutions [J]. Journal of Financial Economics, 2002,66(2): 409 - 462.

[45] Cont, R., Bouchaud, J. P. Herd behavior and aggregate fluctuations in financial markets. Macroeconomics Dynamics, 2000, 4(2): 170 - 196.

[46] Cutler, D., J. Poterba and L. Summers. Speculative dynamics and the role of feedback Traders. American Economic Review, 1990, 80: 63 - 68.

[47] Demirguc-Kunt, A. and E. J. Kane. Deposit insurance around the globe: where does it work [J]. Journal of Economic Perspectives, 2002, 16(2): 175 - 195.

[48] Dennis, P. J. and D. Strickland. Who blinks in volatile markets, individuals or institutions. Journal of Finance, 2002,57(5): 1923 - 1949.

[49] Douglas W. Diamond and Philip H. Dybvig. Bank runs, deposit insurance, and liquidity[J]. Journal of Political Economy, 1983, 91 (3): 401 - 419.

[50] Easley, D., Kiefer, N. M. and O'Hara, M. One day in the life of a very common stock. Review of Financial Studies, 1997, 10(3): 805 - 835.

[51] Easley and O'hara. Information and the cost of capital[J]. Journal of Finance, 2004, 59(4): 1553 - 1583.

[52] Eugene F. Fama and Kenneth R. French. The cross-section of expected stock returns[J]. The Journal of Finance, 1992, 47(2): 427 - 465.

[53] Fama, E. Efficient capital markets: a review of theory and empirical work[J]. Journal of Finance 1970, 25(2): 383 - 417.

[54] Fama, E. F. and K. French. The cross-Section of expected stock return[J]. Journal of Finance, 1992, 47(2): 427 - 465.

[55] Forbes K. J. and Rigobon R. No contagion, only interdependence:

measuring stock market comovements[J]. The Journal of Finance, 2002, 57(5): 2223 - 2261.

[56] Franklin A. and Douglas G. Financial contagion [J]. Journal of Political Economy, 2000, 108(1): 1 - 33.

[57] Gaunersdorfer, A. Endogenous fluctuations in a simple asset pricing model with heterogeneous agents. Journal of Economic Dynamics & Control, 2000, 24(5): 799 - 831.

[58] Grinblatt, Mark, Sheridan Titman and Russell Wermers. Momentum investment strategies, portfolio performance, and herding: a study of mutual fund behavior. American Economic Review, 1995, 85: 1088 - 1105.

[59] Grinblatt M. , Han B. Prospect theory, mental accounting, and momentum[J]. Journal of Financial Economics, 2005, 78(2): 311 - 339.

[60] Grossman, S. J. An analysis of the implications for stock and futures price volatility of program trading and dynamic hedging strategies[J]. Journal of Business, 1988, 61(3): 275 - 298.

[61] Grossman, Sandford and Joseph Stiglitz. On the impossibility of informationally efficient markets. American Economic Review, 1980, 70(3): 393 - 408.

[62] Hall S. , Miles D. Monitoring bank risk: a market based approach [J]. Review of Financial Studies, 2003,16(3): 717 - 763.

[63] Healy and Palepu. Information asymmetry, corporate disclosure, and the capital markets: a review of the empirical disclosure literature[J]. Journal of Accounting & Economics, 2001, 31(1): 405 - 440.

[64] Hirshleifer, David, Avanidhar Subrahmanyam and Sheridan Titman. Security analysis and trading patterns when some investors receive information before others", Journal of Finance, 1994, 49 (5): 1665 - 1698.

[65] Hong, H. and J. C. Stein. A unified theory of underreaction,

momentum trading, and overreaction in asset markets. Journal of Finance, 1999, 54(6): 2143 - 2184.

[66] John W. Peavy III, George H. Hempel. The Penn Square Bank failure: effect on commercial bank security returns-a note[J]. Journal of Banking & Finance,1988,12(1): 141 - 150.

[67] Kahneman, D. and A. Tversky. Prospect theory: an analysis of decision under risk. Econometrica, 1979, 47(2): 263 - 292.

[68] Kaminsky G. L. and Reinhart C. M. Financial crises in Asia and Latin America: then and now[J]. American Economic Review, 1998, 88(2): 444 - 448.

[69] Kim C. J. Markov-switching models with endogenous explanatory variables[J]. Journal of Econometrics, 2004, 122(1): 127 - 136.

[70] Kim C. J. Markov-switching models with endogenous explanatory variables II: A two-step MLE procedure [J]. Journal of Econometrics, 2009, 148(1): 46 - 55.

[71] Kumar, A. and S. S. Lim. How do decision frames influence the stock investment choices of individual investors. Management Science, 2008,54 (6): 1052 - 1064.

[72] Kurov A. Investor sentiment and the stock market's reaction to monetary policy [J]. Journal of Banking and Finance, 2010,34 (1): 139 - 149.

[73] Kyle, A. S. Continuous Auctions and Insider Trading [J]. Econometrica, 1985, 53(6): 1315 - 1335.

[74] Lakonishok, J. , A. Shleifer and R. W. Vishny. The impact of institutional trading on stock prices. Journal of Financial Economics, 1992, 32(1): 23 - 43.

[75] Lang, M. and Lundholm, R. Cross-sectional determinants of analyst ratings of corporate disclosures. Journal of Accounting Research, 1993, 31(2): 246 - 271.

[76] Lang, M. and R. Lundholm. Corporate disclosure policy and analyst behavior. The Accounting Review, 1996, 71(4): 467 - 492.

[77] Larry Eisenberg and Thomas H. Noe. Systemic risk in financial systems[J]. Management Science, 2001, 47(2): 236 - 249.

[78] Laura E. K. and Matthew P. A rational expectations model of financial contagion[J]. Journal of Finance, 2002, 57(2): 768 - 799.

[79] LeBaron, B. Agent based computational finance: suggested readings and early research. Journal of Economic Dynamics and Control, 2000, 24(5): 679 - 702.

[80] Liu, J. Portfolio selection in stochastic environment[J]. The Review of Financial Studies, 2007, 20 (1): 1 - 39.

[81] Lo, A. W. , H. Mamaysky and J. Wang. Asset prices and trading volume under fixed transactions costs [J]. Journal of Political Economy, 2004, 112(5): 1054 - 1090.

[82] Markowitz H. M. Portfolio selection[J]. Joumal of Finance,1952, 7 (1): 77 - 91.

[83] Markus K. Brunnermeier and Lasse Heje Pedersen. Market liquidity and funding liquidity[J]. Review of Financial Studies, 2009, 22(6): 2201 - 2238.

[84] Merton. A simple model of capital market equilibrium with incomplete information[J]. Journal of Finance, 1987, (42): 483 - 510.

[85] Michaely R. , Womack K. Conflict of interest and the credibility of underwriter analysts recommendations[J]. The Review of Financial Studies, 1999,9(4): 653 - 686.

[86] Nofsinger, J. R. and R. W. Sias. Herding and feedback trading by institutional and individual investors. Journal of Finance, 1999, 54 (6): 2263 - 2295.

[87] P. H. , Straetmans S. , C. G. d. Asset market linkages in crisis periods[J]. The Review of Economics and Statistics, 2004, 86(1): 313 - 326.

[88] Sornette, D. Critical market crashes [J]. Physics Reports, 2003, 378(1): 5 - 60.

[89] Taufiq Choudhry. Stock market volatility and the crash of 1987: evidence from six emerging markets. Journal of International Money and Finance, 1987, 15(6): 969 - 981, 1996.

[90] Wermers R. Mutual fund herding and the impact on stock prices[J]. Journal of Finance, 1999, 54(2): 581 - 623.

[91] Xavier Gabaix, Parameswaran Gopikrishnan, Vasiliki Plerou and H. Eugene Stanley. Institutional investors and stock market volatility. Quarterly Journal of Economics, 2006, 121(2): 461 - 504.

[92] 包全永. 银行系统性风险的传染模型研究.[J]. 金融研究, 2005(8): 72 - 84.

[93] 陈金贤, 刘大富, 陈琳. 中国金融安全的战略分析——兼论金融资产管理公司[J]. 管理科学学报, 2001, 4(5): 30 - 38.

[94] 程棵, 魏先华, 杨海珍, 杨晓光. 金融危机对金融机构的冲击及政府救助分析[J]. 管理科学学报, 2012, 15(3): 2 - 15.

[95] 蔡庆丰, 宋友勇. 超常规发展的机构投资者能稳定市场吗?——对我国基金业跨越式发展的反思[J]. 经济研究, 2010(1).

[96] 陈守东, 杨莹, 马辉. 中国金融风险预警研究[J]. 数量经济-技术经济研究, 2006(7): 36 - 48.

[97] 陈莹, 袁建辉, 李心丹, 等. 基于计算实验的协同羊群行为与市场波动研究[J]. 管理科学学报, 2010, 13(9): 119 - 128.

[98] 昌忠泽. 非线性动力学在宏观经济学领域中的运用[J]. 经济研究, 2006, (9): 117 - 128.

[99] 何佳, 何基报, 王霞, 翟伟丽. 机构投资者一定能够稳定股市吗?——来自中国的经验证据[J]. 管理世界, 2007(8): 35 - 42.

[100] 何建雄. 建立金融安全预警系统: 指标框架与运作机制[J]. 金融研究, 2001(1): 105 - 117.

[101] 胡奕明, 林文雄. 信息关注深度、分析能力与分析质量——对我国证券分析师的调查分析[J]. 金融研究, 2005(2): 46 - 58.

[102] 胡奕明, 林文雄, 王玮璐. 证券分析师的信息来源、关注域与分析工具[J]. 金融研究, 2003(12): 52 - 63.

[103] [美]贾罗. 金融经济学手册—现代金融方法论丛书. 吴文锋, 等译. 上

海：上海人民出版社，2007：Chp16.

[104] 刘逖. 证券市场微观结构理论与实践. 上海：复旦大学出版社，2002.

[105] 广发证券课题组. 机构投资者投资行为研究. 上证联合研究计划第十
期课题报告，2003.

[106] 李波，伍戈. 影子银行的信用创造功能及其对货币政策的挑战[J]. 金
融研究，2011(12)：77-84.

[107] 李心丹. 行为金融学——理论及中国的证据[M]. 上海：三联出版
社，2004.

[108] 李心丹，宋素荣，卢斌，等. 证券市场内幕交易的行为动机研究[J]. 经
济研究，2008(10)：65-79.

[109] 李心丹，王冀宁，傅浩. 中国个体证券投资者交易行为的实证研究
[J]. 经济研究，2002，(11)：54-63.

[110] 李心丹，肖斌卿，张兵朱，等. 投资者关系管理能提升上市公司价值
吗？—基于中国 A 股上市公司投资者关系管理调查的实证研究[J].
管理世界，2007(9)：117-128.

[111] 马君潞，范小云，曹元涛. 中国银行间市场双边传染的风险估测及其
系统性特征分析[J]. 经济研究，2007，(1)：68-78.

[112] 毛泽盛，万亚兰. 中国影子银行与银行体系稳定性阈值效应研究[J].
国际金融研究，2012(11)：65-73.

[113] 南京大学工程管理学院课题组. 中国证券分析师行为研究报告[N].
21 世纪经济报道，2008.

[114] 祁斌，等. 中国机构投资者发展与市场有效性及稳定性研究. 上交所
联合课题计划，2005.

[115] 隋聪，迟国泰，王宗尧. 网络结构与银行系统性风险[J]. 管理科学学
报，2014，17(4)：57-70.

[116] 施东晖. 中国股市微观行为理论与实证. 上海：上海远东出版
社，2001.

[117] 施东晖. 证券投资基金的交易行为及其市场影响[J]. 世界经济，2001
(10)：26-31.

[118] 苏海军，欧阳红兵. 危机传染效应的识别与度量——基于改进 MIS—
DCC 的分析[J]. 管理科学学报，2013，16(8)：20-30.

[119] 宋军,吴冲锋.基于分散度的金融市场的羊群行为研究[J].经济研究,2001(11):21-27.

[120] 孙培源,施东晖.基于 CAPM 的中国股市羊群行为研究——兼与宋军、吴冲锋先生商榷,经济研究,2002(2):64-70.

[121] 王国实.对金融风险统计监测预警指标体系的思考[J].管理世界,2000(2):1-2.

[122] 王徽.国际银行业的系统风险研究[J].国际金融研究,1997(4):5-14.

[123] 王粟旸,肖斌卿,周小超.外部冲击视角下中国银行业和房地产业风险传染性测度[J].管理学报,2012,9(7):968-985

[124] 汪炜,蒋高峰.信息披露、透明度与资本成本[J].经济研究,2004(7):107-114.

[125] 王元龙.关于金融安全的若干理论问题[J].国际金融研究,2004(5):2-5.

[126] 肖斌卿,伊晓奕,刘海飞.分析师跟进行为对上市公司资本成本的影响[J].南京师大学报,2010,5:42-51.

[127] 徐绪松,侯成琪.非正态稳定分布条件下的投资组合模型:均值-尺度参数模型[J].系统工程理论与实践,2006,26(9):1-9.

[128] 叶莉,陈立文.中国金融安全运行机制与预警管理研究[M].北京:经济科学出版社,2009:85-103.

[129] 杨淑娥,黄礼.基于 BP 神经网络的上市公司财务预警模型[J].系统工程理论与实践,2005(1):12-26.

[130] 张宝林,潘焕学.影子银行与房地产泡沫:诱发系统性金融风险之源[J].现代财经,2013(11):33-44.

[131] 赵进文,苏明政,邢天才.未预期收益率、传染性与金融危机——来自上海市场与世界市场的证据[J].经济研究,2013(4):55-68.

[132] 张维,武自强,张永杰,等.基于复杂金融系统视角的计算实验金融:进展与展望[J].管理科学学报,2013,16(6):85-94.

[133] 张维,赵帅特.基于 ACF 的行为金融研究局限及未来研究方向[J]现代财经,2008,10(28):9-13.

[134] 张涛,龚六堂,卜永祥.资产回报、住房按揭贷款与房地产均衡价格

[J]. 金融研究,2006(2):1-11.

[135] 张晓朴. 系统性金融风险研究:演进、成因与监管[J]. 国际金融研究,
2010(7):58-67.

[136] 曾颖,陆正飞. 信息披露质量与股权融资成本[J]. 经济研究. 2006
(2):69-79.

[137] 张元萍,孙刚. 金融危机预警系统的理论透析与实证分析[J]. 国际金
融研究,2003(10):2-5.

图书在版编目(CIP)数据

基于计算金融的金融安全评价与机理研究 / 肖斌卿
著. — 南京：南京大学出版社，2015.12
(南京大学工程管理学院文库)
ISBN 978 - 7 - 305 - 16313 - 5

Ⅰ. ①基… Ⅱ. ①肖… Ⅲ. ①金融—风险管理—研究
—中国 Ⅳ. ①F832.1

中国版本图书馆 CIP 数据核字(2015)第 313718 号

出版发行　南京大学出版社
社　　址　南京市汉口路 22 号　　　　邮　编　210093
出 版 人　金鑫荣

丛 书 名　南京大学工程管理学院文库
书　　名　基于计算金融的金融安全评价与机理研究
著　者　肖斌卿
责任编辑　唐甜甜　　　　　　　编辑热线　025 - 83594087

照　　排　南京南琳图文制作有限公司
印　　刷　江苏凤凰数码印务有限公司
开　　本　710×1000 1/16　印张 13.75　字数 218 千
版　　次　2015 年 12 月第 1 版　2015 年 12 月第 1 次印刷
ISBN 978 - 7 - 305 - 16313 - 5
定　　价　78.00 元

网址：http://www.njupco.com
官方微博：http://weibo.com/njupco
官方微信号：njupress
销售咨询热线：(025) 83594756